社会調査の基礎

社会調査士
A・B・C・D科目対応

篠原清夫＋清水強志＋榎本環＋大矢根淳 編

弘文堂

はじめに

　巷にはあいもかわらず「100人に聴きました」式のアンケートと称するものが氾濫しているようで、TVのバラエティ番組などでそれらデータはおもしろおかしく脚色され使い回されている。当然のことながら我々社会学徒は、それらとは厳しく一線を画して、研究領域で必要とされる社会調査知識と技能を身につけたうえで、真摯に「調査」に取り組まなければならない。

　本書は、「社会調査士資格」を認定している社会調査協会（旧・社会調査士資格認定機構）で策定している「標準カリキュラム」に即して、社会調査の基礎的部分を網羅的に学べるようまとめられたテキストである。標準カリキュラムでは、以下のようにAからGの諸科目を履修することとなっている。

【A】社会調査の基本的事項に関する科目
【B】調査設計と実施方法に関する科目
【C】基本的な資料とデータの分析に関する科目
【D】社会調査に必要な統計学に関する科目
【E】量的データ解析の方法に関する科目
【F】質的な分析の方法に関する科目（【E】と【F】は、どちらかを選択）
【G】社会調査の実習を中心とする科目

　上述の標準カリキュラムA～Gの7科目のうち、本書では、A～Dの4科目、すなわち、社会調査の基礎的部分について、社会調査協会の指定している学習項目を漏れなく学習できるように章・節を配置してみた。

　この5年ほど、専修大学の社会学専攻において、標準カリキュラムに即して諸科目を教授し、3桁をこえる資格取得者を排出してきた。その実績をもとに、さらに充実すべき教授内容を議論して、この度、A～D科目について、その標準的な講義内容、スケジュール（手順）等を勘案してテキストをまとめてみた。その際には、大学受験において数学を選択していない、すなわち、高校一年生程度の数学についての知識を前提とせずに、テキスト内容の構成をはかった。したがって、数式記号のΣなどは、それらの復習・解説を含む授業カリキュラムを提案している。そして現実には、しかしながら、巷に普及しているコンピュータを駆使して、エクセルファイルにデータを入力したり、エクセルのアドインソフトで簡単な解析を行ったり、SPSSを使ってみたりするところまでは履修者全員が到達していなくては、標準カリキュラム

の後半のE，(F)，Gのスタート地点には立てないことから、数学が苦手でもSPSSを駆使することができるところまで引っ張っていく、そうした授業内容・カリキュラムを提案してみた。

また、「標準カリキュラム」各科目間で、関連しながら重複する教授内容が散見されるので、それらについては、上述のような履修者の基本的属性を鑑みて、一歩ずつ理解して行けるように配置してみた。以下が、本書の章・節項目と「標準カリキュラム」の対照である。

本書の構成　　　　　　　　（　　）内は社会調査協会の「標準カリキュラム」の履修項目

1　社会調査の基本的事項　　　　　　　　　　　　　　　　　　A科目
1-1　社会調査はどのように展開してきたか　　　　　　　　　（社会調査史）
1-2　何のために社会調査を行うのか　　　　　　　　　　　　（社会調査の目的）
1-3　社会調査の基本的な心構え、調査マインドとはなにか　　（社会調査の方法論）
1-4　調査対象者や社会の信頼に応えるために留意することとは　（社会調査の倫理）
1-5　社会調査にはどのような種類があるのか　　　　　　　　（社会調査の種類と実例）
1-6　量的調査と質的調査はどう使い分けるのか
　　　　　　　　　　　　　　　　（量的調査と質的調査／統計的研究と事例研究）
1-7　国勢調査とはどういうものなのか　　　　　　　　　　　（国勢調査と官庁統計）
1-8　調査票調査で何を知ることができるのか　　　　　　　　（質問紙調査）
1-9　フィールドを捉えるとはどういうことなのか　　　　　　（フィールドワーク）

2　調査設計と実施方法　　　　　　　　　　　　　　　　　　　B科目
2-1　社会調査の目的とは何か―企画の視点から―　　　　　　（調査目的）
2-2　調査方法はどのように決めるのか　　　　　　　（調査方法と調査方法の決め方）
2-3　調査の企画のために知らなければならないこととは何か　（調査企画）
2-4　テーマの決定と仮説の構成はどのように行うのか　　　　（調査設計と仮説構成）
2-5　対象者全体の中から一部の人々を選んで行う調査は可能か　（全数調査と標本調査）
2-6　無作為抽出法とはどんな原理・方法なのか　　　　　　　（無作為抽出法）
2-7　調査をする際、どれくらいの標本数が必要か　　　　　　（標本数と誤差）
2-8　サンプリングはどのように行うのか　　　　　　　　　　（サンプリングの諸方法）
2-9　調査票はどのように作成するのか　　　　　　　　　　　（質問文・調査票の作り方）

2-10　調査票調査はどのように実施するのだろうか

　　　　　　　　　　　　（調査の実施方法①：調査票の配布・回収）

2-11　分析の前に収集された調査データをどうすればいいのか

　　　　　　　（調査データの整理①：エディティング、コーディング、データクリーニング）

2-12　面接調査はどのようにしたらよいか　　（調査の実施方法②：インタビューの仕方）

2-13　フィールドノートをどのように作成したらよいか

　　　　　　　　　　　　　　　　　　　　（調査データの整理②：フィールドノート作成）

3　基本的な資料とデータの分析　　　　　　　　　　　　　　C科目

3-1　単純集計とはどのようなことをするのか　　（記述統計データの読み方①：単純集計）
3-2　回答の中心をどうやって見るのだろうか　　（　〃　　②：度数分布と代表値）
3-3　関連性を知るにはどうしたらよいか①　　　（　〃　　③：クロス集計）
3-4　関連性を知るにはどうしたらよいか②　　　（　〃　　④：相関係数、擬似相関等）
3-5　観察とはどんな調査方法なのか　　　　　　（質的データの読み方①：観察法）
3-6　インタビューとはどんな調査方法なのか　　（　〃　　②：インタビュー）
3-7　ドキュメントを分析するとはどういうことか（　〃　　③：ドキュメント分析）

4　社会調査に必要な統計学　　　　　　　　　　　　　　　　D科目

4-1　なぜ社会調査で統計学が必要なのか　　　　（統計基礎①：社会調査と統計学）
4-2　統計学で扱うデータにはどのようなものがあるのか（　〃　②：変数の種類と測定尺度）
4-3　データの分布状況を知るにはどうしたらよいか（　〃　③：度数分布とグラフ）
4-4　データの傾向を一言で表現するにはどうしたらよいか　（基本統計量①：代表値）
4-5　データの散らばり具合を知るにはどうしたらよいか　　（　〃　②：散布度）
4-6　分布のゆがみを知るにはどうしたらよいか（〃③：歪度・尖度・正規分布と標準偏差）
4-7　検定や推定とは何か　　　　　　　　　　（確率論の基礎／検定・推定の理論）
4-8　標本データからどこまで確かなことがいえるのか

　　　　　　　　　　　　　　　　　　　（推定理論とその応用／抽出法の理論）

4-9　量的変数間の関連性を知るにはどうしたらよいか　（相関係数／偏相関係数）
4-10　質的変数間の関連性を知るにはどうしたらよいか

　　　　　　　　　　　　　　　　（独立性の検定／属性相関係数（クロス集計））

4-11　質的変数と量的変数との関連性を知るにはどうしたらよいか（平均の差の検定）
4-12　変数の関連性に他の変数の影響はないだろうか　　（変数のコントロール）
4-13　収集したデータから予測や説明をすることが可能か　（回帰分析の基礎）

本書の各章・節は疑問文型のタイトルとして記されていて、そのすぐ下に、当該授業日に学ぶべき項目が「キーワード」として明記されている。場合によってはそれらは板書されることになるであろうが、半期15回の授業の最後に試験が実施される場合、それらキーワードはその試験で問われるべき項目でもあるので、節の疑問文に対して、それらキーワードを駆使してレポート形式で回答していくようなトレーニングを重ねいくと良いであろう。

　また、節の末尾に記されている課題を積極的にこなしていくことも肝要だ。

　本書には各章・節の末尾にコラムが配置されている。本文の「注」としては長文になってしまうものや、それ自体として興味を引く読み物となっているものをコラムとして独立させてみた。是非、目を通して、社会調査の広がりや奥行きを感じて欲しい。

　また、巻末の索引や参考文献リストも、予習復習に是非、活用していただきたい。

　本書は、社会調査士資格の取得を目指す学生を対象に章・節を並べてあるが、中には資格取得は希望していないが、社会調査の基礎的事項を習得したいという読者もいることであろう。各章の冒頭に「シラバス」に該当する前文が配置されていて、そこには卒業論文などで社会調査を実施してみたい学生に対して留意すべき（読み込んで習得すべき）項目が明記してあるので、必要に応じて選択的に学習していっていただきたいと思う。

　最後に、この度、社会調査士資格課程用の基礎テキストを企画してこうして一冊にとりまとめて行くに際して、弘文堂編集部の中村憲生さんには大変お世話になった。ともすれば担当教員の個人的調査経験の自慢話・想い出話や、お得意箇所のみをとりあげる偏った講義内容となりがちな社会調査論（テキスト・講義）を、資格課程「標準カリキュラム」に準拠したスタンダードテキストにとりまとめていくには、中村さんの俯瞰的な視点、多数の書籍を企画・上梓してきた経験知・システマティックなアドバイス・叱咤激励が何より助けとなった。現場教員の思い、わがままだけではこうした網羅的なテキストは実現しなかったことと思われる。この場を借りてあつくお礼を申し上げたい。

　　　2009年11月15日

編者

社会調査の基礎 CONTENTS

はじめに　　3

1-0　シラバス　　16

A科目（社会調査の基本的事項に関する科目）

1-1　社会調査史　　18
社会調査はどのように展開してきたか
1……はじめに──社会調査史を「どこから、どう」始めるか
2……社会の発見
3……社会の説明
4……社会の改良・改造
5……おわりに

1-2　社会調査の目的　　28
何のために社会調査を行うのか
1……貴重なデータを数量化して把握
2……事象を解釈
3……真理を探究するための貴重なデータの収集
4……社会調査を学ぶ意義

1-3　社会調査の方法論　　32
社会調査の基本的な心構え、調査マインドとはなにか
1……他者と「社会」への関心
2……問題意識
3……調査のマインド

COLUMN　デュルケーム『自殺論』（一八九七年）　　36
COLUMN　調査・取材のマインド──"便利"は不便、あぶない　　37

1-4　社会調査の倫理　　38
調査対象者や社会の信頼に応えるために留意することとは
1……ラポール──適切な人間関係の構築
2……ラポール構築のための実質的な説明事項──倫理綱領
3……様々な領域における調査のガイドライン
4……社会調査の倫理規程

COLUMN　社会調査協会倫理規程　　44
COLUMN　『何でも見てやろう』から……　　45

1-5　社会調査の種類と実例　　　46
社会調査にはどのような種類があるか
　　1……目的による分類——学術的調査と実践的調査
　　2……方法による分類——量的調査と質的調査
　　3……対象による分類
　　4……世論調査(public opinion poll)
　　5……マーケティング・リサーチ(市場調査 marketing research)

1-6　量的調査と質的調査/統計的研究と事例研究　　　52
量的調査と質的調査はどう使い分けるのか
　　1……量的調査
　　2……質的調査
　　3……量的調査と質的調査の比較

　COLUMN　本田勝一のルポ　　57

1-7　国勢調査と官庁統計　　　58
国勢調査とはどういうものなのか
　　1……統計法と官庁統計
　　2……国勢統計(国勢調査)
　　3……国勢調査・官庁統計の社会学的意義

1-8　質問紙調査　　　66
調査票調査で何を知ることができるのか
　　1……調査票調査
　　2……調査票調査のメリットとデメリット
　　3……調査票への回答

1-9　フィールドワーク　　　70
フィールドを捉えるとはどういうことなのか
　　1……フィールドワークとは何か
　　2……フィールドワークの方法とモノグラフ
　　3……フィールドワークの実践

2-0　シラバス　　　74

> **B科目**(調査設計と実施方法に関する科目)

2-1　調査目的　　　78
社会調査の目的とは何か——企画の視点から
　　1……意義と限界
　　2……目的別調査の分類

社会調査の基礎 | CONTENTS

2-2　調査方法と調査方法の決め方　　80
調査方法はどのように決めるのか
- 1………3つの段階における調査方法の決定
- 2………量的調査と質的調査の選択
- 3………複数の方法の組み合わせ

COLUMN　調査方法による回答傾向の相違　84
COLUMN　『殺人者たちの午後』(T・パーカー)　85

2-3　調査企画　　86
調査の企画のために知らなければならないこととは何か
- 1………社会調査の流れ(一般的なイメージ)
- 2………現実的な制約
- 3………基礎資料の収集(先行研究の検討)
- 4………調査におけるバイアス

COLUMN　調査拒否　93

2-4　調査設計と仮説構成　　94
テーマの決定と仮説の構成はどのように行うのか
- 1………問題のあたため
- 2………調査テーマの決定
- 3………イメージの明確化
- 4………仮説の構成

2-5　全数調査と標本調査　　100
対象者全体の中から一部の人を選んで行う調査は可能か

2-6　無作為抽出法　　102
無作為抽出法とはどんな原理・方法なのか
- 1………無作為抽出法
- 2………単純無作為抽出法

2-7　標本数と誤差　　104
調査をする際、どれくらいの標本数が必要か
- 1………標本数への質問
- 2………標本数と標本誤差
- 3………標本数の様々な決定方法
- 4………再び標本数について考える

COLUMN　視聴率買収事件　109

2-8　サンプリングの諸方法　　　110
サンプリングはどのように行うのか
- 1………系統抽出法
- 2………多段抽出法
- 3………確率比例抽出法
- 4………層化抽出法
- 5………層化二段抽出法

COLUMN　ギャラップの勝利　　113

2-9　質問文・調査票の作り方　　　114
調査票はどのように作成するのか
- 1………表紙部の作成
- 2………質問項目の決定
- 3………質問項目の配列
- 4………質問・回答形式の決定
- 5………ワーディング
- 6………フェイス・シートの作成
- 7………プリテストによる内容の確認と修正

COLUMN　TDM　　121

2-10　調査の実施方法①：調査票の配布・回収　　　122
調査票調査はどのように実施するのか
- 1………実施方法の大別
- 2………実施方法とそれぞれのメリット、デメリット
- 3………謝礼

2-11　調査データの整理①：エディティング、コーディング、データクリーニング　126
分析の前に収集された調査データをどうすればいいのか
- 1………エディティング
- 2………コーディング（アフター・コーディング）
- 3………データ入力
- 4………データクリーニング

COLUMN　親子調査データの信頼性　　129

2-12　調査の実施方法②：インタビューの仕方　　　130
面接調査はどのようにしたらよいか
- 1………面接法の種類
- 2………面接調査の手順
- 3………ラポール

2-13 調査データの整理②：フィールドノートの作成　136
フィールドノートをどのように作成したらよいか
- 1……フィールドノートとは
- 2……フィールドノートに記録すべき内容
- 3……フィールドノート作成の注意点
- 4……フィールドノートの整理
- 5……フィールドノートとフィールドノーツ

COLUMN 『暴走族のエスノグラフィー』(佐藤郁哉)　141

3-0 シラバス　142

C科目（基本的な資料とデータの分析に関する科目）

3-1 記述統計データの読み方①：単純集計　144
単純集計とはどのようなことをするのか
- 1……分析とは何か
- 2……データの特徴
- 3……単純集計
- 4……グラフ

COLUMN 誘導的質問による回答の相違　153

3-2 記述統計データの読み方②：度数分布と代表値　154
回答の中心をどうやって見るのだろうか
- 1……代表値
- 2……ばらつき(散布度)

3-3 記述統計データの読み方③：クロス集計　158
関連性を知るにはどうしたらよいか①
- 1……クロス集計で関連性をみる
- 2……クロス集計と%
- 3……クロス集計の計算方法
- 4……データ入力確認のためのクロス集計

3-4 記述統計データの読み方④：相関係数、擬似相関　162
関連性を知るにはどうしたらよいか②
- 1……相関係数とは
- 2……相関係数の読み方
- 3……相関関係と因果関係
- 4……擬似相関・擬似関連とは

COLUMN サザエさんと株価の関係　168
COLUMN 『ハマータウンの野郎ども』(P・E・ウィリス)　169

3-5 質的データの読み方①：観察法　　　　　　　　　　　　　　　170
観察とはどのような調査方法なのか
　　1………質的調査
　　2………観察調査のプロセス
　　3………観察データのまとめ方
　　4………研究成果を読む際のポイント

3-6 質的データの読み方②：インタビュー　　　　　　　　　　　176
インタビューとはどのような調査方法なのか
　　1………インタビュー：調査方法としての特徴
　　2………インタビュー調査の企画と準備
　　3………インタビュー調査のプロセス
　　4………インタビュー・データのまとめ方
　　5………研究成果を読む際のポイント

3-7 質的データの読み方③：ドキュメント分析　　　　　　　　182
ドキュメントを分析するとはどういうことか
　　1………ドキュメントとは――分析可能なドキュメントの種類は豊富
　　2………ドキュメント分析の意識および可能性
　　3………分析方法
　　4………ドキュメントを利用する際の留意点

4-0　シラバス　　　　　　　　　　　　　　　　　　　　　　　　186

> **D科目**（社会調査に必要な統計学に関する科目）

4-1 統計基礎①：社会調査と統計学　　　　　　　　　　　　　　190
なぜ社会調査で統計学が必要なのか
　　1………社会事象と統計学
　　2………社会統計学の歴史
　　3………記述統計学と推測統計学

4-2 統計基礎②：尺度と変数　　　　　　　　　　　　　　　　　194
統計学で扱うデータにはどのようなものがあるのか
　　1………データの尺度
　　2………質的変数と量的変数
　　3………変数の種類と分析
　　COLUMN　『ピープルズ・チョイス』　　198
　　COLUMN　「測定尺度の理論について」　　199

4-3　統計基礎③：度数分布とグラフ　　　200
データの分布状況を知るにはどうしたらよいか
- 1……度数分布表
- 2……グラフ化
- 3……相対度数とパーセント

4-4　基本統計量①：代表値　　　204
データの傾向を一言で表現するにはどうしたらよいか
- 1……最頻値
- 2……中央値
- 3……平均値
- 4……代表値の注意点

COLUMN　ナイチンゲールと統計学　　208
COLUMN　算術平均と幾何平均　　209

4-5　基本統計量②：散布度　　　210
データの散らばり具合を知るにはどうしたらよいか
- 1……範囲
- 2……四分位範囲
- 3……分散
- 4……標準偏差
- 5……変動係数
- 6……不偏分散と不偏標準偏差

COLUMN　不偏分散と不偏標準偏差　　214
COLUMN　偏差値　　215

4-6　基本統計量③：歪度・尖度・正規分布と標準偏差　　　216
分布のゆがみを知るにはどうしたらよいか
- 1……正規分布
- 2……歪度と尖度
- 3……正規分布と標準偏差
- 4……正規分布以外の分布

4-7　確率論の基礎／検定・推定の理論　　　222
検定や推定とは何か
- 1……コイン投げと確率
- 2……確率論——内閣支持率と確率
- 3……推定と検定
- 4……統計的検定の手順
- 5……有意水準
- 6……自由度

4-8 推定理論とその応用／抽出法の理論　　226
標本データからどこまで確かなことがいえるのか
- 1……母集団と標本
- 2……標本誤差
- 3……割合の標準誤差と区間推定
- 4……平均値の標準誤差と区間推定
- 5……世論調査と標本誤差
- 6……標本数の決め方

4-9 相関係数／偏相関係数　　230
量的変数間の関連性を知るにはどうしたらよいか
- 1……変数の種類とデータ間の関連性
- 2……散布図と相関
- 3……相関係数
- 4……相関係数の注意点
- 5……偏相関係数

COLUMN 曲線相関と外れ値　　235
COLUMN 順位相関係数　　236
COLUMN 女性の社会進出と少子化
　　　　　──赤川学『子どもが減って何が悪いか！』より　　237

4-10 独立性の検定／属性相関係数（クロス集計）　　238
質的変数間の関連性を知るにはどうしたらよいか
- 1……クロス集計
- 2……χ^2検定（独立性の検定）
- 3……２×２のクロス表の検定
- 4……属性相関係数（名義尺度間の相関）

4-11 平均の差の検定　　242
質的変数と量的変数との関連性を知るにはどうしたらよいか
- 1……平均値の差の検定
- 2……t検定
- 3……分散分析
- 4……多重比較
- 5……等分散性の検定とクラスカル・ウォリスの検定

4-12 変数のコントロール　　246
変数の関連性に他の変数の影響はないだろうか
- 1……変数のコントロール
- 2……エラボレーション
- 3……ログリニア分析

COLUMN ノンパラメトリック検定　　250
COLUMN 教員の一人前感のログリニア分析　　251

4-13 回帰分析の基礎　　252
収集したデータから予測や説明をすることが可能か
1……… 回帰分析とは
2……… 回帰直線と回帰式
3……… 回帰式による予測
4……… 重回帰分析による予測
5……… 重回帰分析による説明

COLUMN　『統計でウソをつく法』(D・ハフ)　　257

参考文献　258

索引　260

編著者紹介　262

....

【執筆分担】
篠原清夫：本文 2-7、2-12〜13、3-3〜4、4-0〜13
　　　　：コラム 2-2 ①②、2-3、2-7〜9、2-11、2-13、3-1、3-4 ①②、4-2 ①②、4-4 ①②、4-5 ①②、4-9 ①〜③、4-12 ①②、4-13
清水強志：本文 1-2、1-5〜6、1-8、2-0〜6、2-8、2-11、3-0〜2、3-7
　　　　：コラム 1-3
榎本　環：本文 1-3、3-5〜6
大矢根淳：はじめに、本文 1-0、1-4
　　　　：コラム 1-4 ①②
柄澤行雄：本文 1-1
柴田弘捷：本文 1-7
藤原法子：本文 1-9
礒部慎一：コラム 1-3
小野宗幸：コラム 1-6
井上大介：本文 2-9〜10

1-0

シラバス

A科目
（社会調査の基本的事項に関する科目）

　社会調査士の資格を認定している社会調査協会によると、A科目は「社会調査の意義と諸類型に関する基本的事項を解説する科目」となっている。扱われるべき内容としては、「社会調査史、社会調査の目的、調査方法論、調査倫理、調査の種類と実例、量的調査と質的調査、統計的調査と事例研究法、国勢調査と官庁統計、学術調査、世論調査、マーケティング・リサーチなどのほか、調査票調査やフィールドワークなど、資料やデータの収集から分析までの諸過程に関する基礎的な事項を含む」とのことで、これらを90分×15週で学ぶこととなっている。

　本章では、まず、社会調査の歴史やその意義・目的について、次いで、量的調査と質的調査の相違点およびそれぞれの特性について学習する。そこではあわせて、今後、社会調査を企画・実施する上で非常に重要な位置を占める「調査倫理」について真摯に学習していくこととなる。

　本章では社会調査士資格課程のA科目の内容がひととおり全て学べるように以下の9の節を設けてみた。（　）内の太字は、社会調査協会が求めている内容である。

1-1. 社会調査はどのように展開してきたか
　　（社会調査史）
1-2. 何のために社会調査を行うのか
　　（社会調査の目的）
1-3. 社会調査の基本的な心構え、調査マインドとはなにか
　　（社会調査の方法論）
1-4. 調査対象者や社会の信頼に応えるために留意することとは
　　（社会調査の倫理）
1-5. 社会調査にはどのような種類があるか
　　（社会調査の種類と実例）
1-6. 量的調査と質的調査はどう使い分けるのか
　　（量的調査と質的調査／統計的調査と事例研究）

1-7. 国勢調査とはどういうものなのか
    （国勢調査と官庁統計）
1-8. 調査票調査で何を知ることができるのか
    （質問紙調査）
1-9. フィールドを捉えるとはどういうことなのか
    （フィールドワーク）

　A科目で学ぶ項目として社会調査協会は、以下の表にあるように、13回分の授業内容をあげている。A科目では社会調査の諸類型を学ぶことになっているので、授業の中では様々な調査が紹介されることとなるが、そこではおそらく、教員の個別の調査実施（参加）経験に基づいて、その現場の様子などが様々に紹介されることになるであろう。したがって、本章では調査の諸類型を一つずつ一つの節を割いて記すことはせずに、二～三の節に凝縮して簡略に記すこととした。
　また本書の読者の中には、社会調査士の資格取得は希望していないが、卒業論文や演習のレポート作成のために社会調査の基本的事項を押さえる必要を感じている人もいることだろう。表の「A科目の学習例」を参考にしてもらいたい。その際、具体的に実施（参加）する調査の種類に応じて、当該の調査手法の概説部分（表の△部分）は確実に読み込んで欲しい。

表　A科目の学習例

本章	社会調査協会の定める学習項目	カリキュラム	
		標　準	卒論等
1-1	社会調査史	1回目	
1-2	社会調査の目的	2回目	○
1-3	社会調査の方法論	3～4回目	○
1-4	社会調査の倫理	5回目	○
1-5	社会調査の種類と実例	6～8回目	△
1-6	量的調査と質的調査／統計的研究と事例研究	9～11回目	△
1-7	国勢調査と官庁統計	12回目	△
1-8	質問紙調査	13回目	△
1-9	フィールドワーク	14回目	△
	試験	15回目	

1-1 社会調査史

社会調査はどのように展開してきたか

【キーワード】
社会調査史、実証科学、社会踏査

1……はじめに──社会調査史を「どこから、どう」始めるか

　歴史はそれを創る当事者にとっては常に現在の出来事であるが、それを振り返る者にとっては経験したことのない他者の出来事についての何らかの主観的な意味づけであり、その叙述である。これから述べる社会調査の歴史もそのような意味での歴史である。

　社会調査の歴史について振り返る時、それをどこまでさかのぼって始めるかがまず問題となるが、その答えは社会調査とは何か、社会調査をどのように定義するかによって異なってくる。この問題については本書の以下の各章を読み進む中で、読者なりに社会調査とは何かについての回答やイメージをもっていただくことにして、ここでは次のことだけを確認して話を前に進めることにしよう。これまで一般に社会調査の始原はその目的から、次の二つに求められているようだ。その一つは、権力者による支配領域の資源量（人口量、土地面積、産物など）の把握を目的として行われる調査であり、いま一つは社会科学的な認識すなわち成熟しつつあった近代的知性により問題だとされる社会的現実の認識を目的とした調査である。歴史的には前者はすでに古代国家の成立とともに行われてきたとされるが、後者は市民革命の進展と資本主義の勃興・展開に伴う社会問題の発生とともに開始された。そして、後者の動きが始まって以降、両者はそれぞれ独自の歴史をもちながらも、実際には方法的にも結果の活用方法などにおいても相互に影響しあい浸透しながら展開してきて今日に至っているというのが現実である。しかし、ここでは本書の性質から、主として後者に焦点を絞って社会調査の歴史を概観していくこととする。

　ところで、社会調査の歴史（以下、**社会調査史**）を整理し叙述するに際し

て、ここでは三つの柱を建てて、その柱に沿ってみていくことにしたい。その三つの柱とは、社会調査がもつ三つの伝統と言い換えてもよいものである。具体的に、第一は「社会の発見」、第二は「社会の説明」、第三は「社会の改良・改造」である。第一の「社会の発見」の伝統は、調査家が把握したい関心ある未知の社会的現実を調査によって発見していくという、社会調査のもっとも基本的な特質であり伝統である。第二の「社会の説明」の伝統は、社会調査によって得られた知見を駆使して社会現象を科学的・理論的に説明したり科学的法則を構築しようとする営みの伝統である。第三の「社会の改良・改造」は第一と第二の営みを前提として、社会がもつ様々な問題の解決を志向したり社会を一定の方向に再編成していこうとする営みという伝統である。もっともこれらの三つの伝統は社会調査史を整理するためにあくまでも便宜的にたてた柱であり、歴史的経時的に繋がるものではなく、三つの伝統が並存し綾をなしながら全体として社会調査の歴史をつくってきたのであり、また膨大な数にのぼる個々の社会調査がここでいう三つの伝統のいずれかに一つ一つ振り分けられるというものではない。実際には一つの調査が二つあるいは三つの伝統を同時に引き継いで実施され、後になって特定の評価を与えられているというのが真実であろう。

2……社会の発見

　今触れたように社会科学的な社会調査は市民革命と資本主義の勃興・展開の中で始まった。すなわち、それらの歴史過程の中で発生し深刻化する社会問題への関心が、当時の知識人層を社会調査という実践へと導いていった。別言すれば、彼らはその関心に背中を押されるように社会問題の中に足を踏み入れていったのである。18世紀後半になるとそれが具体的な形と成果となって現れていく。それが**社会踏査**（social survey）と言われる調査活動であった。今日では、社会踏査は特定の地域社会が抱える問題の解決を目的として、その社会の実態を多面的包括的に把握する調査活動とする捉え方が定着しているが、その命名は実際の調査活動の後になされたことではないかと推察される。それはさておき、本節の文脈に即して結論的に言えば、これから具体的にみるいくつかの社会踏査は、それを実践した社会調査家にとっては当時の時代状況の中で、ここで言う社会調査の第三の伝統を直接的な動機として開始されたものであり、結果として第一の伝統を導き出し、さらにその過程で第二の伝統を醸し出す役割を果たしたのである。その意味で、社会

踏査は今日の社会調査を考えるうえで、その出発点として位置づけることができよう。それらの中から社会調査史上に残る初期の業績をいくつか経年的にみてみよう。

イギリスのJ.ハワード（J.Howard 1726-90）は治安・行政を担当する役人として当時の監獄の囚人の状態に強い疑問をもち、精力的にヨーロッパ諸国の監獄を調査し、『イングランドおよびウェールズの監獄状態』（1777）を著わすとともに、調査で集めた「事実」に基づいて監獄改良運動を展開した。19世紀に入り、E.チャドウィック（E.Chadwick 1800-90）は「イギリスにおける労働者の衛生状態調査」を実施し、議会に提出したその報告（いわゆる「チャドウィック報告」1842）は公衆衛生法の制定を促すとともに都市計画事業の促進に影響を与えた。またドイツの社会主義者F.エンゲルス（F.Engels 1820-95）はイギリス滞在中にロンドン、リバプールなどの近代産業都市における賃労働者の悲惨な生活実態と階級意識に目覚めた彼らの行動を自らの目と耳で直接確認することを通して『イギリスにおける労働者階級の状態』（1845）として詳細に描きあげた。一方、フランスの鉱山技師であったP.G.F.ル・プレー（P.G.F.Le Play 1806-82）はフランス革命後の不安定な社会に生きる労働者家族に対する質問紙などを用いた詳細な事例調査を実施し、家族の経済生活に関する主著『ヨーロッパの労働者』（1855）を著わすなど、社会調査の科学化と社会学の**実証科学**化に貢献するともに、その後の家計調査に大きな影響を与えたといわれる。

こうした労働者および労働者家族の調査研究は、いずれも社会調査の第三の伝統から出発し、その結果が調査家たちの初期の目的にかなった成果をそれなりにもたらすことになったことは間違いない。また、彼らの調査がそれまで顧みられなかった社会的事実を発見し、それが持つ歴史的社会的意味を社会にアピールしたという意味で第一の伝統を生み出した。さらに、個々の調査活動は第二の伝統を萌芽的に含むものでもあった。そして、こうした蓄積が19世紀末になると社会調査史を画期づけることになるC.ブース（C.Booth 1840-1916）のロンドン調査やB.S.ロウントリー（B.S.Rowntree 1871-1954）のヨーク調査などの本格的な社会踏査に結実し、さらにその後の社会調査のあり方を方向づける礎石としての役割を果たしたのである。

さて、ブースはリバプールの豊かな穀物商の次男として生まれ、若くして自ら起こした船会社の経営を成功させた実業家であると同時に、A.コント（A.Comte 1798-1857）の実証主義の影響を受けた社会改良家でもあった。

後に英国王立統計協会会長にもなる彼は、社会民主連盟のH.M.ハインドマン（H.M.Hyndman 1842-1921）が、ロンドン労働者市民の25パーセントは貧困状態にあると明言していたことに対して、それは誇張ではないかとの疑問をもち、それを自ら確かめようと、結果的に17年間（1886-1902）にもおよぶことになる大規模な調査に着手していった。ブースのロンドン調査では貧困、産業、宗教など広範な主題が扱われているが、もっとも有名な調査が貧困調査である。ここでは、この貧困調査について3点だけ指摘しておこう。第一は、まずブースは貧民を操作的に定義したうえで、その定義に基づく量的指標により貧民を調査で数えあげた。そこでブースが発見したのは、彼の予想を超えた事実であった。すなわち、ロンドンの貧民はハインドマンの指摘よりさらに多く、30パーセントを超えていた。はからずもこの調査はブース自身の仮説を反証したのであった。第二に、この調査では4,000を超える抽出事例についての分析から、貧困の原因は個人的要因によるものではなく、もっぱら雇用や個人のおかれた境遇などの社会的要因によるものであることを実証したことである。これは、それまで貧困の原因はその人個人にあるとされていた社会通念を否定する実証的な研究としての意味をもつものであった。そして第三は、これらの調査に際してブースが用いた方法の多様性と工夫された分析方法など調査研究方法における創造性である。ブースが採用した様々な調査方法は今日の社会調査で駆使されている調査法のほとんどの出発点となっていると言って過言でない。ブースの調査結果は『ロンドン民衆の生活と労働』全17巻（Life and Labour of the People in London 1886-1903）として公刊されたが、この調査研究は後の社会調査の展開にとって調査方法論を含めて多大な影響を与えた。とりわけ、後述するパークらのシカゴ学派の都市生態学に与えた影響は大きいものがあった。

　ブースの調査研究に大きな刺激を受けたのがロウントリーであった。ロウントリーはヨーク市に住む実業家であったが、ブース同様に当時の人口約7万人の地方都市ヨーク市住民の貧困状態の改善の方策を考える社会改良家でもあった。彼は貧困の定義をブースよりさらに精緻化させ、ブースがとったと同じような方法で1899年にヨーク市の約11,000世帯の詳細な調査を実施した。そこでロウントリーが明らかにしたことは、第一にヨークにあってもロンドンとほぼ同じような比率で貧困層が存在すること、第二に、この点が社会科学的に重要なのであるが、労働者家族における生活周期上の経済的浮沈の規則性の発見である。ロウントリーはそれを今述べた貧困の定義から導

いた有名な「貧乏線」(poverty line) という概念として理論化・法則化した。

　以上のような社会踏査の先駆的な成果には、資本主義産業化が急速に進展し、その矛盾が具体的な形をもって現れてきていたアメリカの知識人が無関心でいるはずがなかった。ヨーロッパを後追いするかのように、20世紀に入ると、P.V.ケログ (P.V.Kellogg) らのピッツバーグ調査 (1914)、S.M.ハリソン (S.M.Harrison) によるスプリングフィールド調査 (1920) などの著名な調査が実施される。いずれも急速に工業化し都市化しながら伝統的地域社会が新しい再編方向を見いだせないまま困難な社会問題を生み出し苦しんでいる状況を捉え、その解決方策を模索し訴えるものであったことは、それに先行したヨーロッパの社会調査家と同じ社会改良への問題意識と情熱に共通するものがあったことは確かである。おそらくそこに通底するものは、キリスト教の精神であったことに違いないし、市民革命や独立戦争を経験してきた欧米人の体験が生み出してきた近代的精神と知性とも言うべき成熟しつつある社会の意思が社会の科学への期待とそれにもとづく創造的意欲と意気込みとなって具体的な調査実践を作り出していったのであろう。その一つの証左として、ここで付言しておかねばならないことは、アメリカでのこれらの調査は、ブースやロウントリーらのそれが自らの私的資金で行われていたのとは異なり、民間財団からの資金で行われていたことである。その辺にも、今日までつながる社会調査ばかりではなく、科学の営みにおけるそれぞれの国や地域の個性的な伝統と特質の一端をみることができるのである。

　こうして広がる社会調査の実践とそれが発見した「社会」の意味と広がりは、時間の経過とともにより豊かなものになっていく。それらをとりあげれば枚挙にいとまはない。それらを細かに紹介することが本節の目的でもないから、ここでは、18世紀から19世紀にかけて始まった実証的な近代社会認識＝社会の発見の端緒のいくつかを確認しただけでとどめておこう。

3……社会の説明

　このような営みは、それ自体の歴史的な意味とは別に社会科学全体の動きとあいまってさらに社会を発見しながら、社会に新しい意味＝社会科学的・社会学的知見を付け加えていく。それがここに言う「説明」であり理論化である。また社会の調査研究の方法の開発と錬磨である。いくつかの例をみよう。

　有名な E.デュルケム (É.Durkheim 1858-1917) の『自殺論』(1897) はこ

こでいう社会調査の成果ではなく、統計資料の分析によってなされた研究である。しかし、この研究は自殺という現象についての統計的事実から仮説を導き出し、その仮説をまた統計的事実を分析することを通して実証し、そこから自殺の類型やその社会学的要因を明らかにすることを通して仮説 − 検証型の研究方法のモデルを先駆的に提示したほか、たとえばアノミー論に見られるような後の社会学理論の展開にとっての大きな礎をつくったのである。さらに、こうしたデュルケムの業績は後の機能主義人類学の調査方法や理論形成に大きな影響を与えたことも実証的研究の発展の歴史を考えるうえで銘記しておくべきであろう。それは若い社会学がコント以来の思弁的世界から転回する大きな契機でもあった。

コントの影響を受けたブースの調査研究も同様な社会調査史上の意味を持つものと考えられる。ブースの調査はデュルケムの『自殺論』が出される前から開始されているから、ブース自身がデュルケムから直接影響を受けたとは考えにくいが、ブースがロンドンの労働者の貧困率について疑問を持ったことから調査に踏み出し、対象を操作的に定義し調査によって収集した事実によってその疑問（仮説）を検証した一連の方法は、具体的な手続こそ大きく異なるとはいえ、その考え方においては同時期のデュルケムと同様のものであった。そうした点に、19世紀末のヨーロッパの社会学における実証的研究方法の萌芽とそれを実践しようとする意欲を読み取ることができる。

私達がこれまで看過してきたが忘れてはならない社会調査史上の業績として、F.テンニース（F. Tönnies 1855-1936）やM.ウェーバー（M. Weber 1864-1920）などのドイツ社会学が同時期になした実証的な調査研究の仕事がある。これら二人の実証的な調査研究については、彼らのあまりにも有名な社会科学、社会学上の概念や理論および方法論に関する研究業績の影に隠れて多くが顧みられることがなかったが、それらの業績は彼らの調査活動とあいまって生みだされたものであることを識っておこう。

さて、こうした動きは20世紀に入って海を渡ったアメリカで大きく展開していく。ブースらの研究に影響を受けたケロッグやハリソンの調査については既に触れたが、同じくブースの影響を受けて新興のシカゴ大学社会学部を中心とする社会学者の研究活動は、後の社会学と社会調査の展開にとってきわめて大きな意味を持つものであった。

20世紀に入りアメリカの資本主義工業化は急速に進行し、それに伴う新しい社会の変化はまさに社会変動というにふさわしい様相を示していた。そ

れを端的に物語るのが工業化と都市化という概念で説明される社会の諸現象である。イギリスに始まった産業革命以降のうち続く技術革新とそれがもたらす新しい生活様式はアメリカで華を咲かせる。と同時に人々はそれらがもたらす新しい生活条件に適応するために翻弄される。海外からの労働力の移動定住という条件なども加わり、新しく勃興し成長する近代産業都市は多くの問題をつぎつぎと生み出していく。シカゴはその象徴的存在だった。そのような中で、R.E.パーク（R.E.Park 1864-1944）を中心とするシカゴ大学の研究者たちはシカゴという近代産業都市を「実験室」として研究対象にすえ精力的に調査活動を展開する。1920年代のことである。パークらは自らシカゴの街に足を踏み入れ、目の当たりにする都市の動態を細かに観察・記録しそれらをブースに倣って地図上に写し描いていった。そこから分かったことは、変動するシカゴという都市に空間上の規則的な構造があり、かつそれらは時間の推移とともにダイナミックな変化を伴って動いているということであった。そして、その構造と変動が近代産業都市の特質であることを、たとえば同心円理論や推移地帯論などの初期の都市社会学理論としてつくりあげた。いわゆる都市生態学と言われるものである。その発想はもともとは生物学における動植物の棲み分けという考え方をベースにして、それをブースの研究方法を範にしながら重ねあわせて、人間と社会の現象に応用してつくりあげた方法と説明の原理であり理論であった。パークに指導されまたパークの研究協力者として活動した多くの社会学者は、それぞれ特徴的な色彩をもつシカゴの都市地域社会の詳細な調査を精力的に行い、その実態をシカゴ・モノグラフィーと称されるような社会調査史上に残る業績として著わしていく。それらは1930年代になってL.ワースらによってさらに理論的に体系化され、後の都市社会学の展開に多大な影響を及ぼした。パークの描いた都市社会理論にはその後多くの批判が出され、その修正理論が提示されるが、そのような学問的営みを誘うに足るだけの意義をシカゴを舞台とする研究はもっていた。変動する社会の実態を説明する実証的な調査研究が本格的に始まったのである。

　それにやや先行してポーランドからアメリカに一時移り住んだF.W.ズナニエツキ（F. W. Znaniecki 1882-1958）は W.I.トマス（W. I. Thomas 1863-1947）と『ヨーロッパとアメリカにおけるポーランド農民』（1918-20）の研究を完成させていた。この研究はポーランドからアメリカに移住した農民の生活史についての聞き取り調査と日記・手紙などを原資料として、ポー

ランド農民のアメリカ社会への適応過程を明らかにした。それが社会学と社会調査史で持つ意味は、社会心理学と密接する態度や欲求といった概念を社会学の側からつくりあげるうえで大きな貢献をしたことと、生活史研究・生活史法という社会調査の質的研究の道に先鞭を開いたことである。

　進展し発展する資本主義と産業社会はウェーバーの問題関心とはやや趣を異にする形でアメリカにも現実的な問題をもたらしていた。労働の場における能率の問題である。近代化されつつある労働現場で労働者の作業効率をいかに上げるか。さまざまな労務管理方式が試みられる中、その主要な方法としてのF.W.テイラー（F.W.Taylor 1856-1915）の科学的管理法を検証するために、ハーバード大学のE.メイヨー（E.Mayo 1880-1949）らが1920年代後半から30年代にかけて行ったいわゆるホーソン実験は、その後の産業社会学の実証的な研究の嚆矢をなす調査であった。詳述はできないが、一連の調査でメイヨーらが発見し説明・概念化したのが、労働者の単に物理的・経済的刺激には直接的に反応しないモラールであり、日常的な人間関係など、ごく当たり前の感情・志向と行為・行動社会学的意味であった。そこからインフォーマル・グループ（非公式集団）などの概念が形成されてゆき、今日私たちが様々な人間の行動や現象を語ったり説明しようとする時に用いている一般的な用語が、社会学的な概念として形作られていったのである。

　ちなみに、アメリカでは第二次世界大戦前からいわゆる世論調査や市場調査が新しい調査技法の開発とともに大きな発展をみせてきた。その中でたとえばP.F.ラザースフェルド（P.F.Lazarsfeld 1901-76）らによる一連の調査研究は、投票行動やコミュニケーション研究の分野において新しい段階を切り開くものであったことも忘れてはならないだろう。

　新しい発見とそれを説明しようとする営みは不断に続き、その量的・質的な拡大の例をあげればきりがない。ここではそのほんの一端を見たにすぎないが、その過程で社会調査と社会学はその方法を模索する試行錯誤の中で、多くのことを発見し、説明してきた。同時に、それらの営みは、今日の私たちの調査研究活動や社会の説明へのさらなる試みを促すうえで大きな役割を果たしたのである。

4……社会の改良・改造

　社会調査について語る時の論点として常に問題とされてきたことの一つに、その「実践性」ということがある。別の言葉で言えば社会調査の有用性と言

うこともできよう。その実践性には二つの意味がある。一つは様々な資源を動員して行われる調査活動の結果が、それに関わった人たちや社会の福祉にとってどのような意味をもつのか、もったのか、という調査の具体的な社会的効果と影響力である。二つはそれと離れて個々の調査研究が科学や学問の発展や方法論の前進にどのような貢献をなしたのかということである。後者については、その現在までの成果を本書の以下の各章や節が具体的に述べているので、ここでは前者について簡単にみておこう。

　これまでに取りあげてきたいくつかの事例の多くは、当時の社会調査家が、主観的あるいは客観的に問題だと認識した主題を解明するために取り組んだ調査であった。とりわけ初期の社会調査は、社会調査家が直接見聞した経験を通して社会改良を強く志向する決意から始まった。そこには社会調査に対する自覚された実践性があった。その結果、調査の結果がある場合は議会や政府などを動かし、人々の福祉を向上させるような方向で制度を改革したり創設させるなどの具体的成果をもたらした。また、調査結果が法廷で証拠として取りあげられ、原告や被告の利益を守るといった役割も果たしてきたし、各種の市民運動や住民運動を導き支える科学的な道具としての役割もなしてきた。そうした意味で、社会調査はまさにその実践性を発揮しながら、社会調査自体の有用性を社会にアピールし、社会から受入れられてきたと言える。それ故に社会調査に対する社会の期待や需要をますます増大させてきたのである。

　しかし、それは逆に調査さえすればよいといった調査至上主義、形式主義に陥る危険性や風潮も生み出してきた。またその実践性はともすると逆手に使われたり、社会の秩序を混乱させるような働きとなることもある。

　いずれにしても、これまで社会の福祉の向上をめざしてそれを実現した改良や変革が、どれほど個々の調査の直接的な成果であるかどうかを見定め確定することは困難なことである。いかなる調査の結果であっても、それが直接社会を動かすことはできない。その結果を見て、それを正しく活用しうるだけの想像力をもった人間がいて初めて、調査の実践性が活かされる。その意味では、調査の実践性は、調査を企画・実施する調査家と、それを取り巻く周囲の社会との共同作業として今日まで問われ続けているし、今後も問われ続けていくだろう。

5………おわりに

　本節で取りあげたような調査が着手され始めてから、かれこれ200年が経過した。その間社会調査が対象とする主題は大きく広がり、その目的もますます多様化してきた。加えて調査技法も次々に新しく開発され進歩してきた。コンピュータの発達は、統計学・統計解析技法の発達と相まって、量的調査のデータ分析を加速度的に効率化させてきている。質的調査という分野もその名辞とともにおおいに注目されるようになってきた。私たちが学ぶ場では、本書のように社会調査に関するテキスト類の出版も盛んである。

　今日では毎日巨額の資金がつぎ込まれて膨大な数の社会調査が実施され、そこには膨大な数の人々が係わっている。そして、そうした調査の結果はいかなる意味においても社会に何らかの影響を与えようとしている。したがって、これから社会調査を学び、また実施しようとする私たちは、以上に垣間見たような社会調査の歴史から何を学び、どのように調査を実践し、どのような方向に向かってそれを活かしていったらよいのか、本書を読み進む中で考えていってほしい。

【参考文献】
イーストホープ（＝川合隆男・霜野寿亮監訳），1982，『社会調査方法史』慶應義塾大学出版会.
石川淳志・橋本和孝・濱谷正晴編著，1994，『社会調査―歴史と視点』ミネルヴァ書房.
島崎稔，1979，『社会科学としての社会調査』東京大学出版会.

1-2 社会調査の目的

何のために社会調査を行うのか

【キーワード】
社会調査の目的、常識、価値観、理解

　一体、何のために社会調査は存在するのだろうか？　また、何のために社会調査を行うのだろうか？　簡潔に述べれば、社会調査をしなければわからない貴重なデータが存在するからである。ゆえに、わからないこと、知られていないことを明らかにするため社会調査を行うのである。
　このように述べると、言葉遊びをしているように思われるかもしれない。あるいは当然のことを述べているだけと感じる人がいるかもしれない。しかし、この言説は非常に重要なことを示している。
　そもそも、わからないこと、あるいは知られていないこととは一体何だろうか？　これらについて3つのレベルに言及しながら説明することにする。

1………貴重なデータを数量化して把握

　第一に、漠然としていてイメージがわかないということが挙げられる。こういうときに役立つのが社会調査のなかの「量的調査」である。量的調査とは、統計的に（数量的に）把握するものである。つまり、「数量化」することが第一の目的といえる。たとえば、ある日、「ねぇ、お母さん。私、携帯電話が欲しい。クラスのほとんどの人が持っていて、私だけ持っていないと仲間はずれになっちゃう」と子どもが言ってきたらどう対応するのだろうか。「それは大変！」と即座に買い与えるだろうか。そんなことはないだろう。通常であれば、まず、「ほとんどの人」が実際に何人なのか確認するのではないだろうか。すなわち、「40人中30人（全体の75％）」のように数字にあらわされたときに、抽象的な表現で誇張されていたものが「具体的に」なるのである。
　ところで、結局のところ、この75％は多いのだろうか。あまり意識されることがないが、数量化されただけでは状況を把握するという目的を完全に

達成したとはいえない。この数値の大小などを比較する「基準」が必要なのである。そこで、全国平均、学校平均、学年平均などと比較することでこの「数字の意味」を探求しなければならないのである。つまり、比較基準を設定して把握された数字の意味を見出すことが数量化して把握する第二の目的になるのである。付言すれば、95％の保有率があったとしても、基準の設定の仕方によっては多いとも、少ないともいうことが可能なのである。

　国勢調査などの行政的目的を持つ統計的調査、社会問題を解決するために実践的目的を持つ社会踏査（social survey）、市場調査などの営利目的の調査、研究を目的とする学術的調査、これらの調査はいずれも広い意味での「社会調査」であるが、（主として）現地調査によって貴重なデータを収集することで「実態」を把握しようとしているのである（調査によってはそのデータを実践に活かすことまでが目的となる場合もある）。また調査結果に過去からの推移や地域ごとの比較を取り入れることは、把握されたデータについての意味を客観的に把握するためであり、数字によって具体的に把握しただけでは何の意味も見出さないからである。

　なお、量的調査を取り上げたが、具体的なデータを収集するという意味では質的調査でも同じことを目指しているといえる。

2………事象を解釈

　社会調査は単にデータを収集したり、その分布を知ったりするだけでは十分ではないだろう。盛山和夫氏は、社会調査の目的は「経験的データを用いて意味世界としての社会的世界を探求し、新しい知見を提示することである」（盛山，2004，p.7）と述べている。つまり、社会調査では収集された数字の「意味」を解釈する必要があると前述したが、社会調査においてはもう1つの解釈が求められる。

　カントの二元論によれば、私たちは「物自体」の世界を認識することができず、常に悟性概念カテゴリーによって色づけられた「世界」を眺めていることになる。社会学的に話を単純にすれば、私たちは「**常識／価値観**」などの時間的・空間的に限定された特殊な考え方・見方によって社会を眺めていることになる。それゆえに、ある社会を別の社会に所属する人間が調査をする場合に、**理解**できる事柄だけでなく、むしろ理解できないようなことにも多くつきあたるのである。そして、「なぜ対象者はあの時にあのようなことを語ったのか（行動したのか）」ということを理解することが社会調査に含

まれるのである。つまり、社会調査では他者理解が非常に重要な意味を持っている。

そこで、わからないことの第二のレベルとしては、自分の持っている「論理・価値観」と相手の「論理・価値観」が異なることに由来するものが挙げられる。異文化理解は、意外に、身近に存在する。そもそも調査をするということは、自分にとって理解できない「何か」がそこに存在することを意味し、それを明らかにするため、理解するために調査を行うのである。つまり、ある国、ある地域、ある家庭というだけでなく、一人ひとりがそれぞれ異なった意味世界を持ちながら日々生活をしているのである。

他方、人々の行為のよりどころになりやすい常識や価値観は、実際には常に変化している。またM.ウェーバーは、行為を (1)目的合理的行為、(2)価値合理的行為、(3)伝統的行為、そして (4)感情的もしくは情緒的行為という4つに分類した上で、すべての行為が純粋に存在するのではなく、交じり合っていることを指摘している。これらの状況を加味したとき、社会調査によって知ることができるとされている人々の行為においても、行為の意味を理解することがいかに困難なことかが理解されるだろう。常識、伝統、価値観などを丹念に探っていかなければならないのである。また、行為が情緒的に行われる場合もある以上、選択され実践された行為は複雑な背景を持つ可能性もあるので（逆に単純な場合もあるかもしれない）、調査は慎重に行われなければならないのである。それゆえに、科学的手続きによる客観的な「解釈」が必要になる。また、社会調査においては客観性を確保するために「価値自由」でなければならない理由もここにある。

3………真理を探究するための貴重なデータの収集

人が意味世界の中で生きているという第二の視点の延長上に位置するが、わからないレベルの第三として、真実が隠されていたり、閉ざされていて見えなかったり、あるいは見誤っていたりする場合があることがあげられる。デュルケームの『自殺論』あるいはピエール・ブルデューが実証研究によって明らかにした「再生産」はこの典型的な例であろう。それゆえに、真理の探究、変化の原因の探求などのために、社会調査が重要な役割を果たすのである（詳細は2-1の「調査目的」参照）。

以上のことをふまえた上で、社会調査の目的について改めて総括すると以下のようになる。すなわち、**社会調査の目的**とは、科学的手続き（実証的、

客観的、かつ論理的無矛盾）を通して量的データおよび質的データを収集し、仮説の設定と検証などのプロセスを経て因果関係の解明や法則の確立を目指すことにある。

4………社会調査を学ぶ意義

　知られていないことを明確にしたり、誤っている事実あるいは真実を明確にしたりするために社会調査を行う必要があるという視点から、最初の「社会調査をしなければわからないことがある」ことに関して理解できただろう。しかし、社会調査をやれば何でもわかるというのは早計である。むしろ、本著を通して「社会調査が万能ではない」ことを時間をかけてじっくりと学ぶことになるだろう。

　なお、社会調査を学ぶ目的としては、第一に、正しい方法を身につけることで、本当に貴重なデータおよび知見を得られるようになると同時に、「調査公害」といわれる「ごみ」を増やさないことがあげられる。第二に、調査結果を正確に読めるようになり、その結果、誤った調査結果を見抜けるようになることである。

　最後に、新聞社による「世論調査」を取り上げることにする。2007年1月23日の「朝日新聞」（朝刊）に「内閣支持続落39％」という記事が掲載された。この「39％」という数字を見てどのように考えるだろうか。前述のことから、比較の基準を思い浮かべた人が多いのではないだろうか。しかし、そもそもこの数字の信頼性を気にした人がいるだろうか。現在、新聞社は「世論調査」の結果と合わせて、質問と回答の全文だけでなく、調査方法についても掲載している。すなわち、「20、21日の両日、全国の有権者を対象に『朝日RDD』方式で電話調査を実施。対象者の選び方は無作為3段抽出法。有効回答は1,915人、回答率は56％」とある。この文章を100％理解できるようになったときに、「39％」の本当の意味が理解できるだろう。

【参考文献】
ウェーバー（＝清水幾太郎訳），1972，『社会学の根本概念』岩波文庫．
カント（＝篠田英雄訳），1981，『純粋理性批判　上中下』岩波文庫．
ブルデュー（＝石井洋二郎訳），1990，『ディスタンクシオンⅠⅡ』藤原書店．
谷岡一郎，2000，『「社会調査」のウソ』文藝春秋．

1-3 社会調査の方法論

社会調査の基本的な心構え、調査マインドとはなにか

【キーワード】
日常的世界、仮説的解釈、複眼的思考、問題意識、先行研究、事実の客観的研究、過度の普遍化、共感的理解

1……他者と「社会」への関心

　わたしたちは**日常的世界**のなかで、日々の生活をあたりまえのように営んでいる。たとえば大学生の一日であれば、いつものように目覚め、大学に出かけ、いつものように講義を受け、サークル活動やアルバイトをこなし、そしていつものように夜のひと時を過ごし、眠りにつくだろう。ルーティン化された行動習慣のなかでは、日々の時間は淡々と過ぎていくように感じられるかもしれない。世のなかの事件や話題も、自分とは無縁の遠い世界で繰り広げられている出来事のように感じられるかもしれない。煩わしい他者との関係から逃れて「自分の世界」を守ることに拘るならば、その印象はことさら強く感じられるかもしれない。しかし、もしそこに、ひとたび素朴な疑問と反省的なまなざしが向けられるならば、社会的世界と、そのなかで繰り広げられるわれわれの日常生活は、知的好奇心に対して無限に開かれたフィールドとなる。

　わたしたちは、自らが生きている社会について、それなりに「知ってい」る。社会現象や人びとの態度についても、各々の理解に即して解釈を下すことができる、「(きっと) こうなのだろう」「〜だからだ」などと。しかし、改めて指摘するまでもなく、それらは**仮説的な解釈**に過ぎず、もしかしたら無知や誤解にもとづく誤謬であるかもしれないのだ。社会的現実や人びとの意識・態度・行為は、われわれが一般的に想像する以上にはるかに複雑、多様であり、それに対して、われわれ一人ひとりの想像力や理解力は全能ではない。わたしたちは、しばしば他人からの誤解や無理解を経験するように、もしかしたら自らも、他者や世界に対して無知や先入観、狭隘な視野による

独断を犯しているかもしれないのだ。そのことを謙虚に自覚することが社会調査の出発点となる。

　他者の異なった世界観や未知の社会的現実に触れることは、ともすれば、それまでの自分が否定されるような感覚をもたらすものとして経験されるかもしれない。データによって突きつけられる事実に私的な違和感や反感を抱いて、解釈に選択的なフィルタを持ち込みたくなる衝動に駆られる場面もあるかもしれない。しかし、それまでの自分の理解を超える現実と向き合う経験は、調査者自身の、他者と社会に対する理解の枠組みが飛躍的に拡がる契機だといえる。調査者の仮説的解釈は、それが主観的であるという理由によって、却下・否定されるべきと考える必要はない。むしろ、調査開始時点での自らの仮説的解釈を明確に意識しつつ、データを通じてそれを相対化するような、もうひとつの視点を自らのなかに立ち上げること、そうした**複眼的**な思考の道筋を自己のうちに確立させることこそが、調査活動と調査者自身の知的探求を豊かなものにする。それによって、未知の現実との出会いは、調査者にとって、新たな世界解釈への入り口として捉えられることになるだろう。

2………問題意識

　調査研究の成否は**問題意識**の質によって左右されるといっても過言でない。そもそも問題意識が曖昧なままでは、たとえ社会現象に関心をもったとしても、それをどのような視座で切り取ればよいのかがわからず、漠然とした関心のままで踏みとどまってしまうことになりかねない。興味深く鋭い問題意識を打ち立てることと、その問題意識（調査で何を、どこまで明らかにするのか）を明確化させることは、調査を構想する際に最初に取り掛かるべき課題であり、調査の設計（2-2～4参照）に直接的に関わる点でもある。

　この段階でとくに有益なのは**先行研究**の検討作業である。「社会調査は図書館から始まる」ともいわれる。この言葉に拍子抜けの感覚を受け取る読者がいるかもしれない。「文献の読み込みが必要だ」と知って負担を嘆く人もいるかもしれない。しかし、適切なアウトプットを得るためには、それなりの量のインプットが必要である。沈思黙考していてもアイデアは浮かんでくるかもしれないが、陳腐なものに過ぎなかったり、すぐに枯渇してしまったりしがちである。人類の英知にはある程度の普遍性があるようで、誰かが思いついたテーマは、すでに他の誰かが類似の研究を行っていることがままあ

る。目を通すべきものは、調査報告書はもちろんのこと、一般の研究書、官庁統計、データ・アーカイブなどである。新聞や雑誌記事もカバーしておきたい。それらの先行研究で示された知見は、ヒントや新たな疑問を提供してくれる宝庫である。

　これと並んで、フィールドでの予備的探索も有効である。ふだん何気なく過ごしている日々の行動やそこで起きる出来事、出会う人びとの態度などに反省的なまなざしを向けてみよう。ニュース報道やメディア情報にも注意を傾けてみよう。そこから重要なアイデアが生まれてくるかもしれない。

　問題意識は、できる限り具体化、明確化しておくことが望ましい。「〇〇について」といった漠然とした関心ではなく、「〇〇の△△の××について」のように、限定句を加えて定式化しておこう。あるいはまた、「なぜ〜なのか」（Why question）、「どのように〜なのか」（How question）などの疑問文のかたちで命題化しておこう[1]。

3………調査のマインド

　社会調査に必要な心構えを考えるうえで、ウェッブが「社会研究者の精神的資質」として指摘していることがらは示唆に富む。

答を求めて疑問から出発する誤り
「われわれはすでに知っている事実とか、さらに悪い場合には疑問を形づくるもとになった偏見に一致するような事実に、全くそうする意図なしに視線を集中してしまうのである」（ウェッブ＝川喜多訳，1982，p.35）

事実の客観的研究
「たまたま、事実の見え方についての人の予断や予期を他所事とし、自分の研究によって明らかにされるがままの事実にあらゆる関心を集中し、事実としての事実に知的好奇心を喚起し、新しく見出された細部にわたる事実がいかにつまらぬもの、無意味なものに見えようとも、君の吟味と分析とを細部に至るまで完全にする鋭さを我がものとするならば、君自身の偏向を最大限取り除くことができるであろう」（同書，p.41）

---

[1] 苅谷剛彦は、問いの分解と展開についてその方法を具体的に例示している（苅谷，1996，pp.118-178）。

調査者は、調査構想の時点では自らの問題関心と世界観に即して仮説的理解を構築する。しかし、ひとたび調査活動を開始したら、その仮説的解釈から禁欲的に距離をおき、私心を捨て、あらゆる理解の可能性に対して公正に開かれた態度を保つ必要がある。当然ながら、そこには当初の仮説的理解が棄却される可能性も含まれる。そのことをじゅうぶん覚悟しておく必要がある。

　また、**過度の普遍化**、すなわち、全体のなかの偏った一部分だけをみて、そのものの全般が理解できたと結論づけることを犯さないよう、細心の注意を払わねばならない。

　量的調査に関しては、データの正確さや精度に厳密さが要求される。データの収集段階において、信ぴょう性に影響をおよぼすような操作行為がないよう厳に慎まねばならない。同時にまた、データを盲目的に過信することにも慎重であらねばならない。調査データを読む際には、調査票（質問文と選択肢設計）や調査実施方法（実施時期、票本数、回収率、サンプリング方法など）を確認し、そのデータがどのような方法によって得られたものであるかを慎重に確認する必要がある。

　質的調査の場合、とくにフィールド観察においては、目や耳を開き、「見える」「聞こえてくる」多様な社会現象や情報に集中する訓練された注意力と、それに裏打ちされた「問題を感得する」鋭い感受性が求められる。対象を自分の見解によって解釈するのではなく、いわば「幼児の目」「宇宙人の目」で観察し、虚心坦懐に耳を傾ける必要がある。そのために、相手の言葉、態度、表情をめぐって気づいたことがらを、メモやフィールドノートにこまめに書き留めておく几帳面さが要求される。また、分析に際して、他の人のうちにある感情や情熱や知的体験を、調査者自らが追体験的に理解する「**共感的理解**」とともに、調査者自身の世界観を手がかりとして用いながら、「なぜそのような言葉・態度・表情を示すのか」と、対象者の世界観と思考の道筋に迫る複眼的理解が求められる。

【参考文献】
苅谷剛彦，1996，『知的複眼思考法』講談社．
ミルズ（＝鈴木広訳），1965，『社会学的想像力』紀伊國屋書店．
大谷信介編著，2004，『問題意識と社会学研究』ミネルヴァ書房．
シュッツ（＝渡部光他訳），1983，『アルフレッド・シュッツ著作集　第1巻』マルジュ社．
ウェッブ（＝川喜多喬訳），1982，『社会調査の方法』東京大学出版会．

COLUMN ▶▶▶ デュルケーム『自殺論』（一八九七年）

「自殺研究」と聞いて、どのような研究方法を考え、また自殺の原因としてどのようなものを思い浮かべるだろうか。多くの人は、常識的に考えて、個人のやむにやまれぬ状況あるいは個人の心理的な側面に注目して個々の動機を探るのではないだろうか。

しかし、デュルケームが用いた方法はまったく違うものであった。それは、自殺の統計データを用いるものであり、毎年、「それぞれの社会は、ある一定数の自殺を引き起こす傾向を備えている」（Durkheim, 1897, 1997, p.152）こと。つまり、社会には固有の「自殺率」が存在することに注目した。このことにより、個人が自由意志に基づいて勝手に行っていると思われてきた個々の行為としての自殺が、社会的環境との関連で引き起こされているという事実が明確になり、まったく新しい法則が明らかにされたのである。それと同時に、個人的条件（精神病や遺伝など）あるいは季節や地理的条件によるという従来の諸説を否定したのである。

彼は社会的統合および社会的規制という2つの指標から自殺を4つに分類している。紙面の都合、説明は割愛するが、代わりに以下の表（原書のフランス語のまま）を記載しておくので、そこからデュルケームが何を考えたのかという一端を探ってもらいたい。

スイスにおける自殺 (par million d' habitants)

	Cantons français	Cantons allemands	Ensemble des cantons de toutes nationalités
Catholiques	83	87	86.7
Mixtes			212.0
Protestants	453	293	326.3

なお、『自殺論』の執筆には2つの目的があった。1つには、社会学を科学として確立するために具体的な対象および方法を示すことである。彼は個人を拘束する「社会の存在」を「自殺率」という非人格的な数字によって客観的に証明し、かつ社会学の客観的・実証主義的方法の明示化に成功したのである。もう1つは、発刊当時、ヨーロッパはすばらしい繁栄の時代であった反面、世紀末思想やデカダンスの病理に犯され、自殺が著しい増加傾向にあった時でもあった。そこで、彼は自殺という行為の解明を目指すと同時に、当時の近代化によるヨーロッパの危機的（病理的）状況の解明をも目指したのである。

『自殺論』は、データによって常識をゆさぶり、私たちに予想外の驚きを与えるという社会学的思考あるいは社会調査における楽しみを教えてくれる。ぜひ、熟読して欲しい一冊である。

COLUMN
調査・取材のマインド——"便利"は不便、あぶない

スマホやパソコン、eメールにWi-Fi環境。メディアで仕事をする際にこれらが整っているのは必須といえる。つながっていさえすれば地球の裏側からでも、音声や画像、データも瞬時にやりとりできる。技術の進歩は留まるところを知らない。しかし、「待てよ？」。「便利は不便」、あるいは「便利はあぶない」のだ。つながらないと一転、情報のやりとりは不可能になり立ちいかなくなる。そのリスクにあらかじめ備えられるかが、迅速で正確な報道の維持を使命とするメディアは問われている。

例えば、先進国、発展途上国を問わず、テレビに登場する生中継の現場で、記者やキャスターたちの言葉は、そのほとんどがネットを通じたeメールや各社自前のシステムで放送直前まで、誤りがないか、不適切な表現はないかと、編集責任者と確認したうえでオンエアされている。ところが、もしネットや回線が途絶えたら、スマホに不具合が起きたら……。このまさに"悪夢"を想定し備えておけるかが重要だ。代替のキャリアや回線の確保、ファックスでやりとりできる環境の維持など、"不便"に備えていないと、足許をすくわれかねない。いまや原始的とさえいえる電話回線を含めて少なくとも現場の記者の声だけは届くよう、別の手段を確保しておくことが欠かせない。

取材現場でも注意が必要だ。スマホやパソコンは便利な一方、場合によっては個人情報の漏洩や拡散など、深刻な事態につながりかねない。データの消失は直後から取材に大きな影響を及ぼす。情報をメモにし、回し読みをしていた頃に比べれば、今は比較にならぬほど便利だ。だからこそリスクは逆に高まり、「あぶない」のだ。

さらに人材育成の面でも、便利さは危険と隣あわせだ。かつては徒弟制度のようだったこの世界。今の駆け出しの記者の育成環境は大きく異なっている。例えば、毎年恒例の催しや行事の取材では、過去の原稿を検索すれば、コピー＆ペーストで原稿を"書ける"のだ。何も知らない"無"の状態から恥を忍んで取材対象に質問し、時にはうるさがられながら、ひとつの原稿という"商品"を仕上げる、現場に行った人間でなくてはわからない、その場の"空気"も含めて自分の言葉で書き記すという基本動作がおろそかになりかねない状況、危うさが増している。

使いやすさ、便利さの裏にある思わぬ落とし穴。ハードもソフトも大いに活用すべきだ。それでも一歩引いて、あえて不便と向き合う用意もしておかねばならない。こう考えているのは、きっとメディアで仕事をしている人間だけではないはずだ。

1-4　社会調査の倫理

調査対象者や社会の信頼に応えるために留意することとは

【キーワード】
ラポール、オーバーラポール、プライヴァシー、日本世論調査協会、鑑、インフォームドコンセント、マーケティング・リサーチ、ISO、倫理規程、住基ネット、個人情報保護法

1……ラポール──適切な人間関係の構築

「ラポール」、これは社会調査の現場に出ようとする者が、教室で耳にたこができるくらい何度も聞かされることとなる言葉である。

> 「ラポール：社会調査にあたって、調査を実施する調査担当者と調査の対象者となる被調査者との間に成立する友好的関係。この友好的関係が確立されることによって、調査の実施そのものが促進されるばかりでなく、収集される資料は、より迫真的な意味を持つ」（有斐閣『社会学小辞典』）

このように、社会調査実施に際しては、対象との友好的関係の構築が求められる。それは、

> 「本来であれば調査対象者が他人に知られたくないと思っていたり、知られる必要のないことがらを無理矢理に聞き出さねばならないという側面を、社会調査は多少なりとも持っている。調査者は、そのような行為をあえておこなうのであるから、調査対象者を傷つけたり迷惑をかけたりすることのないよう、最大限の責任を引き受ける必要がある」（「調査倫理」有斐閣『社会学小辞典』）

からであって、ここに調査者が社会調査を計画・実施・分析・報告する過程で守るべき倫理が説かれるのである。

調査対象者のことを、アンケートなどでは「回答者」、インタビューなどを行うフィールドワークでは「インフォーマント（情報提供者）」、実験などでは「被験者」などと称したりするが、特に調査対象としてその人や社会を内側から描き出そうとするフィールドワーク、参与観察では、ラポールの取り方は難しい。完全にメンバーの一員になっていればラポールの状況は問題とならないかもしれないが、調査として科学的客観性はいかがなものか……、という問題が存在するであろうし、対象者との過度の同一化による**オーバーラポール**の問題も発生しよう。さらにこのことに関連しては、「見る側と見られる側との親密な関係の形成は、**プライヴァシー**侵害の意識を軽減するどころか、むしろ深刻で複雑なものにする、という問題」があって、ここで言う「プライヴァシー問題とは、プライヴァシー論でしばしばいわれるような、社会関係の親密さの有無といったことよりもむしろ、親密な関係の中に、いわば『裏切りのまなざし』が入り込む問題だ」（阪本, 2007, p.24）と言及されることもあるように、適切なラポールの位相の措定は難しい。

2……ラポール構築のための実質的な説明事項――倫理綱領

　なにがしかを知りたいという、調査を実施する側の思いがいかに崇高なものであろうと、対象者にとってそんな思いは関係のないことであって、日々の生活への闖入者に愛想良く付き合わなければならない義務はないはずである。そんななかで、ラポールの重要性は説かれるのである。そこでは、調査者の人あたり、つまり人格や容姿などとは異なる次元で、相手に納得してもらうための実質的な説明が必要となる。つまり、調査者の内面（心の持ちよう）に関する説明ではなく、その調査活動の適切性が伝えられなくてはならない。

　そこではまず、①調査の倫理的規範が明示されなくてはならない。人やその生活が調査されるのであるから、その尊厳が傷つけられたり、対象者の資源が搾取されるような事態は決してないことが伝えられる必要がある。プライヴァシーや財産等の保護などがこれに含まれる。次に②適正な手続きと科学的方法に基づき実施されること、さらに、③調査の結果が適正に社会的に還元されること、などが伝えられなくてはならない。

　これらについては四半世紀前に、**日本世論調査協会**において、倫理綱領として採択され、それを遵守するために実践規程が定められている。

日本世論調査協会倫理綱領

　世論調査や市場調査は社会の成員が自由に選択し表明する意見や判断、事実等を科学的に調査し、その総和を社会の実態として把握するための方法である。したがって調査の主体者は、調査結果の持つ社会的影響の重大さを痛感するとともに、常に高邁な倫理観をもって事に当たらなくてはならない。

1. 調査は正確を期するため正しい手続きと科学的な方法で実施する。
2. 調査にたずさわる者は、技術や作業の水準向上に絶えず努力する。
3. 調査は調査対象者の協力で成り立つことを自覚し、対象者の立場を尊重する。
4. 調査は世論や社会の実態の把握を目的とするもので他の行為の手段としない。
5. 調査で知られた事項はすべて統計的に取扱い、その結果の発表は正しく行う。

日本世論調査協会倫理綱領実践規程

　倫理綱領を遵守するため、次に実践規程を定める。この綱領の原則は、世論調査や市場調査のみならず社会調査、学術研究調査、行政調査などについても、尊重されなければならない。

1. 住民基本台帳・永久選挙人名簿の閲覧・標本抽出などに際しては、管理者の指示を尊重し、調査目的を逸脱した行動はとらない。
2. 閲覧・抽出の結果、作成した名簿は、調査の実務者以外には見せてはならない。
3. 調査対象の回答は、すべて統計的に取扱い、調査上、知り得た個々の秘密は秘匿しなければならない。
4. 調査の報告書には、次の事項を明記しなければならない。
　　イ）調査の目的／ロ）調査の依頼者と実施者の名称／ハ）母集団の概要／ニ）サンプリング・デザイン／ホ）標本数／ヘ）調査の実施時期／ト）データの収集方法／チ）回収率／リ）質問票
5. 調査の依頼者と実施者は、相互にその契約を遵守するとともに、協力して、この綱領の遵守につとめなければならない。
6. 新しい調査の企画、デザイン、技法などに関しては発案者・機関の創意を尊重すべきである。

7. 倫理綱領、倫理綱領実践規程に違反した場合については、評議員会において処分を決定する。

3……様々な領域における調査のガイドライン

　こうした綱領や規程に基づき、世論調査、アンケート調査では、その一枚目に「鑑（かがみ）（文（ぶん））」と呼ばれる表紙がつけられることになっている。そこには綱領や規程に記されている事柄が、調査対象者に分かりやすく記されている。

　アンケート調査票は、調査者が一部ずつ対象者に手渡しに赴く場合もあれば、郵便で送られることもある。丁寧に挨拶をしたり、場合によっては先に謝礼（金品）を渡すなど、ファーストコンタクトでのイメージダウンを避ける工夫が様々になされる。いかに適正なアンケート調査であったとしても、鑑を読んでもらえるところまでたどり着かなくては（封も切らずに、郵便ポストからゴミ箱に直行では）元も子もない。インタビュー調査の場合、ラポールが重要なことは自明であろうが、アンケート調査の場合でも、それを手にとって鑑に目を通して（読んでもらい、納得して）もらうまでが、一つの勝負である。

　対象者との間の関係性の構築に関連して、**インフォームドコンセント**（説明に基づく同意）という言葉をよく耳にすることがあるだろう。もともとは医療分野における用語で、患者が自分に及ぶ医療行為の内容について十分に説明を受けてその施術に同意することを指す。看護の社会学や医療の社会学などの進展とともに社会調査の分野でもよく使われるようになってきた。

　また、**マーケティング・リサーチ**の領域では、社会調査に国際的品質基準の諸原則を適用する動きが活発だ。調査も一つの商品である。実施される調査の品質、調査を実施（委託）するクライアントの満足向上をめざすためにISO が策定されている。ISO 国際標準化機構（International Organization for Standardization）は、140ヶ国が参加している国際標準規格を策定している機構で、「商品とサービスの国際的な交換を容易にし、知識・科学・技術・経済に関する活動において、国際的な交流を助長するため、国際的な規模の標準化とこれに関するさまざまな活動を発展・促進すること」を目的としている。もはやグローバル産業となっているマーケティング・リサーチの領域においては、異なる国および地域において同じ目的または同じ内容の調査を実施する機会が増大していて、データの信頼性、クライアントの満足度の向上が目論まれて、2006 年 5 月より、「ISO 20252 市場・世論・社会調査

―用語およびサービス要求事項」が開発されている（日本マーケティング・リサーチ協会 HP より）。

4………社会調査の倫理規程

本書がその構成を準拠している社会調査協会においても、**倫理規程**が宣言されている。全9条からなり、社会調査の科学性、社会的信頼の獲得、協力の依頼、データの利用、プライバシーの保護、差別的取り扱いの禁止、人権への配慮、記録機材の使用、データの保管などについて謳われている（コラム「社会調査協会の倫理規程」参照）。

またアメリカなどでは、「研究者はその所属する機関の許可を得なければ機関名を名乗って調査はできないという規定が作られている。例えば大学名を冠した調査は、所定の用紙にその目的、対象、どのように秘密や人権を守るかなどを記して提出し、審査を経なければ許可されない。特にプライヴェートな質問を含む場合には、所定の用紙に加え、大学が訴えられても責任は本人が負うという宣誓書を提出させられることもある」（谷岡，2000，pp. 194-195）、とあるように、厳しい約束事がある。さらに、例えば学位論文作成のための調査などの場合、こういう必要書類が揃っていないと論文執筆のための事前審査をクリアできず、また研究費や奨学金が与えられないなど、実質的に論文執筆が不可能となることもある。

ところで実際は、こうした規程書どおりにはなかなかうまく進まない調査もあり得る。特にライフストーリー研究の場合などがそうで、調査者は「相手の生活の場に侵入してインタビューするだけでなく、インタビューの内容そのものが語り手のライフヒストリーをはじめとする個人的経験といったほとんどプライバシーを中心に構成されてい」て「一歩間違えば、さまざまな倫理に関わる問題を噴出させる可能性を秘め」（桜井，2007，pp.90-91）ている。そして、倫理規程に則って事前に調査計画を的確に記すことが難しいという事情もある。「インタビューの質問そのものがオープンエンドで」、「調査テーマなり調査仮説なりは語り手との相互行為をとおしてしだいに明確な像をむすんでくるために、あらかじめ用意されたテーマが大きく変更されることもめずらしくない。しかも、語り手の選択も機縁法（スノーボール・サンプリング）が多いため不確定で、しかもそれまでの語りは次の語り手の選択に影響することも十分考えられる」など、「ライフストーリー調査は帰納的な推論方法が基本になっているため、調査を始める前に量的調査ほどに調

査計画の全容をあきらかにできないのである」(桜井，2007, p.92)。

　ところで、このような規程をめぐる諸々の事情、問題点は、実際に現地で調査を実施する場合だけに起こるものではない。すでに調査が終わっていて数値データとしてまとめられているものを二次利用する場合にも適用される。この場合、調査を実施した各国の統計局や民間調査会社が、そうしたデータのうち、特に個人や世帯が識別できるデータなどの場合、それを学術・研究利用、行政利用等に制限した上で、研究者や公務従事者などと利用者をも制限し、誓約書を提出させて、はじめてそうしたデータの二次利用を許可することもある。

　住民基本台帳ネットワークシステム(**住基ネット**)の導入(2002年8月)、「**個人情報保護法**」施行(2005年4月)にともない、個人情報保護への関心が高まり、選挙人名簿や住民基本台帳の閲覧、転記に制限をかける市町村窓口が増えてきた。アンケート調査を実施する際には、これらの名簿等をもとにサンプリングを行うことが多いが、ますます調査をしづらい環境になってきたとも言える。しかしながらこうしたことは、そもそも、ずさんな調査(さらに例えば、「調査のためのサンプリング」と称する名簿売買等)が横行していたからである。調査の社会的役割・意義の主張ばかりする前に、その社会的責任や倫理について十分に学びトレーニングを受けた上で、実査準備を進める必要がある。

【参考文献】
安渓遊地，1991,「される側の声―聞き書き・調査地被害」『民族学研究』56/3.
阪本俊生，2007,「質的社会調査とプライヴァシー―質的調査、モラリティのまなざし、社会の物語」(先端社会研究編集委員会2007所収).
桜井厚，2007,「ライフストーリー研究における倫理的ディレンマ」(先端社会研究編集委員会2007所収).
佐藤郁哉，1992,『フィールドワーク』新曜社.
先端社会研究編集委員会，2007,『先端社会研究　第6号：調査倫理』関西学院大学出版会.
谷岡一郎，2000,『社会調査のウソ』文春新書.
日本マーケティング・リサーチ協会HP http://www.jmra-net.or.jp/rule/iso.html
日本世論調査協会HP「倫理綱領」「実践規程」http://wwwsoc.nii.ac.jp/japor/

COLUMN 社会調査協会倫理規程

社会調査協会ではその発足にあたって、質の高い社会調査の普及と発展のために、調査対象者および社会の信頼に応えるために、倫理規程を定めている。ここにその条文等を一部抜粋して転載・紹介する。

第1条　社会調査は、常に科学的な手続きにのっとり、客観的に実施されなければならない。会員は、絶えず調査技術や作業の水準の向上に努めなければならない。

第2条　社会調査は、実施する国々の国内法規及び国際的諸法規を遵守して実施されなければならない。会員は、故意、不注意にかかわらず社会調査に対する社会の信頼を損なうようないかなる行為もしてはならない。

第3条　調査対象者の協力は、自由意志によるものでなければならない。会員は、調査対象者に協力を求める際、この点について誤解を招くようなことがあってはならない。

第4条　会員は、調査対象者から求められた場合、調査データの提供先と使用目的を知らせなければならない。会員は、当初の調査目的の趣旨に合致した2次分析や社会調査のアーカイブ・データとして利用される場合および教育研究機関で教育的な目的で利用される場合を除いて、調査データが当該社会調査以外の目的には使用されないことを保証しなければならない。

第5条　会員は、調査対象者のプライバシーの保護を最大限尊重し、調査対象者との信頼関係の構築・維持に努めなければならない。社会調査に協力したことによって調査対象者が不利益を被ることがないよう、適切な予防策を講じなければならない。

第6条　会員は、調査対象者をその性別・年齢・出自・人種・エスニシティ・障害の有無などによって差別的に取り扱ってはならない。調査票や報告書などに差別的な表現が含まれないよう注意しなければならない。会員は、調査の過程において、調査対象者および調査員を不快にするような性的な言動や行動がなされないよう十分配慮しなければならない。

第7条　調査対象者が年少者である場合には、会員は特にその人権について配慮しなければならない。調査対象者が満15歳以下である場合には、まず保護者もしくは学校長などの責任ある成人の承諾を得なければならない。

第8条　会員は、記録機材を用いる場合には、原則として調査対象者に調査の前または後に、調査の目的および記録機材を使用することを知らせなければならない。調査対象者から要請があった場合には、当該部分の記録を破棄または削除しなければならない。

第9条　会員は、調査記録を安全に管理しなければならない。とくに調査票原票・標本リスト・記録媒体は厳重に管理しなければならない。

【参考文献】
社会調査協会 HP http://jasr.or.jp/content/members/documents/rinrikitei.pdf

COLUMN
▼▼▼
『何でも見てやろう』から……

　1958年夏、フルブライト奨学金を受けた一大学院生がハーバード大学に留学した。1米ドル360円の単一為替レートの時代で、彼はアメリカに渡るのに船でハワイを経由している。そういう時代である。米国留学からの帰国の途、彼はダイレクトには日本に戻らずにヨーロッパにわたり、中東、アジアと計22ヶ国を貧乏旅行して1960年4月に帰国、60年安保の渦中、東京・西荻窪の喫茶店に籠もってその旅行記『何でも見てやろう』を執筆した。「ものおじを知らぬ青年作家の世界一周コジキ旅行記。体内に『西洋』をもつ戦後世代はスマートな欧米にはびくつかぬが、アジアのどろんこの現実の中に新鮮な衝撃を受ける。日本の未来の進路を暗示するところは面白い。主体的な世界現代思想講座だ」（初版・帯の桑原武夫氏評）と評され、瞬く間にベストセラーとなった。小田実である。
　続いて……。「僕の頭のどこかに入っていたものがあるとすれば、やはり小田実さんの『何でも見てやろう』ですね。それは、格別のようなものとして存在していた。……小田さんはアメリカからヨーロッパを回ってアジアへ、というルートだから、僕は当然その逆回りで行くという感じがあった」（文庫版『深夜特急1 香港・マカオ』巻末・対談）と語るルポライター・沢木耕太郎は、香港を経て「インド・デリーからイギリスのロンドンまで乗り合いバスで行く」という「ささやかな主題」をもって、1970年代初頭、一年間以上のユーラシア放浪を体験し、それを15年以上かけて『深夜特急』としてまとめた（最終巻刊行は1992年）。
　そして……。「冬のある日の深夜午前2時。……久しぶりに2階奥の文庫本のコーナーに足を運んだ。すると、平積みになった沢木耕太郎の『深夜特急』が目に入った」。このテレビ局プロデューサーは、「ユーラシア大陸横断ヒッチハイク」を思いつくこととなり、その企画はテレビ番組「進め！電波少年」の『猿岩石日記』となった。今度は、乗り合いバスではなく、さらに過酷なヒッチハイクであった。
　趣向をかえながらも小田実の偉業は陰ながら語り伝えられている。

【参考文献】
小田実，1961，『何でみてやろう』河出書房新社（書影は，1979，講談社文庫）．
沢木耕太郎，1986，『深夜特急第1便 黄金宮殿』新潮社．
猿岩石，1996，『猿岩石日記 Part1 極限のアジア編』日本テレビ．

1-5 社会調査の種類と実例

社会調査にはどのような種類があるか

【キーワード】
学術的調査、量的調査、質的調査、世論調査、マーケティング・リサーチ

　社会調査にはさまざまなものがあり、一義的に分類することはできない。そこで、本節では目的、方法、調査対象という3つの指標をもとに分類する。なお、ここで説明する分類は便宜的なものであり、また排他的なものではないので、具体的な調査がそれぞれの分類間、またその分類されたなかでも重複する場合があることを最初にことわっておく。

1……目的による分類──学術的調査と実践的調査

　社会調査を目的に合わせて分類すると学術的調査と実践的調査の2つに大別できる。

Ⅰ．学術的調査
①学術調査……学術的な問題関心によって行われる調査で、各学問分野によって調査内容は異なる。

Ⅱ．実践的調査
②統計調査……国勢調査（センサス）、事業所統計、雇用統計、家計調査、労働力調査、経済統計、犯罪統計、学校基本調査など、主に「統計法」に基づいて政府が実施する調査。
③世論調査……政治（内閣支持率など）・教育など、広く「世論」とみなされる世間一般の人の意識に関する調査。
④市場調査……商品やサービスの開発・販売の戦略を立てるために、消費者の評価、売買意欲などを調べる調査。マーケティング・リサーチともいう。テレビ番組の視聴率調査も含まれる。
⑤実態調査……教育、勤労、家庭生活、余暇活動などの実態に関する調査。

学術的調査とは、既存の知識を確認／発展／反駁するという学術的な問題関心のもとに研究者が行う社会調査である。実際、社会調査を行う学問としては、社会学、社会心理学、社会福祉学、文化人類学、経済学、政治学、教育学など多岐にわたる。とはいえ、慣行としてすべての学問におけるデータ収集および分析を社会調査と呼んでいないのが実情である。

　近年では、コンピューターの発達などによって研究室で簡単にかつ安価で調査が企画・実施・分析できるようになったが、それだけに研究者が行った調査がすべて学術的調査に該当するとは考えてはならない。学術的に価値を持つ社会調査とするためには、詳細な先行研究の検討を通して調査の目的を明確にし、かつ仮説と検証のプロセスを通して科学的に調査を行わなければならないのである。

　なお、学術的調査の説明においては、それが実践的調査との対比で位置づけられていることにも注意を払う必要がある。実践的調査とは、商品を売り込むなどの利益目的のために行われる実践のための社会調査のことを指している。ただし、学術的調査と実践的調査の優越性を問題としているのではなく、大切なことは何らかの利益目的のため、あるいは行政や企業などからの委託から行われる実践的社会調査と区別されて、学術的社会調査は純粋に学問レベルから知的に探求（科学的に認識）されなければならないということである。学術的調査としては、福武直編『大井町―地域社会の構造と展開』（地域社会研究所，1967）や米地實『村落祭祀と国家統制』（御茶の水書房，1977）などが挙げられるが、これらは総合（綜合）的、したがって学際的・共同的、長期的な純粋に学術的な調査の例である。

2………方法による分類──量的調査と質的調査

　方法に沿って分類すると量的調査と質的調査の2つに大きくわかれる（1-6に詳しく説明）。

Ⅰ．**量的調査**（≒統計的研究）
①既存統計資料の分析……すでにまとめられた統計データを分析する調査
②調査票調査……………調査票（質問紙）による調査
Ⅱ．**質的調査**（≒事例研究）
③聞き取り調査…………インタビューによる調査
④参与観察………………現地に赴き、成員の一人となって生活し、集団の内

部から観察する調査
⑤ドキュメント分析……文書や記録を収集して分析する調査
⑥フィールドワーク……現地で行う調査を総称したもの

　なお、厳密にいえば、①既存統計資料の分析および⑤ドキュメント分析は、社会調査の定義における「現地調査によってデータを収集」という点に反しているが、社会学が扱う貴重な経験的データであることから社会調査に含むことが多い。

　方法による分類としては、他に、実施方法で社会調査をわけることも可能である。たとえば、継続性という視点からパネル調査（同一回答者に対して時間をあけて同一の質問をする調査）と継続調査（回答者を変えて定期的に同一の質問をする調査）がある。また該当する対象者全員に調査をする悉皆調査（全数調査）と一部の人々を選んで調査をするサンプリング調査（標本調査）という分類もある（2章参照）。さらに調査票の配布・記入方法によって面接調査、留置調査、郵送調査などにもわけられる（2-10参照）。

3……対象による分類

　対象による分類には、対象項目による分類と対象の主体による分類がある。

○対象項目に沿った分類
①人口統計…………国勢調査、住民基本台帳統計、死亡統計など
②経済統計…………家計調査、労働力調査、賃金調査など
③狭義の社会統計…家族調査、意識調査、学校基本調査など
④その他……………体育・保険統計など

○対象の主体による分類
①個人調査………………一人ひとりの個人を対象とする調査
②世帯調査………………住居および生計をともにする各世帯に対する調査
③企業調査・組織調査…企業や組織などを対象とする調査
④地域調査………………都市あるいは農村などの一部の限定された地域社会
　　　　　　　　　　　　に関するさまざまなデータを集め、その地域社会に
　　　　　　　　　　　　おける構造的特徴を明らかにする調査

4……世論調査 (public opinion poll)

　世論調査は、模擬投票、心理学の測定法、市場調査法の諸手法が融合して1930年代にアメリカで生まれた。今日、政治・行政、ジャーナリズム、学術・研究機関のほか、企業・経営にも広く活用されており、主に (a) 選挙結果の予測に関する調査、(b) 物価や住宅問題などの「時事問題調査」、(c) 研究者や内閣府などが行う「生活意識調査」、(d) 行政の施策の方向性を決めるために行われる「行政施策調査」などがある。

　世論調査では「個人の意見の総和」を「世論」と考え、重要な時事的問題に対する人々の意見の総和を統計的に測定する。それゆえに、世論調査の結果が示しているのは、ある特定の時点において社会成員が示した意見の分布ということになる。また世論は性・年齢・職業・階層などの属性によって大きく異なるため、母集団とのバイアスを減らすために無作為抽出法を行うのが原則とされている。世論調査の要件としては、母集団が明確に定義された上で個人単位で行われること、一定数以上の標本に対して画一的な質問紙を用いて意見や態度について調査することなどが挙げられる。

　なお、家庭環境などの影響のもとで形成されたパーソナリティや生活世界に由来する意識や態度は急激に変化することのないものであり、世論調査はそれらを把握するための社会調査とは明確に区別される。つまり、「世論はつくられる」といわれるように、世論調査はニュースの伝達などの些細な状況の変化によって容易に変化する意見や態度の把握を目的としている。

　近年では、世論調査に対する批判も少なくない。例えば、サンプリングや質問などの方法に対するものの他に、世論調査の結果によって世論を変化させること、調査主体者が意図した方向に答えを引き出してしまうこと、さらにプライバシーの侵害などが挙げられる。

　なお、最近では、ジャーナリズムにおける世論調査の方法には変化が生じており、その結果、世論調査を頻繁に実施することが可能になっている。変更点とは、面接調査から電話調査へ移行したことやRDD（RDS）方式を採用したことなどが挙げられる。また実際に調査を実施するのは、新聞社自体ではなくなり、多くの場合テレマーケティング会社に外注されている。

5……マーケティング・リサーチ（市場調査 marketing research）

　マーケティングとは、商品（財、サービス、金融商品）の生産からそれが流通して消費者に至るまでに関係するすべての商業活動を指し、それぞれの

マーケティングの分野で生じる問題を発見したり、その解決のための戦略を決定したりするのに必要な情報を組織的に収集・分析・伝達する活動を**マーケティング・リサーチ**という。つまり、市場、製品、販売、広告などに関する情報を収集・分析して企業における経営戦略（商業活動を合理的に行うための資料など）を提供することを目的として行われる。

　二木宏二によれば、「企業・団体・官公庁などが消費者やユーザーの欲求を充足すべく、製品やサービスを開発したり提供法を改善するために、資金・人・時間・場所・情報などを効率的に統制・管理する総合的な活動をさす。したがってマーケティングの主体は、個々の企業に限らず、宗教法人や政治団体、労働組合あるいは官公庁のようなパブリック・セクターも含んでいる」（二木他，1991，p.3）とされ、最近の動向として、大学による入学志願者数を増やすための調査なども含むようになり、適用分野を広げている。マーケティング・リサーチの内容としては、(a)消費者調査、(b)製品調査（嗜好調査含む）、(c)流通経路調査、(d)広告効果測定調査などが含まれ、方法としては、(1)市場分析[1]、(2)市場実査（market survey）[2]、(3)市場実験などがある。

　その誕生は、19世紀後半のアメリカで、広告代理店が農業用機械メーカーの依頼でアメリカ国内の農作物の出来具合を調査したことから始まる。消費者が対象に含まれるようになったのは、資本主義が発達して大量消費の時代になってからのことであり、はっきりした形になったのは統計学が発達した1930年代以降である。

　なお、きちんとした仮説のもとに、消費者の情報をしっかりととらえて、その結果を正しく解釈して報告するという現在のマーケティング・リサーチの形をとった「第一歩」は、キャンベル・スープの購買者に関する調査とされている。きっかけは、『サタデー・イブニング・ポスト』という雑誌の営業マンが、スープで有名なキャンベルに広告の依頼をしたところ、高価なキャンベル・スープを好んでいるのは上流階級なので、低所得者層の読者が多い雑誌にはミスマッチであり、載せられないと断られたことによる。調査方法は、空き缶を調べるというものであったが、調査結果から「高価だから上流階級が食べ、低所得者は食べない」という仮説が崩れたのである。

1　市場活動における情報を官庁などによる既存の資料をもとに分析する方法。
2　マーケット（市場）とは、一般に商品交換が行われる場を指し、市場実査は販売・消費市場における情報を収集・分析して市場の実態を把握することを目的としている。ある製品の普及率などを調べる事実調査と意見や態度を中心に調べる意見調査がある。

日本では、戦後の復興期から高度経済成長期まで、モノをつくれば売れるという生産競争の時代であったため、マーケティング・リサーチはほとんど普及してこなかった。しかし、実際には、1960年頃からわずかに需要に対して供給が過剰にシフトし始めており、とりわけ、現在では必需品的な製品の購入はおおむね一巡し、飽和市場の時代に入っている。また不況という時代もかかわり、いよいよマーケティングが重要かつ必要な時代になっている。

　なお、日本における歴史としては、第1期（1950年代）：実態把握＝マーケットは今どうなっているのか（統計をとるための調査）、第2期（1960〜1970年代）：消費者行動の理由を知る＝人々はなぜそうするのか（説明のための調査）、第3期（1980年以降）：企業戦略を知る＝企業はこれから何をすればいいのか（方向を発見するための調査）という3期にわけることができる。

　注目すべきは、過去の事実をなぞって解釈する第2期の調査では、企業が今日抱えるマーケティング上の課題をすべて解決できないとして、1980年代以降、天気予報のような結果を待つだけの予測ではなく、「こうするためには（こうなるためには）こうせよ」という戦略的な処方箋を提示し、課題解決に役立つためのマーケティング・リサーチの段階に入ったことである。興味深いので対比表（表1）を提示する。Aタイプはすでにある仮説を証明することを志向し、Bタイプは仮説そのものを発見したり創造したりすることを志向するという。

表1　伝統的な調査と新しい調査の対比（二木他, 1991, p.11）

A（伝統的な調査）	B（新しい調査）
論理実証主義	現象学
統制した測定	生態学的観察
仮説の検証	発見と創造
客観的推論	主観的解釈
結果を重視	動機を重視
無作為抽出であるべき	無作為抽出にこだわらない
推測統計学	記述統計学
データをコンテクスト・フリーとみる	データをコンテクスト・ディペンデントとみる

1-6 量的調査と質的調査／統計的研究と事例研究

量的調査と質的調査は
どう使い分けるのか

【キーワード】
量的調査、質的調査、既存統計資料の分析、遡及調査、継続調査、調査票調査、標準化調査、聞き取り調査、参与観察、ドキュメント分析

　量的調査と質的調査[1]は、データの性質およびそれにともなう分析方法の違いによって分類される[2]。

1………量的調査

　量的調査とは、質問紙などを用いて情報を大量に集め、統計的に分析する社会調査である。しかしながら、「大量の対象者」に対して調査をするから「量的」と呼ぶのではなく、どのような人がどれくらいいるのかという「数量的に」把握・調査するので、「量的調査」と呼ぶことに注意しなければならない。すなわち、ある程度多くの人々に対して調査を行い、その回答の分布（「賛成○％、反対○％、その他○％」など）を調べるのである。また、量的調査は統計的な分析を行うことで、社会全体についての広範で偏りのない知識を得ることができる。

　量的調査のメリットは、①同じ質問文についてあらかじめ提示されている選択肢の中から回答を選ぶので、勘違いや誤訳がない限り、時代や空間を超えて比較することが可能なこと、②多数の対象者に対して安い費用で調査ができること、③統計を用いて客観的に把握できること、④サンプリングが正しければ、調査結果から全体（母集団の特性）の推定が可能であることなどが挙げられる。他方、そのデメリットとしては、①画一化した質問のために（事前に用意された質問しかできないために）状況・時代に応じた臨機応変な質問ができず、それゆえに全体関連的な質問ができないこと、②あらかじめ回答の選択肢が固定されており、自由に回答（表現）ができないので、被

---

1 本著では、量的調査と質的調査の区分と統計的研究と事例研究の区分をほぼ同義とみなし、統計的研究と事例研究についての記述を割愛している。詳細は盛山2004を参照のこと。
2 両者の区別に関しては、「2－2調査方法と調査方法の決め方」も参照のこと。

調査者における行為や事象の深層にアプローチすることが難しく、集計結果および分析結果は表面的なものにとどまり易いことなどが挙げられる。

量的調査には、既存統計資料の分析と調査票調査がある。

既存統計資料の分析　官公庁、国際機関、研究調査機関などがすでに調査して公開している結果を、そのままあるいは二次的に加工して利用し、比較検討する方法である。インターネットなどに公開されている情報を卒業論文などに引用することも含まれるが、行政などが公開している信頼できる統計データは二次的に加工して分析可能なので、もう一歩踏み込んだ分析が期待される。加工の方法としては、横断的比較（同時期における地域比較）と縦断的比較（地域における過去と現在の比較（**遡及調査**）、あるいは現在から未来に向かって行う調査（**継続調査**））がある。なお、現在では、入力された「素データ」そのものが公開されることもあり、公開された数値を用いるだけでなく、調査者が自らの視点で再分析できるケースも増えている。
例）デュルケーム『自殺論』

調査票調査　調査目的に沿って構成された質問項目および回答選択肢を印刷した用紙あるいは冊子のことを「調査票」（質問紙）と呼び、それを用いた調査のことを「**調査票調査**」（**標準化調査**）と呼ぶ。調査票を用いた調査は日頃よく見られるので、多くの説明はいらないだろう。調査票調査においてもっとも重要な点は、調査票を利用することで多数の被調査者に対して同一の質問を行い、かつ定型的な回答を得ることができるという点である。それゆえに、対象について数量的に把握するのに有効である。他方、被調査者はあらかじめ用意された質問および回答選択肢の中でしか回答できないので、調査結果は表層的な把握になるという欠点を有している（詳細は1-8を参照のこと）。
例）SSM調査

2………**質的調査**

質的調査とは、少数の事例についての観察あるいは対象者との会話、さらに記述された文章などから、数量的に把握できないデータ（文字、映像、音など）を集め、分析する社会調査である。質的調査は（量的調査と異なり）、一人ひとりの行動や考え、あるいは1つひとつの現象における変化や状況を

詳細に追求・分析することで、具体的な因果関係および変化の過程などの発見が期待できる。また、先行研究が少なく、現象についての説明変数がよくわかっていないときに用いられることもある。

　質的調査のメリットとしては、①行為や事象の深層まで理解することができること、②事象を多元的・総合的に把握できること、③変化のプロセスと因果を動態的に把握できることなどが挙げられる。またデメリットとしては、①調査結果が個別的で偏っていること、②調査結果および調査の成否が調査者の能力・性格に左右されること、③反復して検証することが困難なことなどが挙げられる。

　典型的な方法として、聞き取り調査、参与観察、ドキュメント分析があげられる。

聞き取り調査　自由面接、非構造化面接ともいう。調査者は少数の調査対象者に対して簡単な質問項目のメモに従って（あるいはそれにとらわれずに）質問を行い、回答者は不定形な表現で自由に回答していく。そして、それらの回答を記録していく方法が聞き取り調査である。それゆえに、定型的・画一的な質問・回答を事前に用意している調査票調査（標準化調査）とは本質的に異なったデータを収集することになる。すなわち、回答の形式、順番、選択肢などをすべて回答者本人の意思に委ねて自由に答えさせ、また対象者の反応（雰囲気や喜怒哀楽、あるいは「間」など）も記録することによって、研究テーマに関する深い内容、さらには対象者の話したい内容や話しにくい内容等も知ることができるのである。

　マスコミにおける取材インタビューは、関心が個人に集中して社会現象に向いていないので社会調査とは呼べないが、形式的なイメージとしてはわかりやすい例であろう。

　なお、聞き取り調査は、インタビューを行っている時の対象者の様子や雰囲気に合わせて臨機応変に質問の仕方および内容を変えなければならないので、調査者の能力・資質（コミュニケーション能力等）が大きく問われることになる。また多数の人々を対象とすることができないので、結果の一般化には慎重さが求められる。

参与観察　参与観察とは、調査対象となる集団のなかに調査者が実際に入り込み、長期間一緒に生活することによって、集団を内部から観察し、当事者

の立場から人々の行動や対話を記録する方法である。参与観察では、外部の人間である調査者が内部の人間から「集団の一員」(仲間)として認められることが重要になる。なぜなら、仲間と認められることで、対象者が観察されていることを意識しなくなり、また対象者の内面にまでふみ込んで情報を収集できるからである。さらに、第三者(部外者)であっては理解できないような、ある社会現象に対する当事者にとっての「(本当の)意味」を理解することができる。

　なお、参与観察を行う上では、インフォーマント(情報提供者)との信頼関係を結ぶことが大切であり、また調査者自身が集団の活動に極力影響を与えないように配慮しなければならないとされている。

例)ホワイト『ストリート・コーナー・ソサエティ』

ドキュメント分析　ここでいう「ドキュメント」とは、文書や書類などの記録をさしている。ドキュメント分析とは、手紙、日記、自伝、新聞記事、雑誌記事などの記録を収集して、それらのデータを分析する方法である。前述したように、社会調査は過去に遡って調査することには限界があるが、ドキュメント分析にいたっては、対象者の心理的な領域にまで踏み込み、かつ長期の変化・推移を分析できるという利点を持っている。なお、本方法は、調査者の目を通してデータを再構成しながら対象を理解していくことになる(詳細は3-7参照)。

3………量的調査と質的調査の比較

表1　量的調査と質的調査の比較

	量的調査	質的調査
標本数	多　数	少　数
調査および分析の方法	客観的	主観的
対象者への関心	表面的	詳細的
現象・問題の把握	単　純	総合的・多次元的・動態的
調査者の能力の調査への影響	小さい	大きい
調査結果への感情移入	入りにくい	入りやすい
調査結果から母集団を推定	可　能	不可能

両者の特徴をまとめたものが表1である[3]。量的調査は対象者の複雑な内面ではなく、表面的な部分を集めてきて客観的に（統計的に）事象の本質や法則を構成しようとする方法であるのに対して、質的調査は特殊な社会事象を体験した（体験している）少数の当事者の主観に注目し、その上で、調査者の主観にもとづいて事象の本質を探ろうとする方法といえる。

　両者の長所と短所をよく理解した上で、実際の調査ではどちらが優れているのかを考えるのではなく、お互いの欠点を補うものととらえることが大切である。つまり、両者を組み合わせて利用することも多く、例えば、質的調査は調査票調査に先立つ予備的調査として有効である。また、大多数の人々が共通して体験しているような事象について研究する際には量的調査を用い、不登校や逸脱行動などの少数の限られた人々だけが体験したり、事象が複雑に絡み合っていたりする場合には質的調査を用いるというように、使い分けることが大切である。

3　盛山（盛山, 2004, p.24）が指摘しているように、例外も多く、このような対比が絶対ではないことも心得ておく必要があるだろう。

COLUMN ▼▼▼ 本多勝一のルポ

　1960年代から80年代にかけて一世を風靡したジャーナリストに本多勝一がいる。本多は朝日新聞の記者として数々の長編報道記事（ルポルタージュ）を世に送り、退職後は『朝日ジャーナル』の思潮を受け継いで『週刊金曜日』を立ち上げて現在もその編集委員をつとめている。

　信州伊那谷出身の本多は千葉大学で栄養学を専攻、その後、京都大学に再入学して農林生物学を学びながら山岳部に属し、そこで日本で第1号となる「探検部」を独立させて、在学中は2度に渡ってヒマラヤ探検に出向く。時は1950年代後半。

　その後、卒業を待たず朝日新聞に入社した本多は、北海道での支局勤務を経て、1963年のカナダ北極圏のエスキモー部落における住み込み取材し、ルポを同新聞紙上にて発表したのを皮切りに、翌年同様のスタイルでインドネシアのニューギニア高地人について、さらにその翌年にはサウジアラビアの遊牧民の生活・文化についてのルポを著し、それらは「『極限の民族』三部作」として世に知られることとなる。

　そして1966年、これらの方法論と成果を駆使して、本格的な軍事介入がなされた「ベトナム戦争」のさなかである南ベトナムへの取材を敢行した。のちに『戦場の村』としてまとめられたこのルポを端緒に、本多氏は被虐的な「殺される側」に則した取材活動を積極的に行う。

　1969年にアメリカの黒人社会と先住民族の有り様を取材した『アメリカ合州国』（合衆国ではなく合州国）、1971年に中国に渡り日本軍の足跡を辿った『中国の旅』、1974～75年に新風土記として発表された故郷長野の自然破壊・北海道のアイヌ・岩手の出稼ぎ地帯のルポ、1977年「開成高校生殺人事件」及び1979年「祖母殺し高校生自殺事件」の実相に迫った『子どもたちの復讐』……それらの作品群が80年代には文庫となって安価に入手できるようになり、確実に高校生にまで読者の裾野は広がっていった。

　翻れば70年代は、『自動車絶望工場』の鎌田慧、『父よ母よ』の斉藤茂男、読売社会部『黒田軍団』の黒田清氏、「元祖・芸能ルポライター」の竹中労など、そうそうたる人たちが、ルポルタージュという「事実を描写する」手法で、社会を情熱的に描き続けた時代であったと言える。

　本多氏はもとより、これら多くのジャーナリストの業績に触れておくことは、「現場」に対峙する調査に関わる上で不可欠だと思う。

【参考文献】
本多勝一，1981，『カナダ＝エスキモー』朝日文庫．
本多勝一，1983，『ルポルタージュの方法』朝日文庫．
本多勝一，1984，『事実とは何か』朝日文庫．

1-7 国勢調査と官庁統計

国勢調査とはどういうものなのか

【キーワード】
官庁統計、旧統計法、新統計法、調査統計、業務統計、加工統計 指定統計、承認統計、届出統計、基幹統計、国勢統計（国勢調査）、国際統計協会、全数調査、簡易調査

1……統計法と官庁統計

　日本は統計王国と言われるほど官民とも多種多様な統計データを作成している。その中で国または地方自治体が作成した統計を通常「**官庁統計**」と言っている。

　官庁統計は、「統計法」（1947年制定、2004年最終改定、以下「**旧統計法**」）によって規定されていた統計である。旧統計法は2007年に「全部改正」された（09年4月1日全面施行、以下、「**新統計法**」）。新統計法では、国の行政機関、地方公共団体、特定の独立行政法人（以下「行政機関」）が作成する統計を「公的統計」としている。

　公的統計（官庁統計）は、統計作成手続きの相違によって、統計を作成する目的で行われた調査から作成された「**調査統計**」（ex.国勢調査、家計調査等）、行政機関が行政上・業務上の必要から収集したデータから作成した「**業務統計**」〈一次統計〉（ex.住民基本台帳人口移動報告、人口動態統計等）、調査統計、業務統計の結果を加工した「**加工統計**」〈二次統計〉（ex.国民経済計算、鉱工業指数等）に分けられる。

　また、旧法では、国や地方自治体が作成する統計のうち、政策の運営に特に重要なものであるとして総務大臣が指定した「**指定統計**」、国が作成する指定統計以外で、作成のための調査に総務大臣の承認が必要な「**承認統計**」、指定統計、承認統計以外の国、地方公共団体の作成する「**届出統計**」（調査実施にあたって事前に総務大臣への届出が必要）に区分されていたが、新法では、「**基幹統計**」と「基幹統計以外の統計」に区分されている。基幹統計

は、新法の条文で規定されている「**国勢統計**」と「国民経済計算」および、①全国的な政策の立案、実施する上で「特に重要な統計」、②民間における意思決定、研究活動のために「広く利用されると見込まれる統計」、③国際条約、国際機関が作成する計画において「作成が求められている統計」、国際比較を行う上で「特に重要な統計」を総務大臣が指定する統計である。2009年4月1日現在の基幹統計数は53統計で、旧法の指定統計55件と、大きな変化はない。

なお、基幹統計を作成するための調査を「基幹統計調査」、基幹統計以外の統計を作成する目的の調査を「一般統計調査」と区分している。以下、社会学で多く利用されている基幹統計（指定統計）をいくつかあげておく。

国民経済計算（旧法では指定統計になっていない）、国勢統計（国勢調査）、労働力調査、家計調査、就業構造基本調査、全国消費実態調査、社会生活基本調査、経済構造統計〈経済センサス基礎調査＋経済センサス活動調査〉（事業所・企業調査統計）、学校基本調査、社会教育調査、人口動態調査（人口動態統計）、医療施設統計、患者調査、賃金構造基本調査、国民生活基礎統計、農林業構造統計（農林業センサス）、工業統計調査、商業統計、特定サービス業実態統計　　　　　　注：（ ）内は、旧法の類似している指定統計名

統計法に規定されて作成された官庁統計は、調査・統計手法にのっとって調査した大量のデータを収集したものや、行政の業務データを基にしたもので、比較的信頼性が高い。また、大半は同一内容で継続的に調査、集計されているので時系列の変化をみるのに適している。そのため、新しい状況への適応は遅れがちではある。

なお、公的統計は学術研究目的や高等教育のためにならば、オーダーメイドで集計された統計、匿名データ（個人や企業が特定できないよう加工された統計）を提供してもらえる（ただし、有料）。

2………国勢統計（国勢調査）

国勢統計は新統計法で基幹統計として規定されている調査統計である。その統計データを得るための調査が「**国勢調査**」である（旧法では、データを得る統計調査とその結果統計を共に「国勢調査」と言っていた）。

(1) 国勢調査の歴史

1885 年、**国際統計協会**から「1900 年世界人口センサス」への参加の働きかけがあり、これを契機として国勢調査実施を目指した本格的な活動が始まり、1896 年貴族院と衆議院で「国勢調査ニ関スル建議」が可決され、1902 年に「国勢調査ニ関スル法律」が成立した。「建議」では、国勢調査について

> 「全国人民ノ現状即チ男女年齢職業（中略）家別人別ニ就キ精細ニ現実ノ状況ヲ調査スルモノニシテ一タビ此ノ調査ヲ行フトキハ全国ノ情勢之ヲ掌上ニ見ルヲ得ベシ」

とあり、「国の情勢」をみるものと位置づけられている。第 1 回国勢調査は 1905 年に行われることになっていたが、日露戦争（1904〜05 年）のため実施できず、10 年後の 1915 年も第一次世界大戦への参戦の影響で見送られた。1920 年になってやっと第 1 回の国勢調査が行われた。アメリカでは 1790 年、イギリス、フランス、デンマーク、ポルトガルでは 1801 年に人口センサスが行われており、統計先進国より 130〜120 年も遅れていた。

　国勢調査は、当初の法律では、10 年ごとに行うことになっていたが、10 年ごとでは、変化の激しい社会の中で、各種施策の基礎資料として不十分であるとして、22 年に法律が改正され、5 年ごとに行うことになり、25 年に第 2 回の調査が行われた。以後 2005 年調査まで 18 回を数える（1945 年は戦後の混乱期のため実施されなかったが、47 年に臨時調査が実施された）。

　第 1 回国勢調査では、広報の一環として国、地方挙げての宣伝歌謡の募集が行われた。そのうちの一つを紹介する。調査の趣旨や意義のほか，調査票の記入の仕方，国民の心得まで入っている。

（一）国勢調査の目的は帝国版図の人々の所帯の状態を精査して
　　　善政の基となすにあり
　　　実にや建国以来の国民一致の事業なり
（二）調査の時は何時なるぞ今年十月一日の午前零時の真夜中に
　　　我家に居合はす其の人を洩れなく用紙に書入れて
　　　午前八時に出すなり
（三）世帯の種類に二ツあり宿屋下宿屋合宿所是等は総べて准世帯
　　　其他は普通の世帯なり

准世帯では管理者を申告義務者と定めらる
（四）調査の事務を掌る其の役の名は調査員
　　　用紙の配布や取り集め其骨折や如何ならん
　　　胸に下げたる徽章には重き役目を示すなり
（五）申告事項は姓名に世帯の主人と続柄
　　　所帯に於ける地位や又男女の区別を明かに
　　　生れし地名と誕生日妻や夫の有る無しも
（六）日々に営む生活の業務の書き分け注意せよ
　　　一ツの職を持てる人数と業務を兼ぬる人分けて記せよ
　　　本業と副業中の主なもの
（七）農にも自作と小作あり商にも卸や小売あり
　　　製造販売兼ぬるもの一目でわかる様にせよ
　　　職業上の地位により業主と従業雇人
（八）調査する日が近づかば成たけ旅行をせぬものぞ
　　　火の元用心第一に伝染病にも気をつけよ
　　　是等の禍起りなば調査の妨げ如何計り
（九）課税にかかはる調かと疑ふ虞れ更に無し
　　　万一申告せぬ人や不実の申告せし人は
　　　重き罪犯に処せられて末代までも家の恥
（十）十年一度の此調査能く其のわけを会得して
　　　人皆心を一となし外つ国までも我が国の
　　　力の程をあらはして国の誉を輝かせ

（総務省HP　www.stat.go.jp/data/kokusei/）

　新統計法では、「国勢統計」を、本邦に居住している「人および世帯に関する全数調査」（国勢調査）を10年ごとに、その調査年から5年目に簡易な方法による国勢調査（**簡易調査**）を行い、「国勢統計」を作成することを義務付けている（第五条。旧法もほぼ同様の規定であるが、義務化されているのは人口で、世帯は含まれていない）。つまり、西暦年末尾が0の年に大規模調査、5の年に簡易調査を行うのである。

(2) 調査対象、調査事項、調査方法、集計項目
調査対象

調査年の10月1日午前0時現在の事実について、日本に常住しているすべての人（外国人も含む。ただし外国政府の外交使節団・領事機関の構成員およびその家族、外国軍隊の軍人・軍属及びその家族を除く）。なお、戦後占領下にあった沖縄は、琉球列島軍政本部又は琉球政府によって5回の国勢調査が実施されていた。72年5月15日の日本復帰（沖縄県）により、75年の国勢調査から調査地域となった。

調査事項
　第1回調査では、姓名、性、出生地、出生年月日、配偶関係、国籍世帯の種類、世帯主との続柄、世帯員数、業務と従業上の地位など、第2回の簡易調査は、氏名、性、生年月、配偶関係の4項目のみであった。
　その後、回を重ねるごとに調査項目は増加してきた。第13回（1980年）以降、大規模調査は22項目、簡易調査は17項目となっている。具体的には以下の項目である。

　　個人—氏名、性、出生年月、世帯主との続柄、配偶関係、国籍、居住期間*、5年前の住居の所在地*、教育の状況（学歴）*、労働力（就業）状態、就業時間、従業上の地位、所属事業所名と事業の種類（産業）、仕事の種類（職業）、従業地又は通学地、通勤・通学の利用交通手段*
　　世帯—世帯の種類、世帯員の数、収入の種類*、住居の種類、住宅の床面積、住宅の建て方（注：*付きは大規模調査のみ）

調査方法—留め置き・世帯自記自告法
　10月1日以前（05年の場合は9月23日から）に調査員（約83万人）が全世帯に調査票を配布（手渡し）・記入法を説明し、世帯員が記入て、後日（05年は10月10日まで）調査員が回収。

集計項目
　上記調査項目の単純集計、性・年齢・配偶関係・地域（都道府県・市町村等）を軸に労働力状態、産業、職業、従業上地位、世帯、従業地・通学地等とのさまざまなクロス集計が行われている。

表1　最近の国勢調査の未提出率

	1995年	2000年	2005年
全国	0.5	1.7	4.4
東京都+政令指定都市のある都道府県	0.6	2.3	5.6
上記以外の県	0.2	0.7	2.3

単位：％

(3) 近年の問題点―プライバシーと提出率・記入内容の正確性

　日本の国勢調査は非常に精度が高かったといわれる。しかし、近年、提出率の低下、不正確記入・記入漏れ（未記入）が多くなったことによって精度が低下してきたのである。ここ3回の国勢調査票の未提出率は表1のとおりである。

　05年調査で未提出率の高かった都府県は、東京都（13.3％）、宮城県（6.8％）、沖縄県（6.6％）、京都府（6.6％）、福岡県（6.1％）、大阪府（5.4％）、愛知県（5.0％）である。2000年以降、調査票未提出率は急上昇し、政令指定都市の所在する都道府県でその割合は多く、なかでも東京都は05年調査においては13.3％と突出している。未提出率は、都市部ほど未提出率が高く、その差も拡大している。

　また、多くが未記入と想定される「不詳」の割合も増大している。一例をあげると、労働力状態の「不詳」割合（全国平均）は、95年0.50％、00年1.63％、05年3.05％（東京都9.72％）であった。このことは、05年の東京都の15歳以上人口のほぼ1割（100万人）は労働力状態が判らないことを意味している。

　このように近年の国勢調査に関する問題点は、提出率・記入内容の正確さの問題である。これは、高まりつつある個人情報保護意識と調査方法とに関連している。

　調査方法は、先に述べたように、調査員が調査票を手渡し、記入法を説明し、世帯で自記してもらうのであるが、調査内容に記入漏れがないかどうか、調査員が点検して回収していた。

　調査員は自治体が候補者を推薦し、総務大臣が任命する非常勤の国家公務員で、守秘義務を負っている。多くは地元の居住者である（戦前は、名誉職で、地方名士が羽織袴で世帯を訪問した、という。近年は調査員のなり手がなく、町内会の役員が引き受けていることも多い）。それで調査員と調査対

象者が顔見知りといったケースも多い。このことは、未提出の減少と記入内容の正確性の担保にはなるが（調査員が知り合いなので調査を断れない、世帯情報を知っているので嘘を書けない）、他方、「知り合いとは言えども個人情報は見られたくない、ましてや赤の他人には」という意識、個人情報保護意識の高まりが、調査拒否を生み出していた。そこで、総務省は、調査票提出の際、封筒に入れ、密封で提出すること、郵送も認めることにしたが、それは必ずしも提出率の増大にはつながらず、不正確記入、記入漏れ・未記入を増加させることになった。

　個人情報の漏洩不安を解消するため、「国勢調査の実施に関する有識者懇談会」（2006年設置）において、「調査員が回収することが原則だった従来のものを改め、郵送を軸にし、インターネットも検討する」、「調査員を装った調査票回収などの調査妨害には、罰則適用が必要」等が提起されているが、提出率の向上、不正確記入、記入漏れ・未記入の減少になるとは言い難い。国勢調査の意義と重要性のさらなる啓発による国民の協力意識の向上を図る必要があろう。

3………国勢調査・官庁統計の社会学的意義

　官庁調査統計（公的統計）は、継続的な調査統計であり、また大規模でかつ標本調査の場合でもサンプリング手法に法って調査対象が選ばれているため、大量のかつ時系列的に日本全体、地域全体の縮図が得られ、社会の変化と現状を明らかにするという、社会学研究にとって非常に重要なデータの宝庫である。

　中でも5年周期で行われる国勢調査は、日本常住の個人と世帯の全数調査（census）であるため、人口のさまざまな事項について、その量・構成の現状と変化（推移）に関するデータを得ることができる調査統計である。

　国勢調査結果は、「法定人口」として、都道府県、市町村議会の議員定数の決定、市、政令指定都市、中核都市の要件、地方交付税交付金の配分基準、都市計画の策定、過疎地域の要件、衆議院議員選挙区の画定などに利用されている。また、各種経済政策、社会福祉政策、街づくり、防災対策等の基礎資料としてなくてはならないものとなっている。

　社会学的研究にとって国勢調査結果（国勢統計）データはどのような意味を持っているであろうか。国勢調査は、すでに述べたように、1920年から5年ごとに行われてきた。つまり、ほぼ100年近くのデータの集積がなされて

いる。また、市町村単位で諸調査事項のクロス集計がされている。つまり、日本の人口に係わるデータ、人口総数、性、年齢、配偶関係、教育程度、労働力状態、産業・職業・従業上の地位、通勤・通学地、世帯の種類・規模、住宅の種類等が、長期にわたって時系列で、しかも区市町村単位（場合によっては町丁単位）で得られる。

　これらの官庁統計データを基礎データとして利用することによって、以下のような社会学的な社会現象・社会変動を明らかにすることが可能になる。

　晩婚化・非婚化、離婚の増加、核家族化、少子高齢化（高齢社会化）、高齢者世帯・高齢単独世帯（独居老人問題）の増加、高学歴化、雇用者化、ホワイトカラー化、就業形態の多様化、専業主婦化／共働き化、失業者の増減、工業化・サービス経済化・知識社会化、地域移動、都市化・郊外化、地域類型（都市・農山漁村、工業都市、商業都市、ベットタウン、過疎・過密地域）、社会階層、格差・貧困問題、等々。

　また、これらを全国レベルのみならず地域レベルで明らかにすることができ、さまざまなレベル（地方圏、都道府県、市町村）での地域比較が可能となる。さらに、各国の統計データを利用することによって、国際比較も可能となる。

【課題】
　1965年と2005年の国政調査「男女・年齢別・配偶関係別労働力状態」のデータを使って、未婚女性と有配偶女性の年齢別「主に仕事」、「家事と仕事」、「家事」割合のグラフを作ってみよう。そのデータからどのようなことが言えるか、分析してみよう。

【参考文献】
川合隆男，1991，「国勢調査の開始」『近代日本社会調査史Ⅱ』慶應通信.
藤田峯三，1995，『新国勢調査論—戦後の国勢調査』大蔵省印刷局.
山本勝美，1995，『国勢調査を調査する』岩波ブックレット（NO.380）.
総務省統計局HP　http://www.stat.go.jp/

1-8 調査票調査

調査票調査で何を知ることができるのか

【キーワード】
調査票調査、質問紙調査、匿名性

1……調査票調査

　巨人ファンと阪神ファンにはどのような相違点があるのだろうか。仮に、好きな食べ物や住んでいる地域によって両者のファンの増減が生じるとしたら興味深いだろう。また「A型は几帳面」、「O型は大雑把」と言われるが本当だろうか。当然のことながら、長野県民でりんご好きなら、必ず巨人ファンになったり、几帳面な人が全員A型になったりするわけではない。しかし、明確な因果関係の解明は期待できなくても、どのような人が巨人ファンになり易いのか、あるいはA型の人はどのような性格の人が多いのかという傾向などを知ることは可能である。つまり、該当する多くの人々にさまざまな質問をして、数量的に全体を把握した後にクロス集計などによって分析するのである。また多くの人々に同様の質問をするために、あらかじめ質問項目を印刷した用紙を利用すると手際よく情報を入手できるだろう。

　このように、調査票（質問紙）を用いた調査のことを**調査票調査（質問紙調査）**という。調査票とは、被調査者の主観を通じて属性、行為、意識について回答してもらうために、調査項目が質問文と回答文の形で明記されて印刷された用紙または小冊子のことをいう。一般に、調査票調査と質問紙調査を区別することはないので、本書では調査票調査で統一している[1]。

　調査票調査では、大量の標本に対して同一の質問をすることができ、また収集されたデータは数量的に分析するのが一般的である（分布、クロス集計、多変量解析など）。質問文および回答文が単純かつ適切であり、回答者が協力的であれば信頼できる結果が期待でき、優れた方法となる。なお、有効な調査票を作成するためには、以下の3つの条件を満たす必要がある。(a)質問や選択肢が可能な限り単純になっていること、(b)各質問の位置付けが的

確であること、(c)作成された調査票を誰が用いても回答者が違う回答をしないことである。

　また調査票調査の最大の特徴の1つに「**匿名性**」が挙げられる。後述するように、調査票を回答者本人に記入してもらうのか、あるいは調査者が記入するのかという実施方法の違いによって調査者あるいは回収者が回答内容を知ることはありうるが、分析の段階では基本的に誰がどのように答えたのかという内容は重視しない。つまり、集団の状況を把握することが調査票調査の目的であるので、そもそも調査票に個人情報を記入する欄を設けることはほとんどない。誰が書いたのか追跡されない（できない）からこそ、回答者は安心して正直に答えることができるのである。「匿名性」が尊重されるからこそ、答えにくい質問に対しても調査できることが調査票調査のメリットの1つであるといえる。

　それゆえに、調査票調査では、プライバシーに配慮して、実施前にデータの用途を十分に説明して、理解してもらうことが大切になる。またデータをコード化し、入力・分析後においても記入された調査票をきちんと管理しておかなければならない（調査の倫理に関しては1-4参照）。また文書上で相手との契約を示すために、あいさつ文において以下のように付言しておくとよいであろう。例えば、「御回答いただいた内容に関して、個人データとして利用することはございません。また、各人の皆様のプライバシーを侵害して御迷惑をおかけするようなことは決してございません」などである。

　なお、調査票調査においては調査者と被調査者の信頼関係が十分に築かれないままに行われることが多い上に、無償あるいは薄謝によって調査の協力をお願いすることになる。ゆえに、調査の目的をきちんと説明して相手の不信感を取り除く労力を惜しんではならない。

1　調査票や質問紙のことを「アンケート」と呼ぶこともあるが、アンケートはもともとフランス語のenquêteに由来している。動詞enquêter（調査する、捜査する）の名詞形で、アンケート以外に「調査、審査、捜査」などの意味を有している。そのため、enquête d'urbanismとは「都市計画調査」を意味する。本来、ある特定の問題に詳しい専門家に意見を求める方法を指していたが、日本では、アンケートという言葉が一般に定着する中で通俗化され、かなり広い意味を持つようになっている。しかしながら、弘文堂の『社会学事典』では、アンケート法（enquête method）に関して「調査対象者としてその方面に詳しい専門家を選び、意見を求める方法」（見田，1988，p.31）と用法が限定された上で、「簡便であり、ときに鋭い洞察や貴重な仮説を得られるため、新聞・雑誌などが多く用いているが、そこから一般化できる根拠はないため、補助的役割にとどまる」（見田，1988，p.31）とされて、質問紙法（questionnaire method）と区別されている。そのような事情から本節では、「アンケート調査」という表現を用いないことにした。ちなみに、フランス語においても、質問紙法はméthode des questionnairesと書き、questionnaireとenquêteは区別されている。

2……調査票調査のメリットとデメリット

　調査票のメリットは、多くの被調査者からデータを収集することができ、また質問の順序、用語の使い方、回答の形式などが統一されていることから収集されたデータを比較することが可能となることである。そのため、大量のデータを統計的に処理して解析する調査に広く用いられている。

　他方、実査に先立って調査票の印刷を行わなければならないことから、調査項目を事前に決めておかねばならず、実査の段階で質問項目を付け加えることはできない。分析の段階で「あの質問も入れておけばよかった」と後悔しても遅いのである。そのようなことのないように、入念に準備をしなければならないことはいうまでもない。

　さらに、調査票調査にとって重要なことは、調査項目だけでなく、回答形式をあらかじめ決めているために、個々の被調査者の状況に合わせて柔軟に対応することができないことである。つまり、回答者が制限された画一的な回答の中でしか答えられないということは、集計・分析の際のメリットであると同時にデメリットにもなる。この意味において、調査票調査とは、調査者の意図に沿った内容の調査であるといっても決して過言ではないだろう。

3……調査票への回答

　気をつけたいことは、質問したら何でもわかるというわけではないということである。「あなたの好きな人は誰ですか」と聞かれて、無条件に公言する人はまれであろう。聞いた人との人間関係（信頼関係）があって初めて成り立つ会話である。また、調査票調査がいくら匿名性を尊重するとはいえ、「あなたは万引きをしたことがありますか」と質問されたときに、経験のある人は正直に答えるかどうか躊躇してしまうだろう。

　このように、調査票調査では聞けることには制限が存在していることを理解しなければならない。相手が本当のことを答えているのか、それともうそをついているのかを気にしながら分析するくらいなら（結果として分析結果が信用できないのなら）、中途半端な質問は入れないほうがよいのである。

　一般に調査票調査によって得られるデータは、①個人の属性・行動・意識、②そのなかでも対象者が記憶・意識しているもの、③さらに調査員に知られたくない気持ちが強くないもの、④特殊でないもの、という4つの条件を満たすものに限定される。しかしながら、調査テーマによってはどうしても回答してもらわなければ困るという項目があるかもしれない。そのような時に

は最大限の工夫によっても真実を答えてもらえないかもしれないということを覚悟の上で質問項目に入れなければならない。そのような例外を除いて、記憶の定かではない過去のこと、あるいは反道徳的なことについては質問しないほうがよいのである。

　繰り返しになるが、そもそも調査票調査では調査者と被調査者の深い信頼関係が築きにくいので、被調査者が話したくない内容をどうしても聞きたいのであれば、質的調査を行ったほうがよい。また調査では「対象者自身」に「自分」の考えや行為等について答えてもらい、原則として他人のこと（夫、妻、子どもなどについて）を聞かない。どうしても必要な場合には、あくまでも「夫は○○したと、回答者（私）は考えている」と主語をはっきり意識しなければならないだろう。

　なお、意識についてもう一点補足しておきたい。皆さんは自分の意識・意見を常にはっきりと持っている（言える）だろうか。著者の経験では、フランス留学中に「どちらでもいい」と返答した結果、「明確な意識がない。Yesか？Noか？（oui ou non?）」と何度も追求されたことがある。またもともと漠然としたイメージしか持っていなかったものが、本を読んでいたときに突然明確になるということもある。

　調査票は定型的な回答を強制するが、答えようとした際に初めて漠然としていたものを明確にするように急かされるかもしれない。そのような時に用意された選択肢の中に該当項目がない場合には、より近い選択肢を選ぶか、あるいは放棄することしかできなくなってしまうのである。そのような状況を避けるために、事前調査や予備調査等によって十全な準備を行う必要があることはいうまでもないが、調査票調査で定型化された回答文を用意するということはそのような「強制」を伴うことがあることを忘れてはならないだろう。

1-9 フィールドワーク

フィールドを捉えるとは
どういうことなのか

【キーワード】
フィールドワーク、ヒューマン・ドキュメンツ、参与観察、モノグラフ、
フィールドノート、インフォーマント

1………フィールドワークとは何か

　社会調査を実際に行っていくとき、調査者はその対象とするテーマに関わる出来事が生じている現場、すなわちフィールドに入っていく。フィールドは、どのような人々によって構成され、それらの人々によってどのような活動や実践が行われているのか。それらの人々はどのような関係を作っているのか。そこにどのような出来事が起きているのか。そうした人々を取り巻くどのような状況や問題があるのか。こうしたテーマに関わるさまざまな事柄を、フィールドの人々のなかに入っていき、見て、聞き、記録し、考え、記述する一連の研究過程が**フィールドワーク**である。

　ただし、フィールドワークとは、フィールドに行きさえすればそれでいいというものでは決してない。フィールドに足を踏み入れる。それが第一歩である。そしてそこから何を見るのか。誰と出会うのか。何に気づくのか。フィールドワークとは、フィールドに拠って立ちながら考えていく調査実践である。

2………フィールドワークの方法とモノグラフ

　フィールドワークは人類学や社会学の分野の研究において重要な位置を占めているが、そもそも社会学の分野では、1920年代の初期シカゴ学派都市社会学によって、フィールドワークにもとづいたさまざまな実証的研究が、モノグラフとして数多く出されている。

　モノグラフとは、フィールドワークを通して得られたテーマ対象についての多元的な側面からのデータおよびその分析をもとに構成されて書かれた論

文や本のことである。この多元的な側面を描き出すために、初期シカゴ学派都市社会学の実証的研究において、さまざまなフィールドワークにおける調査方法が生み出されてきた。

(1) ヒューマン・ドキュメンツの利用

ヒューマン・ドキュメンツとは、個人によって書かれた日記や自伝、個人の間で交わされた手紙、団体の記録や新聞記事などのことである。

初期シカゴ学派都市社会学のW.I.トマスは、F.ズナニエツキとの共著『ヨーロッパとアメリカにおけるポーランド農民』の研究においてヒューマン・ドキュメンツを取り上げている。トマスは、ポーランドからアメリカに移民してきた若者の日記やポーランドの農村の団体によって発行されていた新聞の記事や団体の記録、アメリカに渡った移民との間でやり取りされた手紙などを、ポーランドの移民が出て行った後の出身社会および移民先であるアメリカにおける移民社会の双方の解体およびそれらと双方の社会の人々の適応や社会への統合との関連を分析するための重要なデータとして利用している。

(2) 参与観察

初期シカゴ学派都市社会学のモノグラフが出された当時は、参与観察とはまだ名づけられてはいないが、初期シカゴ学派都市社会学のモノグラフの多くが、この参与観察という方法をとっている。**参与観察**とは、対象となるフィールドの人々の社会に調査者自身が参与しながらフィールドワークを行う方法である。たとえば、N.アンダーソンは、仕事がなくなると都市に集まってくる渡り労働者の世界を自らのかつての「ホーボー」としての経験と実際のシカゴにおける「ホーボー」たちの世界でのフィールドワークに基づいて『ホーボー』を書いている。また初期シカゴ学派都市社会学ではないが、参与観察を用いた代表的なものとして、W.ホワイトのボストンのイタリア系の移民たちが暮らす地域に住み込んでのフィールドワークに基づいて書かれた『ストリート・コーナー・ソサエティ』がある。

(3) 詳細なインタビュー

フィールドワークにおける基本的な方法として、フィールドの人々からフィールドについてさまざまなことを教えてもらう聞き取りがある。そこではさまざまな人々に対して聞き取りが行われると同時に、特定の人々に対しての何度にもわたる詳細な聞き取りが行われる。この詳細な聞き取りを通してある個人のライフヒストリーを構成したり、ある出来事に関わる経験を構成したりすることによって、フィールドの"現実"を捉えていく手がかりとなる。

初期シカゴ学派都市社会学のモノグラフにおいて用いられているが、たとえば、C.ショウが、ある少年の詳細なインタビュー（それをもとに作成された少年自身によるライフヒストリー）および彼の非行に関わる裁判記録などを用いて非行少年を取り巻く世界の現実を描いた『ジャック・ローラー』がある。

(4) 事例研究

フィールドワークでは、調査票を用いて大量のデータを収集し統計的なデータの処理を通して、データの傾向を読み取っていく方法でフィールドの"現実"を把握する方法と同時に、参与観察や詳細な聞き取りなどの方法で少数の事例を用いて、その事例について多面的で詳細なデータを通して、そのデータが象徴する"現実"を読み取っていく方法とがある。後者がいわゆる事例研究である。(2)(3)で挙げた初期シカゴ学派都市社会学のモノグラフは、大量データの収集によるフィールドの把握を背景に置きながらも、象徴的な事例から見えてくるフィールドの"現実"を描いたものである。

初期シカゴ学派都市社会学のモノグラフに見てとれるように、どのようなテーマで、どのような対象を見つけ、どのような方法を用いるのかはさまざまであるが、フィールドワークを実践し、それを記述していく上で重要なことは、いかにフィールドの"現実"を取り出してくるのかということである。

3………フィールドワークの実践

(1) フィールドの記録

フィールドワークを実践していく上で重要なことの一つに、フィールドを記録する作業がある。フィールドワークはフィールドで観察し、人々に話を聞き、それをもとに考え、分析していく過程としてあるが、それらをすべてフィールドのデータとして記録していくことが欠かせない。それが**フィールドノート**である。無論、フィールドについての記録としては、聞き取りについては、ICレコーダーなどの機器の使用もあるし、また写真やビデオを撮って記録することもある。ただし、聞き取った内容については、文字化することが必要であり、また撮った写真やビデオについてもその説明が必要になる。いずれにしてもフィールドの"現実"を構成していく上で、記述データが不可欠である。すなわちこの記述データの記録がフィールドノートである。

そしてフィールドにおける観察や聞き取りなどの記録だけではなく、その観察を通してあるいは聞き取りによって調査者が何を感じ、何に気づき、何

を考えたのか，調査者に何が起こったのかもフィールドを分析していく重要なデータとなる。フィールドワークは，当初調査者自身が思ってもみなかったようなことに度々直面する調査者自身のフィールドでの経験を通して行われるものである。フィールドは，調査者が知っているつもりの世界では決してない。だからこそ，フィールドでの調査者自身の経験や思考を手がかりとして，フィールドへの理解が拓かれてもいく。調査者自身の経験や思考をフィールドの"現実"を把握するためのデータとしてまたそのほかの記述データを分析するための手がかりとして記録することが必要となるのである。

(2) フィールドとの相互作用

フィールドワークの実践は，フィールドで調査者を導いてくれるフィールドの人々，すなわち**インフォーマント**の存在抜きにはありえない。フィールドにおいてさまざまな人々が調査者にフィールドについて教えてくれる存在であるが，そうした中で調査者をさまざまな出来事の場に案内してくれたり，そうした出来事について詳しい人々を紹介してくれたりする人々がいる。そうした人々のもつ意味とは，単にフィールドについての情報提供をしてくれるということではなく，聞き取りも含め彼らとのやり取りを通して，調査者がフィールドでの経験や思考を重ねていくということである。それはまたインフォーマントにとっても同様の経験をもたらすことになる。フィールドは，無菌室のなかにあるわけではない。調査者は，どのようなかたちであれ，フィールドに入ることでフィールド（にいる人々）との間で相互に影響を与え合うのである。だからこそ，そうした経験も含めてフィールドノートというフィールドの記録が重要となる。

【参考文献】

トマス・ズナニエツキ（＝桜井厚訳），1983，『生活史の社会学――ヨーロッパとアメリカにおけるポーランド農民』御茶の水書房．

アンダーソン（＝広田康生訳），1999, 2000，『ホーボー――ホームレスの人たちの社会学』ハーベスト社．

ホワイト（＝奥田道大・有里典三訳），2000，『ストリート・コーナー・ソサエティ』有斐閣．

ショウ（＝玉井眞理子・池田寛訳），1998，『ジャック・ローラー――ある非行少年自身の物語』東洋館出版社．

2-0 シラバス

B科目
（調査設計と実施方法に関する科目）

　社会調査士の資格を認定している社会調査協会によると、B科目は「調査設計と実施方法に関する科目。社会調査によって資料やデータを収集し、分析しうる形にまで整理していく具体的な方法を解説する科目」となっている。その中で扱う内容は、「調査目的と調査方法、調査方法の決め方、調査企画と設計、仮説構成、全数調査と標本調査、無作為抽出、標本数と誤差、サンプリングの諸方法、質問文・調査票の作り方、調査の実施方法（調査票の配布・回収法、インタビューの仕方など）、調査データの整理（エディティング、コーディング、データクリーニング、フィールド・ノート作成、コードブック作成）など」で、本章では社会調査士の資格取得のために必要なB科目の内容が全て学べるように以下の13項目を設定した。（　）内は、社会調査協会が求めている内容である。90分×15週で履修することが求められている。

【授業の目的】
テーマ：企画から調査データの整理までの正しい技法を身につけよう！

　本科目では、社会調査の企画・設計から資料やデータの収集、そして収集されたデータを分析できる形に整理するところまでの具体的な過程（方法）を理解し、具体的な調査スキルの修得を目的とする。

　とはいえ、調査方法を知識として記憶するだけでは、調査方法を本当に理解したとはいえない。そこで、教員の講義と合わせて、実習的に調査票調査の企画を行う。すなわち、グループを作り、そのグループごとに調査テーマを設定して、作業仮説の構成を経て「調査票」の完成までを実践的に学んでいく。具体的な内容としては、社会調査の目的および調査方法の決め方について学んだ上で、調査の企画と設定（社会調査の流れ、先行研究の検討などを含む）、作業仮説の構成（KJ法などを含む）、調査対象者の設定（悉皆調査と標本調査）、サンプリング（サンプリングの意義と特性、標本数と標本誤差、サンプリングの諸方法）、ワーディング、調査の実施方法（配布・回収方法、記述方法等）、回収されたデータの整理（エディティング、コーデ

ィング、データクリーニング等）について学ぶ。
　また質的調査の設計と実施については、聞き取り調査を取り上げ、実際に身近な人へのインタビューを行い、フィールド・ノートを作成する。

【授業の内容】

2- 1. 社会調査の目的とは何か──企画の視点から
　　　（調査目的）
2- 2. 調査方法はどのように決めるのか
　　　（調査方法と調査方法の決め方）
2- 3. 調査の企画のために知らなければならないことは何か
　　　（調査企画）
2- 4. テーマの決定と仮説の構成はどのように行うのか
　　　（調査設計と仮説構成）
2- 5. 対象者全体の中から一部の人々を選んで行う調査は可能か
　　　（全数調査と標本調査）
2- 6. 無作為抽出とはどんな原理・方法なのか
　　　（無作為抽出）
2- 7. 調査をする際、どれくらいの標本数が必要か
　　　（標本数と標準誤差）
2- 8. サンプリングはどのように行うのか
　　　（サンプリングの諸方法）
2- 9. 調査票はどのように作成するのか
　　　（質問文・調査票の作り方）
2-10. 調査票調査はどのように実施するのか
　　　（調査の実施方法①：調査票の配布・回収）
2-11. 分析の前に収集された調査データをどうすればいいのか
　　　（調査データの整理①：エディティング、コーディング、データクリーニング）
2-12. 面接調査はどのようにしたらよいか
　　　（調査の実施方法②：インタビューの仕方）
2-13. フィールドノートをどのように作成したらよいか
　　　（調査データの整理②：フィールドノートの作成）

実際の授業のために13項目を立ててあるが、1回目には、授業ガイダンスおよびA科目で学んだ内容の復習（とりわけ、調査の目的、量的調査と質的調査）も必要に思われる。また調査票の作り方は2回必要と考えており、最後に試験を行うことで全15回となる。なお、各項目を90分ずつ学ぶ必要はないように思われる。参考までに右の学習例「一部詳細」にて目安を提示している。

　また、授業で実践的に調査票の作成を取り入れるのであれば、上記のような時間配分では時間が足りなくなるので、改めて時間を設定し直す必要がある。本章の節で示すと、0～2[調査目的と方法]（2回）、3～4[企画～仮説構成]（4回）、5～8[サンプリング]（2回）、9[調査票の作成]（4回）、10～11[実施方法～データの整理]（1回）、12～13[聞き取り調査]（2回）で合計15回になる（著者は本科目において2つのレポート（調査票および清書されたフィールド・ノート）によって評価しているため、15回目にも授業を行っている）。著者が現在担当しているB科目は後期に行っているので、年末年始休業時の宿題に「インタビュー」の課題レポートを出すなどしている。そして、最終授業時にレポートを回収して総括する（作成された調査票の振り返りなど）。

　付言すると、実践的に調査票の作成を行うには、講義だけでは時間が足りないので、必然的にほぼ毎週宿題が課されることになる。またグループごとに進捗状況が異なることから、教員によるチェックが不可欠となる。チェック時に到達ポイントに達していないグループには、強制的に宿題が課されることになっている。（学生は楽しんでいるようであるが……。）

表 B科目の学習例

本章	協会の対応内容	カリキュラム		
		標準	一部詳細	卒論他
2-1	調査目的	1回目	1～2回目	○
2-2	調査方法と調査方法の決め方	2回目		○
2-3	調査企画	3回目	3～5回目	○
2-4	調査の設計と仮説構成	4回目		
2-5	全数調査と標本調査	5回目	6～8回目	
2-6	無作為抽出	6回目		
2-7	標本数と標本誤差	7回目		
2-8	サンプリングの諸方法	8回目		
2-9	質問文・調査票の作り方	9～10回目	9～10回目	○
2-10	調査の実施方法①：調査票の配布・回収	11回目	11回目	
2-11	調査データの整理①：エディティング、コーディング、データクリーニング	12回目		
2-12	調査の実施方法②：インタビューの仕方	13回目	12回目	○
2-13	調査データの整理②：フィールドノートの作成	14回目	13～14回目	
	試験	15回目	15回目	

2-1　調査の目的

社会調査の目的とは何か
——企画の視点から

【キーワード】
文献調査、記述、説明、事実探求型調査、事実整理型調査、原因追求型調査

1……意義と限界

　デュルケームの社会学テーマの1つは「常識という誤謬を見破れ」ということであった。彼が『自殺論』のなかで主張したことは、それまで定説とされてきた個人における自殺の要因が精神的異常や気候によるという説明が誤りであり、真実は自殺の要因が集団の統合度および規制の強度によるということであった。彼はそれを「既存統計資料の分析」を通して証明したのである（不備があると指摘する研究者がいることも事実であるが）。

　それゆえに、社会調査の目的は、「社会調査をしなければわからない貴重なデータを収集するため」と一言で述べることは簡単であるが、実際には、デュルケームのように、誤って認識されている事実に対して調査結果によって真実を明らかにすること（真実の発見）、あるいは複雑な社会において縺れた糸を解きほぐすこと（単純化）、さらに見えないもの・認識されていないものを明らかにすること（顕在化）等を目指しているといえる。さらに、こうした単純化、顕在化を通して変化の原因を探求することを目的とすることもある。なお、前述の「調査をしなければわからない」ということを基本条件にしていることから、先行研究を念入りに調べること（**文献調査**）が必要であることはいうまでもない。

　他方、（既に学んだように）社会調査には「限界」が存在することを意識しながら、調査を企画することが重要になる。つまり、社会調査で知ることができるのは「個人の属性、個人の行動、個人の意識」という3点である。また、そこには、対象者が記憶していることや意識していることに限られるという条件が付けられる（質的調査では例外的に得られるものがある）。さらに、調査員に知られたくないという気持ちが強いものや犯罪歴などの社会

的に禁止されているものを調査する際には相当の配慮と工夫が必要になる。これらの限界をよく理解した上で、企画している調査の目的を明確にすることが重要になる。

2........目的別調査の分類

そもそも「貴重なデータ」といっても、さまざまなレベルが考えられる。先の例で言えば、単純化や顕在化は、それまで知られていなかったもの、よくわからなかったものを明確にするという意味で「実態を把握する」ということ自体が大きな意味を有していることになる。また閉鎖的な社会などにおいては、「いつ（when）、どこで（where）、だれが（who）、何を（what）、どのように（how）」という状況やできごとを正確に緻密に「記述（description）」するだけで大きな価値を持つこともある。他方、実態やできごとを記述・把握した上で、そこに「なぜ（why）」という原因と結果の因果関係的「説明（explanation）」に大きな価値を持つ調査もある。それゆえに、調査を企画・実施するためには、何のための調査なのか、換言すれば、何を明らかにする調査なのかという目的を明確にしなければならない。

これらの点から社会調査を、**①事実探求型調査、②事実整理型調査、③原因追求型調査**という3つに分類することができる。①事実探求型調査とは、「事実はどうなっているのか。調査対象の事象を事実として判断してよいか」を調べるものである。また②事実整理型調査とは、「どういう場面、場所で事実と判断してよいか。また他との関係はどうか」を調べるものである。そして、③原因追求型調査は、「その事実（変化等含む）の原因は何か」を調べるものである。

なお、実際の調査には、それぞれを目的とする調査の他に、複合的なタイプも存在する。まとめると、以下の6つのタイプが存在する。タイプⅠ：①のみ、タイプⅡ：②のみ、タイプⅢ：③のみ、タイプⅣ：①＋②、タイプⅤ：①＋②＋③、タイプⅥ：②＋③である。

繰り返しになるが、先行研究を通して調査の企画を行う際には、自分の調査が上記の6つのタイプのうち、どこに当てはまるのかをよく意識しなければならない。

2-2 調査方法と調査方法の決め方

調査方法はどのように決めるのか

【キーワード】
量的調査、質的調査、サンプリング、実施方法、質問法調査、参与観察、
ドキュメント分析、トライアンギュレーション

1……3つの段階における調査方法の決定

　社会調査の方法の決定には、実際には3つの段階がある。第一に、量的調査および質的調査のなかでいずれの方法を用いるのかというものである。第二に、調査対象者全員に調査をするのか、それとも対象者のなかの一部に調査をするのか、また一部に調査するのであれば、どのようにして選ぶのかという「サンプリング方法」の決定である。そして、第三に、実際に実施する段階で、観察によってデータの収集を行うのか、それとも、質問によってデータを収集するのかという「**実施方法**」の決定である。それぞれにメリットとデメリットがあるので、それぞれの特徴をよく理解し、回収率や調査費用、スケジュール等をもとに決定しなければならない。

　なお、サンプリングに関しては本章5節から8節に、また実施方法に関しては本章10節に詳しく説明しているので、本節では第一の量的調査と質的調査のいずれの方法を用いるのかについて述べることにする（なお、量的調査と質的調査の特徴については既に第1章第6節で説明しているので、詳細はそちらを参照すること）。

　最近では、統計調査（量的調査）のことをほとんど知らないまま、最初から事例調査（質的調査）を始める人も増えているが、それぞれの方法について熟知したうえで、最良の方法を選ぶことが重要になる。

2……**量的調査と質的調査の選択**

　社会調査の方法は、調査者の好みとか得意・不得意によって主観的に勝手に決められるわけではない。また調査の企画に先立って決められるわけでも

ない。社会調査のテーマ（問題の領域）が決まり、作業仮説の構成が行われたのちに、調査対象の特性および調査内容について考慮しながら適切な方法を選択しなければならない。すなわち、テーマの決定と同時にフローチャート式に決まるようなものでもない。調査の目的をよく理解した上で、作業仮説にもとづいて、どのような人々に、どのような内容の調査を行うのかを吟味していく中で、決定していくものなのである。とはいえ、質的調査には優れた能力が求められるのも事実であるので、自分に合うかどうかを判断する必要はあるだろう。

以下においては、それぞれの方法の特徴を明記するので、方法を選択する際の参考にして欲しい。

量的調査と質的調査　両者においてはデータを統計的に把握するのか、それとも記述的に把握するのかという根本的な相違が存在する。そのため、前者は対象全体における表面的な分布を知り、全体の傾向の把握あるいは一般法則の確立など、全体像を把握することを目的とする。他方、後者は対象者の具体的な経験に注目するので、調査結果の一般化が困難である一方、個別な事例における変化や現状を具体的に把握することができる。両者は排他的な位置関係ではなく、それぞれが有益な情報を提供することができるのである。たとえば、犯罪について研究する際に、犯罪発生率と不況あるいは年齢等の関連について知りたいのであれば、統計的な把握を行うことで、法則的な把握が可能になる。他方、犯罪に至るまでの経緯（あるいは犯罪集団の形成過程）について把握しようとすると、実際に対象者へのインタビューや観察を通して詳細に記述して把握することで、なぜそのような状況に至ったのかという具体的な因果関係を知ることができる。

また、子育てや家庭での性役割分担意識の定着（社会化）過程を調べたい時に、親に過去の事情をたずねる方法は適切ではない。なぜなら、親が無意識のうちに行っていた行為が含まれていたり、また、対象者の記憶が薄れているだけでなく、過去の記憶が美化され修正されていたりする場合も少なくないからである。それゆえに、このような調査テーマにおいては、量的調査および質的調査を問わず、質問による調査そのものがあまり適切ではない。参与観察法やドキュメント分析などを採用したほうがよい。

なお、非行、犯罪などの逸脱行動の研究、また町内会、祭りなどの地域社会における変化を探る研究、さらに特定の個人における生活史を探る場合に

は、質的調査のほうがより適切な方法といえる。

既存統計資料の分析　量的調査をすることが適切と判断されたとしても、すでに信頼できる既存の資料が存在する場合には、改めて調査票調査を行う必要はない。また、自殺研究などは、本人へのインタビューが不可能である上に、遺族へのインタビューもきわめて困難である。また警察における調書の閲覧も難しいだろう。このように調査対象へのアプローチが極めて難しい場合には、既存統計資料の分析によって調査の目的が達成できないかを検討することが重要になる。

調査票調査　対象についての知見および先行研究が極めて少ない時には、適切な質問文と回答選択肢を作成することが難しいため、調査票調査を行わないほうがよい。また作業仮説が複雑な現実社会と関連する際には、調査票調査での把握が可能かどうかを判断し、場合によっては少数事例に注目して質的調査を採用するほうがよい。また調査票調査は現在の状況を知ることで、因果関係などを把握するものであるので、過去の経験や意識については極力聞かないようにして、現在の状況・意識をもとに因果関係を把握するように工夫することを忘れてはならない（詳細は 2-4「作業仮説の構成」参照）。

参与観察法　調査者と対象集団の思考様式や生活形態が異なっており、外部からの観察だけでは対象者集団における行為の意味が理解できないときに、有効な方法となる。つまり、集団の一員として（あるいは近い位置から）観察することで、集団内部での行為の意味を理解することができるのである。ただし、長期にわたる対象集団との接触が必要であることから、短期で行わなければならない調査としては不向きである。

ドキュメント分析　既に強調したように、過去について対象者にインタビューをしても、そのデータの信用性が低い。しかしながら、対象者が日記や手紙などの記録を残している場合には、現象の変化を把握する時系列的な分析の材料になる。また聞き取りによるデータの不正確さを補ったり、あるいは対象者の心理に踏み込めたりする場合もある。

3………複数の方法の組み合わせ

　社会調査を行う上で、1つしか方法を知らないがゆえにその方法のみを用い続けるというのでは大変困る。そもそも最適な方法が1つだけとは限らず、むしろ、複数の方法を併用したほうが真実・実態をより正確に把握できることがある。たとえば、調査票調査を行う前に、予備調査として現地での観察・インタビューを行った上で、調査票調査を行い、またその分析結果をもって改めて対象者を訪問してインタビューを行ったほうがより充実した調査になるだろう。

　また、質的調査においてよく見られることであるが、聞き取り調査から得た情報だけに頼って報告書を書くことは極めて危険である。つまり、聞き取り調査における答えにくい質問（犯罪などの社会的に禁止されている行為に関するもの、あまり意識していないこと、さらに過去に遡った質問など）は、不確かなことが多いだけでなく、情報提供者が意図的にウソを述べる場合もあるからである。このような状況を避けるために、ドキュメントの分析を併用したほうがより有益である。

　なお、社会学においてある現象を説明するのに多元的な方法を採用することを推奨したのはデンジン（N.K.Denzin）であり、彼はその方法を「**トライアンギュレーション（三角測量法、triangulation）**」と呼んでいる。そもそも、トライアンギュレーションとは、測量士や地図作成者が既知の3点から方位を測り、その交点を求めることによってある位置を決定するというものである。トライアンギュレーションには、いくつかの方法があるが、デンジンは1つの研究の中で多くの種類のデータを用いる「データ的トライアンギュレーション」、複数人で別々に調査を行う「調査的トライアンギュレーション」、多元的にデータを解釈する「論理的トライアンギュレーション」、そして多元的な方法によって1つの問題を研究する「方法論的トライアンギュレーション」という4つを区別した。いずれの方法も多元的にアプローチすることで調査結果の信頼度および妥当性を高めるために行う。現在、この方法は質的調査において広く採用されているが、今後、社会調査全般にける方法の選択において大切な視点を提供すると考える。

【参考文献】
Denzin, N.K. & Lincoln Y.S. eds., 2000, *Handbook of qualitative research*（2nd ed.）, London : Sage Publications.（＝岡野一郎・古賀正義編訳, 2006, 『質的調査ハンドブック　1～3巻』北大路書房.）

COLUMN 調査方法による回答傾向の相違

　1995年以降に刊行された「社会調査」を書名とする編著書の中では全般的に面接調査に多くのページ数が割り当てられており、面接調査と比べ郵送調査・電話調査は比較的マイナーな調査方法だとみなされる傾向があった（林 2004）。さて、同じ質問内容で調査方法を変えた場合、回答傾向に違いが発生するのであろうか。

　杉山（1984）は、面接調査・郵送調査・留置調査など4つの方法で実験的に調査した結果を分析し、郵送調査など自記式調査の場合、高齢者の有効回答率が低下すること、中間的な選択肢の回答が多くなること、知識に関する質問では自記式調査の正答率が高くなることを明らかにした。前田（2005）は郵送調査と面接調査を比較し、郵送調査は性・年齢の偏りが面接調査より小さいが高学歴に偏ること、中間的選択肢の回答を多く集め、ワーディングの工夫によっても面接調査との差を解消することが困難なことを明らかにしている。

　篠原（2009）は電話調査と比べ郵送調査のサンプルのほうが実際の性別や年齢の人口比との一致度が高く、サンプルの偏りが少ないことを確認した。また、ホームレスの人達に対する認識について、性別・年齢・職業の有無・ホームレスへの接触経験という属性の影響はほとんどなく、調査方法の影響を受け回答傾向に相違が生じることを明らかにしている。電話調査ではホームレスの人達に友好的な回答をする傾向があり、郵送調査では否定的な回答をする傾向が見られた。この結果から、他人を評価するなど回答しづらい調査内容の場合は、郵送調査など匿名性が高い方法による調査のほうが信頼性の高いデータが収集できることが示唆された。

　調査対象者の匿名性と回答のしにくさの問題を考えると、緊急世論調査などで多く使用される電話調査は、質問内容を考慮しないと偏った回答結果が導き出される可能性がある。RDD法（random digit dialing method）を用いた電話調査の場合には匿名性は高くなるが、サンプルの面で偏りが生じがちで母集団や回収率も明確でないという問題は残ったままである。

【参考文献】
林英夫，2004，『郵送調査法』関西大学出版会．
前田忠彦，2005，「郵送調査法の特徴に関する一研究―面接調査法との比較を中心にして」統計数理研究所『統計数理』53（1），pp.57-81．
篠原清夫，2009，「郵送調査と電話調査の回答傾向の相違」『人間科学の継承と発展』上見幸司先生追悼論文集編集委員会，pp.109-121．
杉山明子，1984，「調査方式に関する実験調査」『社会調査の基本』朝倉書店，pp.71-76．

COLUMN ▼▼▼ 『殺人者たちの午後』（T・パーカー）

本書は社会調査の書籍ではない。イギリスのジャーナリストT.パーカー（T.Parker 1923-96）が、殺人を犯した12人の男女に非構造化面接法を行ないノンフィクションにまとめたものである。彼は、終身刑を受けた受刑者から聞き取りをするために、刑務者、保護監察官の事務所、保護観察期間の自宅などに赴き、数日間から4年の歳月をかけてインタビューをしている。

ここでこの文献を紹介する意味は、彼のインタビューの姿勢について学ぶべきところがあるからだ。彼をよく知る犯罪学者が、「必要以上の謙遜をするのが彼の癖だったが、実際は、彼が向けてくれる敬意に値する学者など、私を含めてほとんどいないも同然だった。彼にはそれほどすばらしい才能があった。とりわけ洞察力は、優秀なジャーナリストや社会科学で権威とされる有能なフィールドワーカーよりはるかに高いレベルのものを持っていた」（訳書あとがき pp.307-308）と述べている。謙虚さと洞察力が、殺人後に苦悩を背負って生きている犯罪者の姿をくっきりと描き出すことを成功させたことを示唆している。

パーカーはどのようにして犯罪者たちの心を開かせたのか。彼の妻は次のように語っている。「まっすぐ相手を見つめて熱心にアイコンタクトを取り、自分が真剣な興味を抱いていることを示し、あなたがこれからしてくれる話には価値があるのだということを伝えたのです。（中略）人々が明らかにした数々の過去を思い、彼は悲しみ悩んだものです。犯罪者に対しては思いやりと、深い哀れみを感じていました。こうしたことは、彼の人間的な魅力によって、インタヴューを行なった人々に伝わったのです。（中略）彼は小柄で、人目を引くようなハンサムな人ではありませんでした。素敵なアクセントや高い学歴があったわけでもありません。でも、それこそ、自分のすばらしい財産だと思っていたのです。常日頃から、大切なのは、心から関心を抱いているということを相手の人に伝えることだ、と言っていたものでした。」（訳書あとがき pp.310-311）

本書の翻訳者である沢木耕太郎はこれらのことをまとめ、優れたインタビュアーの条件として、①好奇心、②世界と人に対しての肯定性と謙虚さ、③洞察力を挙げている。ちなみに沢木も政治家刺殺事件を描いた『テロルの決算』、復帰ボクサーを描いた『一瞬の夏』、登山家を描いた『凍』でノンフィクションの賞を受賞している著名なノンフィクション作家である。

【参考文献】
Tony Parker, 1990, *Life after Life : Interviews with Twelve Murders*, Coleridge & White Ltd.（沢木耕太郎訳, 2009, 『殺人者たちの午後』飛鳥新社）.

2-3 調査企画

調査の企画のために知らなければならないこととは何か

【キーワード】
社会調査の流れ、現実的制約、先行研究の検討、バイアス

　調査を行うにあたり、以下の項目のすべてに対して明確に答えられなければ、その計画が不十分であることを意味する。すなわち、(a) [調査目的]何のために調べるのか、(b) [調査項目]何を知りたいのか、(c) [調査対象]誰に聞くのか、(d) [調査規模]何人に聞くのか、(e) [調査時期]いつ調べるのか、(f) [調査方法]どのように調べるのか、(g) [分析方法]どのように分析するのか、(h) [報告方法]どのように報告するのか、(i) [予算計画]いくらかかるのか、(j) [スケジュール]いつまでに報告書を完成させるのかという10項目である。調査を企画するには、これらの項目について明らかにしなければならない。

1………社会調査の流れ（一般的なイメージ）

　社会調査の実際の流れは図1の通りである。詳細は次節にゆずることにして、簡単に流れを確認する。

　「①分野の決定」に関して述べれば、実際に何を調査するのかという点に関して制限はなく（実施段階におけるアプローチの可否の問題はあるが）、また漠然としたもので問題ない。次に、「②基礎資料の収集」を行うが、収集する資料としては、一般の文献、基礎統計資料、調査報告書、広報資料、新聞などがあげられる。それらの収集された資料をもとに、③～⑤（さらには①～⑤）を繰り返すなかで、これまで研究されてこなかった、かつ貴重なデータを収集するための「⑥調査テーマ」の最終的な決定に至る。ここでは、企画している調査の目的および問題意識も明らかにする必要がある。

　そして、調査の中身を確定していくためにブレーン・ストーミングなどを通して「⑦作業仮説の構成」および「問題の図式化」などの作業を行う（①から⑦に関しては次節で詳細に説明する）。

なお、「⑧調査方法の決定」では、前節で述べた３つの方法の決定の他に、期間（スケジュール）も決める必要がある。そして、決定された調査方法に従って、⑨から⑫の段階ではそれぞれ異なった作業が行われる。

　たとえば、調査票調査でサンプリング調査を行うのであれば、一部の人々を選ぶための名簿（抽出台帳）の調達が必要になる。また、実施方法（郵送調査等）に合わせて、封筒（往信・返信）、宛名書き、調査対象者リスト、回収計画、身分証などの準備も必要になる。

```
        ┌─ ①分野の決定
        │      ↓
        │  ②基礎資料の収集
        │      ↓
        │  ③テーマの絞り込み
        │  ④先行研究の検討
        └─ ⑤（必要に応じて）事前調査
               ↓
           ⑥調査テーマの決定
               ↓
           ⑦作業仮説の構成
               ↓
           ⑧調査方法の決定
           ↓           ↓
  ⑨各調査方法実施のための準備   ⑩調査対象の選定（サンプリングなど）
           └─────┬─────┘
                 ↓
            ⑪調査の実施
                 ↓
       ⑫収集されたデータの整理および分析
                 ↓
           ⑬報告書・論文の作成
```

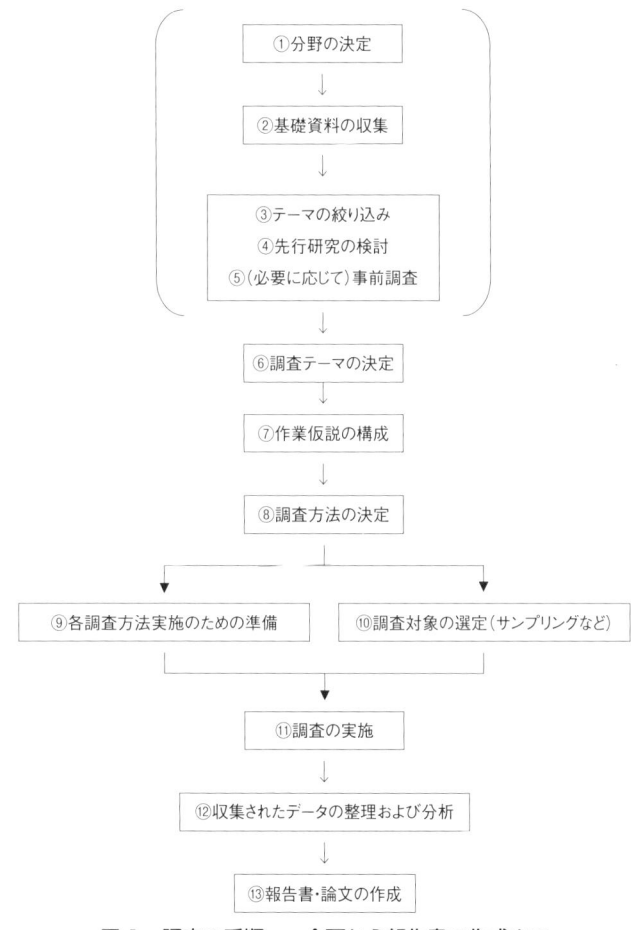

図１　調査の手順——企画から報告書の作成まで

他方、質的調査では、対象者を選定した後、調査依頼交渉やアポイントメントをとらなければならない。また、文献調査によって調査テーマについて詳細に状況を理解した上で、調査項目のリスト・アップをしておかなければならない。実施以前に準備を完璧にしておかなければならない調査票調査とは異なり、質的調査では現地での臨機応変な態度が求められるとはいえ、しっかりと先行研究の検討を行ってテーマについての「情報通」になっていなければ、極めて表面的なデータの収集のみで終わってしまうかもしれない。

　以上が社会調査の一般的な流れであるが、調査によっては順番が入れ替わったり、また同時進行で行われたりすることもあるだろう。とりわけ、調査テーマの決定に至るまでのプロセスおよび作業仮説の構築に関しては、何度も①から⑤までを繰り返す必要がある。

　ところで、実際に調査を企画する上で知らなければならない3項目が存在する。それは、（1）現実的な制約、（2）文献調査（先行研究の検討）、（3）調査におけるバイアスである。調査の設計について説明する前に、本節ではこれらについて述べることにする。

2………現実的な制約

　調査を企画する上では、やりたいという気持ちに反して、現実的な制約条件が存在する。つまり、①予算（印刷代、交通費、封筒代、郵送費、謝礼、人件費などの費用）、②時間（調査日程および期間、分析まで含めた活動のべ時間、報告書の発表期限などのスケジュール）、③人手（労力・意欲）、④先行研究の蓄積度、⑤調査員のスキル、⑥調査対象者や対象地域に固有の事情などである。

　①～③に関しては、調査の目的をもとにどの程度のお金・時間・労力を実際にかけることができるのかを検討しなければならない。時間とお金の投資に比例して良い調査ができるわけではないが、調査テーマによってはこの3点に十分に余裕がなければ成功しないものもある。それゆえに、これらの制限をもとに企画を見直す必要があることはいうまでもない。

　④は、限られた時間のなかで先行研究をどこまでふまえられるのか、また先行研究の収集能力によって社会調査の質までも変化することをよく理解しておく必要がある。

　⑤に関しては、調査の準備段階において調査員のスキルを格段に高めることは難しいかもしれない。調査スキルは調査経験を積んでいく中で徐々に培

っていくものである以上、一朝一夕で身に付けられるものではない。それゆえに、調査スキルを超えた調査を企画することはリスクが高いので、企画の段階で詳細に検討をする必要があるだろう。他方、アルバイトなどを使う場合には、調査員によって収集されるデータに影響がでないように、訓練によって最低限のレベルまで調査スキルを高める必要がある。

　なお、⑥の調査対象者や対象地域に固有な事情に関しては、既に学習した「調査倫理」をしっかりと意識した上で、調査依頼の方法およびその中身が問われることになる。本来であれば、調査に応じることにメリットを感じない人々が多い状況において、なぜ企画された調査が重要なのかを相手に納得してもらわなければならない。とりわけ、排他的な社会では、他者である調査者を受け入れることは非常に困難である。このことをよく理解した上で、①調査趣意書（目的、調査主催者、主催者連絡先、実施日時、プライバシー保護、データの利用・公開方法、情報管理ポリシーなどを明記）、②説明書、③調査協力お願い状などを利用して対象者へ調査の依頼を行う。どのようにアプローチしたらうまくいくというようなマニュアルは存在せず、またケース・バイ・ケースであるため、全くつながりのない人々（集団）にアプローチするのであれば、調査協力のお願い状を郵送で送ったのちに、電話をして、さらに趣意書を改めて郵送するという流れが一般的であるように思われる。

　調査によっては、直接現地に飛び込むということもあるかもしれないが、いずれにしても、誠実さが問われることはいうまでもない。自己紹介と調査の目的を話した上で、相手との信頼関係が築けるかどうかによって、企画された調査が実施にむかうのか水泡に消えるのかがわかれることになる。このように、対象者への挨拶および根回しが非常に重要になるが、とりわけ、キー・パーソンになる人物の信頼を得ることが調査の成功を左右すると言っても過言ではないだろう。

3………基礎資料の収集（先行研究の検討）

　社会調査を企画する際には、自分の関心や疑問、あるいは喜怒哀楽の感情が出発点となることが多い。しかしながら、社会調査の企画段階で、腕組みをしながら一人で頭の中であれこれと考えても良い調査はできない。とにかく、手当たり次第に文献を読んで、ヒントを集めることをしなければならない。つまり、「社会調査は図書館からはじまる」と言っても、決して言い過ぎではないだろう。

図書館では、専門書の他に、百科事典、年鑑、各省庁発刊の白書、そして多くの統計データが存在する。どのような本をあたればよいのかを知るためには、図書館に設置されているパソコンの検索エンジン（OPAC）が便利である。キーワードやサブテーマを入力してみよう。

　しかし、調査テーマによっては、OPACで調べても、関連する本があまり多く見つからないという場合もあるだろう。そういう時には、司書（図書館で専門的職務に従事する職員）に聞いてみるのもいいだろう。また、入手した本の参考文献から広げる方法がある。さらに本の内容や雑誌に掲載された記事や論文も検索できれば、たくさんの文献が見つかるかもしれない。それらを検索するには、以下が便利である。

○ GeNii（ジーニイ）　国立情報学研究所が提供する学術コンテンツ・ポータルサイトで、(a) CiNii：論文情報ナビゲータ、(b) Webcat Plus、(c) KAKEN：科学研究費成果公開サービス、(d) NII-DBR：学術研究データベース・リポジトリ、(e) JAIRO を総合検索できる。ここでは、(a) および (b) について説明する。(http://ge.nii.ac.jp/genii/jsp/index.jsp)

(a) CiNii（サイニイ）　学術論文の情報を検索できる。約1,245万本の学術論文の情報が収録されており（2009年10月現在）、利用登録なしに検索ができる。無料で一般公開されている論文も多く、それらはPDFファイルでダウンロードできる。また有料公開の論文に関しては、大学でライセンス契約をしている場合もあるので、大学図書館に問い合わせてみよう。
　(http://ci.nii.ac.jp)

(b) Webcat Plus　大量の情報の中から、人間の思考方法に近い検索技術「連想検索機能」を使って必要な「図書」を効率的に探すことができる。最新の図書から、明治期以前に発行されたような古い図書まで一括して探すことができ、また1986年以降に発行された本に関しては、目次や、帯・カバーなどに書かれた内容の情報を見ることもできる。さらに、所蔵している大学図書館の情報なども調べられる。
　(http://webcatplus.nii.ac.jp)

○ MAGAZINEPLUS　サイニイと同様、雑誌に掲載された記事や論文を検索することができ、その特徴は一般誌から専門誌、大学紀要、海外誌紙まで収録した日本最大規模のデータベースであることにある。利用は有料であるが、大学図書館でライセンス契約を結んでいる場合が多いので、図書館に問

い合わせてみよう。

　最近では、大学図書館でライセンス契約をしていれば、朝日新聞、日本経済新聞、読売新聞などの新聞記事の全文検索も可能になっている。検索エンジンを賢く利用して貴重な時間を有益に活用しよう。また、以下のサイトには多くの調査情報が公開されている。利用制限が設けられている場合もあるが、同じテーマで調査がすでに実施されているのであれば、その調査データを有効活用することを検討してみよう。

○総務省統計データ　総務省統計局、政策統括官（統計基準担当）、統計研究所の共同運営による統計専門サイト。それらの組織が実施している統計調査・加工統計及び『日本統計年鑑』、『日本の統計』などの統計書のデータが閲覧できる。またデータによってはExcelファイルのダウンロードも可能になっている。(http://www.stat.go.jp/index.htm)

○SSJデータ・アーカイブ（Social Science Japan Data Archive）　東京大学社会科学研究所附属日本社会調査・データアーカイブ研究センターが日本国における社会科学の実証研究を支援することを目的として構築したものである。1998年4月から、学術目的での二次分析のために個票データの提供を行っている。ただし、学生の場合、情報の検索は可能であるが、利用には条件があるので注意すること。(http://ssjda.iss.u-tokyo.ac.jp)

○JGSS（Japanese General Social Surveys）　公開性、継続性・汎用性を基本とした社会調査で2年に1回、継続調査を行っている（大阪商業大学JGSS研究センター）。また得られたデータを大学の授業や研究に活用するために公開してデータ分析の機会を提供している。利用制限としては、「大学や研究機関の研究者、大学院生、または教員の指導を受けた大学生は、学術目的であれば、JGSSの個票データセットを利用することができ」、また「教員が授業などで利用することも可能」とされている。
　(http://jgss.daishodai.ac.jp)

○社会・意識調査データベース（SORD）　「社会・意識調査データベース作成プロジェクト（Social and Opinion Research Database Project）」によって構築されたもので（事務局：札幌学院大学社会情報学部）、主に、日本社会学会会員によって実施された社会調査に関する情報を収集・蓄積している。(http://www.sgu.ac.jp/soc/sordhp/home.htm)

○質問紙法に基づく社会調査データベース（SRDQ）　様々な社会調査の標

本設計、質問文・選択肢・その集計結果をデータベース化しており、一部の調査については個票データも公開している（大阪大学大学院人間科学研究科）。(http://srdq.hus.osaka-u.ac.jp)

　なお、情報を探す場合、どこから手をつけていいかわからないときには、いきなり「サイト検索」(Yahoo! Japan、Google、gooなど) という方法もあるが、インターネットで公開されている情報には信頼性の問題があることを忘れてはならない。あくまでも最初の基礎情報を集めるときのみに利用を限定し、しかも、その際に情報を公開している人物または団体が特定でき、かつ信頼のできる肩書きを有しているかどうかを確認する必要がある（行政機関や大学の研究者など）。

　なお、信頼のおける情報で、どうしても引用したい資料がある場合には、引用箇所を「」で括った上で、出典（情報提供者、アドレス、そして閲覧日）を明記し、「剽窃」にならないように注意しなければならない。また「ウィキペディア」の情報は信頼度に問題があるため、論文や報告書への引用には適さない。

4………調査におけるバイアス

　「バイアス (bias)」とは、ある結論を導き出すための材料が適切でなく偏っていること、あるいは誤差を生じさせる要因をさす用語である。社会調査は「真実」を明らかにするための科学的武器である反面、本当の姿からの「ズレ」を生じさせる要素であふれている。たとえば、企画・設計の段階で「このような結果が出て欲しい」「このような結果が出るはずだ」という強い思いで調査を行えば、調査結果を大きくゆがめてしまう可能性が高くなる。

　谷岡一郎氏は、「社会調査のすべてのプロセスは、このバイアスの連続体だと言っても過言ではない。逆に言えば、社会調査方法論とは、いかにすればこのズレを最小にできるかを追求するための方法論のことで、完璧な調査などありえないという視点からスタートする」（谷岡, 2000, p.124）と述べている。

　企画のみならず、実施および分析というすべてのプロセスにおいて「バイアス」を排除するように工夫し、努力し続けなければならない。換言すれば、調査を企画・実施・分析する上では、強い動機付けが必要な反面、虚心坦懐に調査に臨む必要がある。

COLUMN ▼▼▼ 調査拒否

　社会調査を実施する際に大きな問題になっているのが調査拒否である。調査拒否などにより回収率が低下すれば、調査データの質が低下する。

　NHKの「日本人の意識」調査の1973年から98年までの調査不能理由をみると、「拒否」が20年間に3倍近くになり、調査不能の理由の中で圧倒的に多くなっている（山内・米倉2002）。内閣府「社会意識に関する世論調査」でも、拒否は年を追うごとに例外なく増加しており、1964年調査と比較すると2004年調査では5倍以上になっている（氏家2004）。

　また、女性に対するドメスティック・バイオレンスに関する面接調査では、「本人による拒否」が最も多く、10歳代は「本人以外の家族などによる拒否」が多いことがわかっている（林2001）。内閣府の世論調査データを使用した調査拒否層の分析では、大都市、男性で拒否が多いこと、農漁村より住宅地、戸建住宅より集合住宅で拒否が多いことが明らかになっている。年齢層別にみると40～50代の中年世代で拒否が多いという結果が出ている（氏家2004）。

　このような調査拒否の状況や特性に関して分析した研究以外に、調査拒否の内容に着目した事例を紹介する。ある農村地域での面接調査の拒否状況を分析した結果、拒否の理由として、「忙しさ」を挙げる人が32.8%で最も多く、「質問されてもわからない」「耳がよく聞こえない」はともに17.2%、「受ける気なし・答えられない」が12.5%、「高齢だから」が3.1%であることがわかった（篠原2009）。この結果から、調査そのものに対して疑問を抱き、明確に拒否を表明する調査対象者は意外に少なく、何らかの理由付けをする人が多いことが明らかになった。このことから示唆されることは、対策を講じることによって調査可能になることもあるということだ。「忙しい」が理由として多いことから、回収率を上昇させるためには、調査対象者にとって負担の少ない調査にしていく必要がある。また当然のことながら調査時間や時期を熟慮しなければならない。それと基本的なことだが、調査目的を明確にし、対象者にその意義を理解してもらうことが調査拒否を回避する重要な点だと言えよう。

【参考文献】
林文，2001，「面接調査の調査不能による回収票の偏りの検討―WHO『DVと女性の健康調査』日本調査（横浜市）を例として」『中央調査報』No.530，中央調査社．(http://www.crs.or.jp/53011.htm)
篠原清夫，2009，「面接調査における調査拒否の理由」『人間科学』26（2），pp.73-83.
山内利香・米倉律，2002，「調査不能の現状と課題―『あなたから見た世論調査②』から」『放送研究と調査』8月号，pp.110-125.
氏家豊，2004，「調査不能の実態―『調査拒否』を中心にして」『日本語学』23（8），pp.122-134.

2-4 調査設計と仮説構成

テーマの決定と仮説の構成は
どのように行うのか

【キーワード】
ブレーン・ストーミング、KJ法、魚の骨型展開法、作業仮説

1……問題のあたため

分野の決定 社会調査を行うには、「調査したい」と思う対象（テーマ）が必要であることは言うまでもないだろう。自分の関心、疑問（「なぜ？」「どうして？」「本当？」）、あるいは驚きや憤りなどの喜怒哀楽の感情が出発点になることが多く、それは自分が最初に「調べてみたい」と触発された「最初のテーマ」や「ある現実のイメージ」である。そして、これらの原初的な問題意識から調査分野を決定することが調査企画・設計の第一段階であり、それが「①分野の決定」（番号は前節の「調査の手順」によるもの）である。この時の問題関心は漠然としたものであっても問題なく、また何を調査するのかという対象に関して制限もない（のちに、調査の実施段階におけるアプローチの可否の問題を検討する必要はある）。

なお、分野を決定するためには、日頃の「訓練された注意力」が必要になる。つまり、本やニュースなどを単に見たり、聞いたりしているだけでは、「そうなんだ」という「納得」しか生じてこないだろう。そこで、調査を企画するためには、日頃から何が真実で何が偽であるかを見抜こうとする「鋭い感覚」を養っていなければならない。

基礎資料の収集とテーマの絞り込み ところで、この原初的な問題関心をそのまま調査テーマにして「とにかく調べてみよう」というわけにはいかない。たとえば、最初の関心が「○○はおかしい」という憤りであった場合、社会調査は複雑な社会事象や漠然とした問いのすべてを解明できるわけではないので、問題を限定していかなければならないからである。また、そもそも社会調査によって「善／悪」の価値判断を下すことはできないので、記述・説

明型調査に変換しなければならない。

　それゆえに、企画・設計の第2段階では、決定された分野に関する「②基礎資料の収集」を行い、情報に詳しくなっていくことで、漠然としていた「自分の問題関心」を明確にし、また広がっていた問題関心を絞り込んでいかなければならない。この過程を「問題のあたため」といい、最終的に「③テーマの絞り込み」を目指す。

　ところで、なぜ問題を限定して具体的にしなければならないのだろうか。たとえば、「携帯電話の利用」を例に挙げて考えてみよう。このテーマのままでは、テーマが大きすぎてどのような調査内容にすればいいのかまったく見当がつかない。そもそも携帯電話は便利というメリットから調査を企画する場合と、犯罪を増加させることもあるというデメリットから企画する場合とでは、調査内容が大きく異なってくる。そこで、資料を集めて状況を精査して行き、最終的に自分がどのような点に注目するのかを絞り込むことで具体的な調査項目（質問項目）を考えていかなければ、調査そのものに手をつけられなくなってしまうからである。上記の例で言えば、「携帯電話の世代別利用状況について」「保護者における子どもの携帯電話利用状況の把握について」などと問題を限定することで調査項目のイメージがわいてくるようになる。

　なお、最初の問題関心が具体的で、調査対象までもが明確になっている場合もあるだろう。その場合には、②あるいは③、あるいは後述する④以降から始まる場合もあるだろう。いずれにしても、本節での調査企画は一般的な流れであって、この通りに行うことが必定というわけではないことを付言しておく。

2………調査テーマの決定

先行研究の検討と事前調査　テーマの絞り込みによって、関心を具体的にしたのちに、改めて「④先行研究の検討」が必要になる。先に行った「基礎資料の収集」はあくまでも情報を整理して、テーマを絞り込むために行うものであった。企画・設計の第3段階では、絞り込まれたテーマのもとで先行研究を詳細に検討することで、これまで研究されてこなかった、オリジナルで貴重な調査テーマの決定（「⑥調査テーマの決定」）を目的としている。そもそも絞り込まれたテーマが既に調査されているのであれば、調査する意味がなくなる。それゆえに、調査テーマの決定に際しては、調査の目的（実態把

握／問題整理／原因探求／解決方法の探究）も明らかにしなければならない（どういう目的があり、どの点で貴重な調査であるのかを説明できなければならない）。また先行研究の知見を十分に得られない時には、状況を把握するため、必要に応じて「⑤事前調査」を行うことも大切になる。

　この過程では、具体的な問いとそれに対して想定される答え（複数可）が明らかになるまで考えると効果的である。つまり、出発点となっている「問い（「なぜ」「どうして」）」に対してどのような答えが存在するのか。またそれらの答えは十分な根拠を持っているのかを検討していく。その際、多少おかしな答えが含まれても構わない。グループで企画する際には、議論を活発にするために、「こういう本（データ）がありました」「既にここまでは明らかになっている」「こういう可能性も考えられる」などの会話を通して議論を深めていくとよいだろう。また資料に対して逐一「本当？」と疑いながら読み進め、納得のいく答えに出会うまでひたすら調べる必要がある。そして、納得のいく答えがあれば調査をする必要がなくなり、また見つからないときには調べたいという動機づけが一層強くなるであろう。こうして、自分の問い、調査の目的、調査項目が明確になるまで繰り返し行わなければならない。なお、③〜⑤は状況によって、順番が入れ替わったり、同時に行われたりする。大切なことは、③〜⑤を通して（場合によっては、①に立ち戻り、①〜⑤を繰り返す中で）オリジナルで貴重な「調査テーマ」を決定することである。

3………イメージの明確化

　つづいて、明確にされた調査テーマのもと、実際に調査によって何を確認するのかという「仮説」を構成しなければならない。とはいえ、適切な仮説をたてるためには、それに先立ち、イメージを膨らませ、また明確にしていく作業が必要になる。本節ではそのための方法をいくつか紹介する（なお、以下の方法は調査テーマに関する事象の整理だけでなく、いろいろな場面で利用できるが、本節では便宜上ここで説明する）。

○ブレーン・ストーミング（brain storming）　企業における新製品開発のためにオズボーン（A.F.Osborn）が考案した創造的集団思考の技法で、1つの課題に対して参加者（小集団の成員）が自由奔放に思いついたことを出し合う中で、独創的で実用性のあるアイディアを引き出そうとする討論の方法である。また参加者は他人のアイディアに対して一切批判や評価を加えないなどの規則がある。そのため、論理的に考えをまとめることを目的とする通常

の話し合いとは異なり、あくまでもたくさんのアイディアを生み出すことを目的としている。社会調査の企画で利用するときには、常識や先入観を含めての広いイメージの明確化が期待できる。また何を知りたいかという調査の最初の段階で使われることも多い。

○KJ法　情報を整理し仮説の発想を導くために、川喜田二郎によって創案された発想法である。まず、個々のアイディアや観察結果などを「一事一項一カード」の原則のもとにカードに記入して、漠然としたイメージを断片的に切り出しながら外在化させていき（見える形にして）、全体を概観することを目指す。次に、それらのカードを並べ、全体を眺めながら近親性のあるものをグループ化していき、それぞれのグループに見出しをつける。これを繰り返して、最終的に大きなグループを数個つくり、大グループ間および中小グループ間の相互関係（同類、対立、因果、上下位など）を検討して全体の構造を図解（マッピング）する。なお、最後に文章化して具体的に説明すると良いとされている。KJ法は、テーマを絞り込む時や調査項目を決める時、さらには調査結果を分析する時にも有効である。

○魚の骨型展開法　魚の骨型展開法とは、調査テーマを魚の骨に模して構造的に把握する方法であり、ある事象についての必要条件などを網羅的に列挙する場合に適している。魚の頭に調査テーマを書き、そこから太線あるいは二重線で背骨を描く。次に、上下へ数本、脇骨を描く。そして、脇骨の先に指標事項やサブテーマを記入し、最後に細分化した内容をその途中に書き込む。わかりやすいように、白谷・朴が作成したものを例示しておく（図1）。

　図1では、外国人労働者の実情について調査する際にかかわりそうな項目が網羅的に列挙されている。また仕事と生活にわけて上下を作成しているが、ハードとソフト、現状と提案などさまざま工夫して作成できる。

　なお、社会調査で調べられることは、属性、行動、意識という3点であるので、イメージの明確化作業を行う際には、それらの3つを意識的に入れることを検討してみることも大切である。とりわけ、調査票調査の場合、分布を把握することが目的となるので、性別、年齢、年収、居住地域、学歴などの属性を取り入れることは分析の段階で重要な意味を持つかもしれない。また社会学的視点という点では、「人間関係」に関わる項目も入れておくとよいだろう。

　これらの手続きは、後述する仮説の構成に有益であるだけでなく、質問項目そのものとしても活用できるのである。すなわち、調査票調査の場合、調

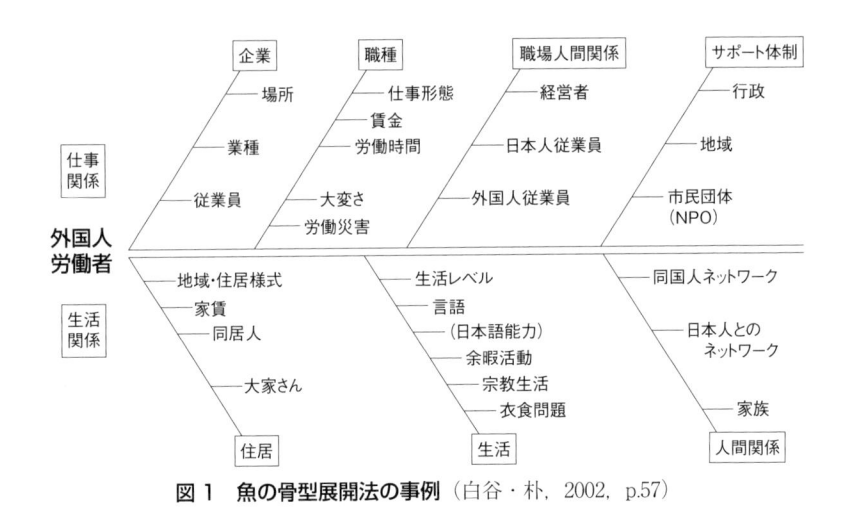

図1　魚の骨型展開法の事例（白谷・朴，2002, p.57）

査項目の基本的な格子がイメージできるようになり、それぞれの項目を細分化したものがそのまま質問項目として利用できるようになるものが多い。他方、インタビュー調査では、質問項目の候補になりえる。

4………仮説の構成

仮説の構成　いよいよ「仮説の構成」の段階に入る。仮説とは、一定の現象を統一的に説明しうるように想定された「文（内容）」のことで、観察や実験によって検証されることによって「真理」となるものである。つまり、調査・観察に先立ってたてられた予測、予想、あるいは見込みのことをいう。

　企画・設計の第一段階における漠然とした大きなテーマでは、何を調査して何を確認すればいいか皆目見当がつかないと前述したが、現段階では、状況はまったく異なっている。つまり、絞り込んだ問題事象において調査テーマおよび調査の目的が決定し、またKJ法などによって問題事象についての検討も十分に行われている。そこで、これまでの過程でなされてきた具体的な調査項目の選定・限定作業を総括して、簡単な言葉に表現する作業が「仮説の構成」といえる。つまり、調査の目的を意識しながら、今回の調査では、「○○ということが確認されることが予想される」ということを明文化するのである。

　しかしながら、これでは説明が不十分であろう。そもそも仮説とは、英語の「if」で示されるように、「もし××なら、△△である」というように、

2つの事象が存在し、かつ一方が他方によって説明できる形でなければならない。つまり、調査によって2つの事象が成り立つ「関係」を仮説として設定しなければならないのである。たとえば、「男性のほうが夫婦別姓に抵抗を感じる人が多い」（もし、男性なら、夫婦別姓に抵抗を感じるはずだ）という文章で考えてみよう。この場合、性別を「独立変数（説明変数）」、夫婦別姓に肯定的か否定的かということを「従属変数（被説明変数）」と呼ぶ。つまり、独立変数が変わることで、従属変数が変化するという形で仮説を設けなければならないのである。またこの時に、KJ法などで描かれた図を思い起こし、どうしてそういう結果が生じるのかを念入りに考えておく必要がある。

なお、仮説そのものは論理的に説明可能であれば、矛盾したものであっても構わない。たとえば、「不景気に自殺は増加する」と聞いて、納得のいく人が多いかもしれないが、デュルケームは『自殺論』において「経済的窮迫は自殺を抑制する」という正反対のことを指摘している。それゆえに、どちらを仮説に設定するかは問題ではなく、どのような筋道をたて、またどのような調査項目によって肯定／否定できるのかを検討することが仮説を構成する上で重要なのである。

作業仮説の構成　ところで、仮説の構成には、もう一点重要な作業がある。それは仮説そのものと調査で確認できることに隔たりが存在する場合があるので、仮説における2つの変数を必ず調査で確認できる形に変更することである（これを「⑦**作業仮説の構築**」という）。

たとえば、晩婚化の原因を追究する調査において、晩婚化の理由を職業と結婚が両立する制度の不備によると考える場合と女性の結婚観の変化によると考える場合があるかもしれない。つまり、どちらの場合においても、分析手法として母集団間の比較が重要になることはいうまでもないが、前者の場合、制度の不備を問題にするためには制度の有無という基準を満たす母集団を選び出して比較しなければならない。また後者においては意識の変化が問題になっているが、タイムマシンに乗って過去に行き、該当者に質問をすることはできない以上、仮説における時系列的な視点を修正し、今回の調査によって簡単に確認できる形にしなければならない。

なお、想定された答えをもとに最初に作成された仮説を「基本仮説」、変更された仮説を「作業仮説」と呼ぶ。基本仮説を構成した際には、作業仮説に変更することを絶対に忘れてはならない。

2-5 全数調査と標本調査

対象者全体の中から
一部の人々を選んで行う調査は可能か

【キーワード】
悉皆調査、全数調査、標本調査、標本、母数、サンプル特性値、標本誤差

　皆さんは、高級レストランでのワインの飲み方を知っているだろうか？ ウェイターはテーブルの一人のグラスに少しのワインを注ぐ。そして、注がれた人物は匂いを確かめ、そしてワインを一口しっかりと味わう。やがて彼は「おいしいワインだね。他の方々にもさしあげて下さい」と述べるのである。この時、この人物は何をしていたのだろうか？ 彼はウェイターが持ってきたワインの「一部」を飲むことで、「ボトル全体」のワインの良好さを「推定」したのである。

　現在行われている社会調査のほとんどは、上記のように、全体から一部を取り出して調査を行い、全体を推定しようとするものである。調査対象者全員のことを「母集団（population）」と呼ぶが、母集団全員に対して調査することを「**悉皆調査（全数調査）**」というのに対して、一部を取り出して調査することを「**サンプリング調査（標本調査）**」といい、選ばれた人々を「**サンプル（sample）**」または「**標本**」と呼ぶ。そして、母集団の中からサンプルを選ぶことを「抽出」あるいは「サンプリング」という。

　さて、ワインの話に戻ると、味見をしていた人が「この（私の飲んだ）部分は非常においしいけど、ビンの底の部分はどうかわからない」と言い出したらどうなるのだろうか？ 最後の一滴まで飲み干した上で、「おいしいワインだったね。皆に配って下さい」と言われても、ウェイターは困惑するだろう。だが、実際にそのような状況は絶対に生じない。液体は均等に混ざり合い、上と下とを問わず、ボトル内のどこでも成分が変わらないからである。

　一方、人間社会はどうであろうか。人間は、友人や家族においても考え方や行動がまったく異なることがある。つまり、ワインのように抽出される部分はどこでもいいというわけにはいかないのである。それゆえに、人間社会においては抽出の仕方が非常に大切で、偏った人々に調査を行えば、偏った

結果を多く含むことになる。

　実際、新聞社が行う世論調査では、調査対象者は日本の有権者とされているが、多くの場合（調査の目的等によって違うこともあるが）、およそ3,000名の人々を抽出して調査を行っている。そこで問題となるのは、3,000人に聞いた結果をどの程度、全体と一致すると考えてよいのかということである。一般に、疑問が生じないことの方が不思議であるが、100%一致するはずがない。そこには必ず「誤差」が生じている（2-7参照）。

　社会調査では、全数調査を行ったときに得られるであろう数値を「**母数（母集団特性値）**」と呼び、サンプリング調査によって得られる数値を「**サンプル特性値（標本値）**」、あるいは「（母数の）推定値」と呼んで、明確に区別している。そして、両者の差を「**標本誤差**」と呼び、いかにして標本誤差を小さくするのかという努力と工夫が重要になる。とはいえ、どの程度の標本誤差が適切という基準は存在しない。そもそもサンプリングは作業と経費を削減するために行われるので、かけられる時間、手間ひま、そして調査費を考慮しながら調査者本人が許容範囲とされる標本誤差を考えつつ、方法やサンプル数等を決めなければならないのである。

　改めてまとめれば、標本調査の目的は、母集団の一部に対して調査を行い、その結果から母数を推定することにある。信頼できる調査結果を得るためには、適切な調査票を作成すると同時に、適切にサンプルを抽出しなければならない。母集団を代表していない、偏った人々に対して調査を行ったのでは、現実を反映した満足のいく結果を期待することはできないのである。また、サンプリングは母集団の中から母集団を代表するような調査対象者を選び出すことに意味があるので、母集団の範囲および条件をきちんと設定していなければならない。つまり、自分の知り合いや街頭で行われた調査票調査やインタビュー調査は、母集団を特定しにくいために、たとえ1,000人に行ったとしても、調査結果には何の意味も有していない可能性が高いのである。

　なお、サンプリングの原理からいえば、100名の母集団の中から30人のサンプルを選んだ結果と60人のサンプルを選んだ結果とでは、サンプル数の多い方がより標本誤差は小さくなると予測されるだろう。しかしながら、問題はそんなに単純ではない。サンプリングの成否は人数だけの問題ではなく、どのようにして選ぶのかということも同じくらい重要なのである。そこで、どのような標本をどれくらいの規模で、しかもどのような方法で選ぶのかということについて次節以降で理解してもらう必要がある。

2-6 無作為抽出法

無作為抽出法とはどんな原理・方法なのか

【キーワード】
有意抽出法、無作為抽出法、単純無作為抽出法、抽出台帳

1………無作為抽出法

サンプリングの方法は、基本的に「**有意抽出法**(purposive selection)」と「**無作為抽出法**(random sampling)」とにわけることができる。

有意抽出法とは、母集団の中から調査者が意図的あるいは恣意的にその集団をよりよく代表すると思われるサンプルを選び出す方法である。その代表的な方法として、「典型調査」と「割り当て調査(quota method)」がある。前者は母集団において「典型的」と思われる人々(地域)を調査者が意図的に標本として選んで調査する方法で、とりわけ、平均的とされる人々(地域)や中間的な性格の集団が選ばれることが多い。

他方、割り当て調査は、調査項目と関係が深い(と予想される)項目(性別、年齢、職業などの基本的属性)ごとに、母集団を層にわけ、それぞれの層の大きさに比例させてサンプルを抽出して調査を行うものである。さらにこの時の層内の対象者は、知り合いなどを通して調査者が恣意的に決定する。このように、有意抽出法は抽出の基準が調査者の主観によって恣意的に決定されるために、母数を推定する客観的な基準がないことになる。

それに対して無作為抽出法は、調査者の主観を完全に排して、客観的な基準からサンプルを抽出する方法である(それゆえに、「無作為」という)。それは母集団の全員の中で誰が選ばれるのかをまったく同じ確率になるようにして、つまり、確率法則を用いて母集団と同様の特性値を持つサンプルを選び出すという方法である。このように無作為抽出法は、確率法則を用いて客観的に抽出するために、標本誤差がどれくらいかを計算できるという利点をもっている。また、英語の「ランダム(random)」には、「無作為の、任意の」という意味の他に、「でたらめの、無原則な、手当たり次第の」という

意味もあるが、ランダム・サンプリングは「誰が抽出されるかを完全に偶然に委ねるように周到に設計された抽出法」(盛山他，1992，p.50)と理解しなければならない。

無作為抽出法には、**単純無作為抽出法**、系統抽出法(等間隔抽出法)、多段抽出法、層化抽出法(層別抽出法)、確率比例抽出法などがある(2-8参照)。

なお、サンプリングの方法としては、他に、同一の調査対象者に時間をおいて幾度か追跡的に行われる「パネル調査」などもある。

2………単純無作為抽出法

単純無作為抽出法(simple random sampling)は、無作為抽出法のなかでもっとも原型的な方法である。それは、「サイコロを振る」、「番号クジを引く」、「乱数表を利用する」などの方法で、すべての要素(個人や会社など)がまったく等しい確率でサンプルに選ばれるようにした上で抽出する方法である。つまり、サイコロを転がしたときに、1が出る回数と6が出る回数は確率法則によって等しいことが保証されている。そこで、単純無作為抽出法によって母集団から選ばれたサンプル(群)は、性別・年齢等の属性などを質問項目ごとに見たときには、母集団の特性(割合等)を反映しているというのである(たとえば、母集団で男女比が6:4であれば、選ばれた人々も6:4であり、年齢層も母集団において20代:30代:40代=3:3:4であれば、選ばれた人々の比率も同じというわけである)。単純無作為抽出法は、もっとも精度が高い(サンプル特性値と母数との間に想定される誤差が小さい)反面、作業量が大変多くなるという特徴をもっている。

なお、単純無作為抽出法の作業には、「**抽出台帳**」(母集団全員のリスト)が不可欠で、全員に番号がふられていなければならない。一般に、社員名簿、住民基本台帳、あるいは選挙人名簿などが用いられる。

2-7 調査をする際、どれくらいの標本数が必要か

標本数と誤差

【キーワード】
標本数、記述的調査、説明的調査、標本誤差、非標本誤差、回収率

1……標本数への質問

　調査企画に関する質問を受け付ける場合、よく質問されるのは「標本数はどれくらいあればいいのですか」「何人くらいのデータを集めればいいのですか」という内容についてである。お茶を濁すように、「できるだけ多く集めたほうがよい」と答えるのが一般的だが、「では、できるだけ多くとは具体的に何人くらいですか」とさらに質問された場合はどうしたらよいのであろうか。

　ここではそれについて考えていく。集めようとしているデータを量的に分析しようとしているのか、質的に分析しようとしているのかによって標本数は異なる。質的にデータを分析する場合、その対象者が集団を代表していると考えられるときには、場合によっては1人で十分なこともあるだろう。ライフ・ヒストリー研究をやろうとしている人にとって、多くの人数のデータを集めることより、1人の生活史を深く知ることのほうが大事だし、そのことに意義がある。しかし量的にデータを分析する時には1人のデータで何かを言おうとするのは無理である。やはり多くの人数のデータが必要になってくるのである。多くの人数が必要だといっても、とりあえず多く集めればよいというわけではない。2-6で説明してきたように母集団を代表するような偏りのない標本を集めることが重要になってくる。多くを集めるよりは、偏りのないデータを収集することのほうが重要なのである。

　実態を知りたいというような**記述的調査**の場合、偏りのないデータを収集することが非常に重要になってくるが、因果関係（3-4参照）を証明したいなどの**説明的調査**の場合、さほどサンプリングにはこだわらなくても大きな問題が発生しない場合もある。それは調べようとする母集団の特性を満たし

ていれば、どのような人であれ因果関係が成り立つので、誰を対象としてもよいからである。心理学や医学などの分野では、あまりサンプリングにこだわらないこともある。ただし、なるべく偏りのないデータを集めるためには、できれば無作為抽出法でサンプリングすることが望ましいことは間違いではない。

2………標本数と標本誤差

100％確かだといえる社会調査はほとんど存在しない。特に標本調査には誤差がつきものである。調査の誤差には2つあり、1つは無回答、誤回答、調査員のミスなどにより発生する**非標本誤差**である。もう1つは無作為抽出法で収集した標本データと母集団との統計的誤差のことで、それを**標本誤差**（sampling error）という。標本調査のデータは母集団全てを調べた結果ではないので、統計学的にみて誤差が生じる。

表1 標本誤差（95％信頼できる誤差の範囲）

結果の% サンプル数	10% (または90%)	20% (または80%)	30% (または70%)	40% (または60%)	50%
10,000	±0.6	±0.8	±0.9	±1.0	±1.0
5,000	±0.8	±1.1	±1.3	±1.4	±1.4
3,000	±1.1	±1.4	±1.6	±1.8	±1.8
2,000	±1.3	±1.8	±2.0	±2.1	±2.2
1,000	±1.9	±2.5	±2.8	±3.0	±3.1
500	±2.6	±3.5	±4.0	±4.3	±4.4
100	±5.9	±7.8	±9.0	±9.6	±9.8

では、世論調査など無作為抽出法で集められた標本調査のデータはどのくらいの誤差が生じているのか。その数値は内閣府で毎月発行している『月間世論調査』の最後のページの「世論調査のやりかた」に説明がある。

「無作為抽出法をとった場合は、数学的に標本誤差を計算することが

表2 必要な標本数

必要な標本数	誤差の範囲
25	±20%
100	±10%
400	±5%
2,500	±2%
10,000	±1%

(注) 母集団における比率が50％の場合。危険率は5％。(盛山ほか1992, p.52)

可能であり、誤差の幅はサンプル数と得られた結果の比率などによって異なる。次に参考として単純無作為抽出法の場合の誤差を例示する。」として、表1の数値が挙げられている。

　この表をみると、10,000人に調査した場合、50％という回答の時には±1.0％の誤差がある。つまり50％とは49.0〜51.0％の間の数値であるといえる。100人に調査した場合は±9.8％の誤差で、50％とは40.2〜59.8％の間の数値であり、誤差が大きくなっていることがわかるであろう。理論的には標本誤差を小さくするためには標本数を増やせばよい。では標本誤差を考えた場合、必要な標本数はどれくらいになるだろうか。これをわかりやすく表すと表2のようになる。

　出てきた結果の％に、±20％の誤差を認めるのであれば、無作為抽出法で選ばれた25サンプルを調べればよい。ただしそうなると50％とは30〜70％の間になり、あまり精度がよいとはいえず、かなり誤差を含んでいることになる。±10％の誤差を認め、50％とは40〜60％の間といえるデータを収集したい場合は100サンプルのデータを集めればよい。つまり±10％の誤差の調査をしたい場合には±20％誤差の2倍の標本数ではなく、4倍の標本数を集めなくてはならないことになる。さらに±5％の誤差を認める場合は、±10％の誤差の4倍が必要で、400サンプルを集めなければならない。この場合、50％とは45〜55％の間といえば95％確かだと言えるので、誤差はかなり少なくなってきていると言える。以下±2％の誤差の場合、2,500サンプル、±1％の場合は10,000サンプルが必要になってくる。そうなるとかなり精度の高い調査ができることになる。ただし無作為抽出法で2,000サンプル以上のデータを収集しようとすると膨大な時間とコストがかかるので、実際にはなかなかそれだけ収集することは困難である。

　なお、これらの計算のしかたは、4-8で詳しく扱うことにする。

3……標本数の様々な決定方法

　無作為抽出法で抽出した標本数が多ければ、調査の精度が上がるので、多くのデータを収集したほうがよいだろうが、実際には調査にかけられるコスト・時間・人員の問題などから、ある一定の目標を定めなくてはならない。その場合、どの程度の人数が必要になってくるだろうか。大谷（2005）は実際問題を考え、3つの考慮すべき点を挙げている。

　①誤差の±幅が10％を超えないようにすること。

②クロス集計分析を想定して、各セルの数字が余り少なくなりすぎないようにすること。
③調査票の回収率を考慮に入れること。

①については、誤差の幅が±10％を超えると比較分析が困難になる。たとえばある標本調査で50％という結果が出た場合、±幅が10％であると50％とは40％〜60％の間になる。これをみても±幅が10％を超えるとかなり誤差が生じていると言えよう。標本誤差から考えた標本数の計算をすると、10％を超えないようにするためには約100サンプルが必要である（正確には約96サンプル）。なお、この計算の実際についても後の4-8で詳しく説明する。

②については、どのような項目を掛け合わせてクロス集計をするのかによって異なるので標本数の具体的な数値は挙げられない。あまりにも多くの選択肢を作成してしまったり、ほとんど回答しないような選択肢を作成してしまうとクロス集計表のいくつかのセルに数字がなくなることがある。クロス集計については3-3、4-10で説明する。

③については、その調査で予想される**回収率**（response rate）から標本数を決める方法である。回収率とは、選ばれた標本の中から回収できた割合のことである。たとえば実際に分析するデータとして100サンプルを確保したい場合に、ある調査で経験上60％程度の回収率が見込めるのであれば、100÷0.6＝166.6だから167サンプル程度準備する必要がある。そうすれば100サンプルのデータを収集することが理論的に可能になる。しかし、同じような企画や対象の調査であれば回収率は予測できるが、企画や対象が異なると同じ調査方法を用いても回収率はかなり異なるので、回収率を実際に予測することは難しいことが多い。

4………再び標本数について考える

ここまで主に標本誤差の観点から必要な標本数について考えてきたが、ここでもう一度注意しなくてはならない点がある。それはサンプリングの問題である。サンプリング（2-5、2-6参照）の所でも触れてきたように、多くの標本を収集するより、偏りのない標本を収集するほうがきちんとした調査結果を得ることができる。偏ったデータをいくら多く集めても偏った結果しか得られない。このことからも、この調査の母集団は何なのかを意識しながら、対象となる標本を選び、標本数を決定していく必要がある。「標本数は

これだけあればよい」と決まった数があるわけではないので、精度が高い調査をするためにはどうすればよいのかを考慮しながら標本数を考えていくことが肝要である。

【参考文献】
大谷信介，2005,「サンプリングの理論と実際」大谷信介ほか編『社会調査のアプローチ（第2版）』ミネルヴァ書房，pp.140-141.
盛山和夫・近藤博之・岩永雅也，1992,『社会調査法』放送大学教育振興会，p.52.

COLUMN ▼▼▼ 視聴率買収事件

　2003年10月にテレビ界にとって衝撃的な事件が起きた。「日テレ社員、視聴率『買収』」「調査世帯調べ金品」と当時全国紙の新聞の1面で報道がなされた。事件は日本テレビ放送網の男性社員プロデューサーが、秘密になっている調査世帯を興信所を使って割り出し、現金などを渡して自分が制作した番組を見るよう依頼したというものである。買収工作のため使用した金額を合計すると800万円以上の制作費が流用されていたことが後に明らかになった。

　視聴率とは、テレビ番組がどれぐらいの世帯で見られているのかを調べる統計データで、現在はビデオリサーチ社1社のみで計測されている。関東地区には約1,600万世帯（当時）があり、その中から無作為抽出法で600世帯をサンプルとして抽出し、機械を設置して測定している。

　民放は基本的にテレビの広告によって収入を得ている。テレビの広告の値段は、関東エリア1都6県に流れる15秒のスポットCMの場合、視聴率1%当たり当時5万〜15万円程度だといわれている。つまり10%の視聴率のテレビ番組で1回CMを入れると、50〜150万円程度の収入が得られるわけだ。視聴率が悪いと会社の収入にも影響するため、視聴率が悪い番組は打ち切りになることもある。場合によっては、プロデューサーが責任を取らされることもあるだろう。そのためテレビ関係者は、視聴率に過敏に反応せざるを得ない構造があるものと推測される。

　さてこのプロデューサーが買収した5番組の視聴率をみると最低が10.2%であった。これから判断すると、「自分たちの番組の視聴率を9%台にはしたくない」という意識が働いていたような形跡がうかがえる。確かに9%と10%の視聴率は、1桁か2桁かでイメージがかなり異なる。

　しかし統計学を学んでいる皆さんは、「視聴率は標本調査なので、誤差が含まれるはずである」ということに気づくであろう。では、10%の視聴率にはどの程度の標本誤差があるのだろうか。それを計算すると、600世帯の標本調査で得られた10%の視聴率とは、前後±2.4%の誤差が含まれる数値と推測されるのである。つまり10%の視聴率とは7.6%〜12.4%の間の視聴率といえば95%確かで、7.6%の視聴率も12.4%の視聴率も違いがないということになる。すなわち統計学的に見れば9%の視聴率であろうが、10%の視聴率であろうが違いはないのである。果たして躍起になって視聴率10%台を維持する意味があったのであろうか。

　その後、このプロデューサーは懲戒解雇処分となった。また社長も責任を取って辞任した。もしこのプロデューサーが視聴率には標本誤差というものがあることを知っていたなら、あるいはテレビ業界全体がこのような知識を当たり前のこととして共有していたならば、プロデューサーも買収工作をする必要もなく処分も受けなかったのでないだろうか。

2-8 サンプリングの諸方法

サンプリングはどのように行うのか

【キーワード】
系統抽出法、多段抽出法、確率比例抽出法、層化抽出法、層化二段抽出法

1………系統抽出法

　系統抽出法（systematic sampling）は、単純無作為抽出法の作業を軽減する目的からつくられた。つまり、単純無作為抽出法では、サンプルの数だけ作業を繰り返さなければならないので、サンプル数が大きくなると非常に手間がかかる。そこで、最初のサンプルを乱数表やサイコロなどを使ってランダムに選び、2番目以降は一定の間隔で機械的に抽出していくというのである。たとえば、1,000人の母集団の中から200人のサンプルを選ぶ場合、1,000÷200＝5であるから、5人おきにサンプルを取ればちょうど200人になる。そこで、まず、最初のサンプルを1から5までの間で単純無作為抽出法によって決める。仮に、最初のサンプルが4に決定したなら、そこに5を順に足してゆき、4、9、14、……と機械的にサンプリングしてゆけばよい。

　なお、系統抽出法を行う上での注意点は、抽出台帳自体に何らかの規則性がないか事前に調べておくことである。たとえば、核家族の多い地域における選挙人名簿は、男性（夫）／女性（妻）／男性（夫）／女性（妻）……となっている場合が多い。そこで、偶数の数字を用いて抽出を繰り返すとどちらかの性別が多くなってしまう。このような状況を避けるために、一定の間隔として「素数」を用いるのが好ましいとされている。また例では便宜上わかりやすい「5」を利用したが、実際に系統抽出法を用いる際には7以上の素数を使ったほうがよいとされている。なお、分厚い名簿を利用する際には、穴をあけるという方法も有効である。

2………多段抽出法

　単純無作為抽出法および系統抽出法はいずれも、「抽出台帳」の入手が可

能な、ある程度の小集団に対する方法として適している。それに対して、**多段抽出法**は、母集団全員のリストが作れない時、あるいは入手困難な時に利用される。これは、いくつかの段階を設けて各段ごとにランダム・サンプリングを行っていき、最終的に入手できた抽出台帳をもとにランダム・サンプリングを行うという方法である。具体的には以下のように行う。

　1）広い範囲から一部の市町村を無作為抽出する　　　　　第一段の抽出
　2）抽出された市町村から投票区等を無作為抽出する　　　第二段の抽出
　3）その中に住む住民を無作為抽出する　　　　　　　　　第三段の抽出

　まず、広い範囲の中から市町村を抽出し、さらにそれらの中から投票区や丁目などを抽出する。そして、その中に住む住民を抽出する。このように段を複数設けることから「多段抽出法」という（例は「三段抽出法」）。また、第一段で選ばれた市町村を「第一段の抽出単位」と呼び、以下、第二、第三と増えていく。今日、全国規模で行われる社会調査では多段抽出法が用いられている。短所は段を増やすごとに精度が落ちることなので、むやみに段を増やさないように気をつけなければならない。

3………確率比例抽出法

　多段抽出法による抽出には不平等性が生じている。たとえば、多段抽出法において第一段で選ばれた3市町村がA市（人口100万人）、B町（10万人）、さらにC村（1万人）であった場合、それぞれの地域から100人のサンプルを選んだ時には、各地域において選ばれる確率は均一であったとはいえない。つまり、A市に住んでいる人々がサンプルに選ばれる可能性は、C村の人々と比べて極めて低い。そこで、すべての市町村に住む人々が選ばれる可能性を均等にするために、第一段のリストを修正する。先の例で示せば、A市の人々が選ばれる可能性を上げるために、人口比に合わせて第一段のリストにおけるA市の名前を多くする。すなわちA市が100回、B市が10回、C村が1回記載されたリストを作成し、そこから無作為抽出を行う。こうして第一段の抽出において各市町村の住民が選ばれる可能性は均等になり、次の段からはすべて等しい数の個体を抽出する。このように、地域の規模に比例させてある抽出段位（主に第一段）を調整してすべての人々が選ばれる可能性を平等にして抽出する方法を**確率比例抽出法**という。多段抽出法における不平等性を修正し、精度を上げるために開発された方法である。

4……層化抽出法

　層化抽出法（stratified sampling method）は、調査項目に関係するような重要な指標については、偏った標本にならないようにあらかじめ母集団を層に分けておき、それぞれの層に抽出すべき標本数を割り振って標本誤差を作為的に減らしてからサンプリングする方法である。このように述べると、有意抽出法の割り当て調査に似ているが、層化抽出法では割り当てられた該当者や該当地域等のリストを作成してランダム・サンプリングしているという点でまったく異なっている。

　実際、層化抽出法は多段抽出法と組み合わせて用いられることが多い。つまり、第一段として、全体を農業地域、工業地域、商業地域、住宅地域などに分類して、それぞれの比率に応じて市町村や調査地点を無作為抽出し、第二段以降においては多段抽出法と同じ要領で抽出するのである（層化二段抽出法に関しては下記参照のこと）。第一段階において地域を選ぶ指標としては、他に人口規模、産業構成、職業構成などがあげられる。また、個人を選ぶ場合には、性別、年齢、職業などの属性が用いられる。

　なお、作為的に標本誤差を減らす作業を行っていることから、「確率法則の原則」が破られ、等確率ではなくなっているが、適切な層化を行うことで、多段抽出での標本誤差の増大を抑え、推定精度をあげられるとされている。しかし、このことは何を基準において層化をするのかという難しい問題を抱えていることを意識しなければならない。また事前に各層ごとの比率がわかっていなければ利用できない。

5……層化二段抽出法

　層化二段抽出法は、現在行われている全国規模の調査の多くで採用されている方法で、これまで説明してきた層化抽出法、多段抽出法、そして系統抽出法を組み合わせたものである。層化二段抽出法は、調査対象者が個人で、また全国の個人を対象とするような大規模な調査のために一度にサンプリングすることができない時に用いられる。まず、第一段として地点（地域）を抽出するが、その際に標本の代表性を高めるために人口規模、産業化率、地理的近接性などの指標をもとに層化抽出を行う。つづいて、第二段として、選ばれた地域から個人を抽出する。その際に、自治体や選挙管理委員会で抽出作業を行うことが多いので、手間や時間を極力省くために系統抽出を行う。

COLUMN ギャラップの勝利

　アメリカでは19世紀末から20世紀にかけて多くの新聞社や雑誌が選挙予測の世論調査を行ないはじめた。中でもリテラリー・ダイジェスト誌（The Literary Digest）は、1916年以降大々的に世論調査を実施し、大量の標本を用いて正確な予測を行なってきた。

　1936年の大統領選挙では、出馬した民主党のF.D.ルーズベルト（Franklin D.Roosevelt）と共和党のA.M.ランドン（Alfred M.Landon）の間で争われた選挙の予測のため、リテラリー・ダイジェストは1,000万枚の葉書を発送し、回収された約237万人のデータからランドン候補の勝利を予測した（支持率：ルーズベルト43.0％、ランドン57.0％）。ところでその選挙では、G.H.ギャラップ（George H.Gallup 1901-84）が設立した新興調査機関のアメリカ世論調査所（American Institute of Public Opinion）も調査を行い、3,000人のデータからルーズベルトの勝利を予測した（ルーズベルト54.0％、ランドン46.0％）。多くの人達はギャラップの800倍もの標本を収集したリテラリー・ダイジェストのほうが当たるだろうと見込んでいたのに、結果は逆でルーズベルトが大統領に選ばれたのである（選挙結果：ルーズベルト62.2％、ランドン39.8％）。これが「ギャラップの勝利」と呼ばれる話である。

　リテラリー・ダイジェストはこの調査で、これまで通り自動車登録者、電話加入掲載者、雑誌購読者などのリストを用いて郵送で調査を行なった。これらの人たちは当時としては経済的に裕福な層の人たちである。一方、ギャラップは、実際の人口構成と同じ比率になるように対象者を選ぶ割当法を用いて調査を行った。その結果、データに偏りが少なかったギャラップの予測が当たったのである。このことから、データは多く集めさえすればよいというのではなく、少数のデータでも偏りが少ないデータのほうが予測に役立つことが証明された。つまりサンプリングの重要性が認識されるようになったのである。

　ちなみに、その後ギャラップ社は世論調査業界で大きな影響力を持つようになるが、1948年の大統領選挙では予測をはずしてしまう。それは有意抽出法である割当法の限界があったからである。それ以降、無作為抽出法の重要性が叫ばれるようになったのである。

【参考文献】
Gallup, G., 1972, *The Sophisticated Poll Watcher's Guide*, Georg Gallup Princeton Opinion Press.（＝二木宏二訳，1976，『ギャラップの世論調査入門』みき書房．）
大谷信介，2005，「サンプリングの理論と実際」大谷信介他編『社会調査へのアプローチ（第2版）』ミネルヴァ書房, pp.120-159.

2-9 質問文・調査票の作り方

調査票はどのように作成するのか

【キーワード】
スクリーニング、質問形式と回答形式、ワーディング、インパーソナルな質問とパーソナルな質問、ダブル・バーレル、キャリー・オーバー、フェイス・シート、プリテスト

　本節では、科学的な社会調査を行うための重要な手段となる「調査票の作成」について理解を深める。

　調査票作成における一般的留意点としては、それぞれの質問項目や選択肢が、シンプルかつ明確な構造となっているか、各質問項目と調査票全体の間に整合性があるか、平易で標準化された文章が用いられているか、数量化に無理・矛盾がないよう設定されているか、といった点が挙げられよう。

　質問票は、通常、表紙部、質問本体部、フェイス・シート部という3つのパートから構成されているが、ここではそれらを念頭に、表紙部の作成、質問の決定、質問の配列、質問・回答形式の設定、ワーディング、フェイス・シートの作成、プリテストによる内容の確認・修正という7つのプロセスに沿って説明する。

1………表紙部の作成

　表紙部には、調査協力をお願いする内容を記載するとともに、実施日、調査者に関する情報（所属機関名、連絡先等）、調査に関する趣旨、目的、意義、結果の用途等について丁寧、かつ簡潔に記述する。この箇所は、被調査者が最初に目にする部分であるとともに、調査協力を得るための重要なメッセージが含まれるため、細心の注意力をもって作成されなければならない。

　表紙部の最後（あるいは質問本体部の最初）には、スクリーニング（ふるい分け）質問と呼ばれる項目を設定する。これは、調査票を配布される対象が、調査の該当者であることを確認するための質問で、たとえば、大学生を対象とした意識調査を行う際に、「あなたは大学生ですか」との質問をおこ

なうことがそれに相当する。ただし、名簿や台帳等をもとに対象を選別する場合には、このようなプロセスは省略可能となる。

2………質問項目の決定

ここからは質問本体部の作成についてみていきたい。まず調査票の骨組みとなる質問項目についてであるが、これは事前に設定した調査テーマに沿って決定する。その際、調査全体の仮説の証明を念頭におきながら、調査テーマをいくつかのサブ・テーマに分類し、それらと関連した質問を、具体的な回答を予想しつつ設定する。

3………質問項目の配列

質問項目が決まったら、次の段階として、それらの配列を考えていく。その際、質問項目が論理的配列となるよう心がけるのは当然として、被調査者にとって、理解しやすく、回答しやすい構成となるよう考慮しなければならない。配列には、漏斗型、逆漏斗型と呼ばれる2つのタイプが存在している。前者は、全体から細部へ質問内容を移行させていくパターンの配列で、より一般的なものである。一方、後者は、細部から全体に質問内容を拡大していくタイプの配列である。

留意点としては、複雑な質問を最初に設置しない、全体を通じて流れがあるよう配列する、相互に関連した質問はまとめて配置する、前の質問やそれへの回答が次の質問に対する回答に影響を及ぼさないよう配慮する等が挙げられよう。

なお、特定の回答をした被調査者のみを対象に、より詳細な質問をおこなう場合には、サブ・クエスチョンとよばれる追加質問を設定する。サブ・クエスチョンは、調査票調査の結果に系統的な意味あいを付与するという利点を有しているが、多用した場合、回答者に混乱を与えてしまうといったデメリットも存在しているため、設定には注意が必要となる。

4………質問・回答形式の決定

質問形式 質問形式は、回答形式を考慮しながら作成されなければならない。基本的な質問の種類としては、上のフェイス・シートの箇所で述べた被調査者の属性に関する質問（フェイス・シートに含まれている内容であれば省略する）、行動に関する質問、意識・解釈に関する質問が挙げられよう。学生

を対象としたアルバイトに関する調査であれば、行動に関する質問としては「どのようなアルバイトをしているのか」、「週何時間アルバイトをしているのか」等の質問が、また意識・解釈に関する質問では、「なぜアルバイトをするのか」、「今のアルバイトを選んだ理由は何か」等が含まれる。

採取できるデータの信頼性という側面からみれば、属性＞行動＞意識・解釈となるが、調査目的との関連では、その重要度は意識・解釈＞行動＞属性、となるであろう。

なお質問形式は以下に述べる回答形式を念頭に設定されなければならない。

回答形式　調査票における回答形式には、単一選択、多肢選択、順位選択、程度選択、自由回答等の種類が存在する。以下ではそれぞれについて見ていきたい。

①単一選択

回答選択肢の中から1つだけ選んで回答してもらうタイプのものを指す。注意点としては、回答選択肢の内容が相互に排他的であり、かつ網羅的となっていることが求められる。すなわち、被調査者が、選択肢の中から1つだけ選択できるような設定が必要となる。

なお単一選択の中には、二項選択型と多項選択型が存在する。前者は回答形式の中で、賛成・反対といった2つの選択肢の中から1つだけを選んで回答を求めるタイプのもので、後者は複数の選択肢の中から1つの回答を選ぶタイプのものである。

単一選択は、第一位の選択肢を把握するのに有効であるものの、意見や解釈等に関する質問では、被調査者の回答がより複雑な性質を伴っているため、十分な回答が得られないといったケースも想定されなければならない。

②多肢選択

回答選択肢の中から、複数個を選択して回答してもらうタイプのものをいい、被調査者が回答を1つに絞れない場合等に使用する。その中には、選ぶ選択肢の個数をあらかじめ指定する固定型、選ぶ選択肢の個数を「2つ以上」、「1つ以上4つ以下」というように制限する範囲制限型、選ぶ選択肢の個数を限定しない無制限型といった種類が存在している。

なお、多肢選択は、分析を複雑にするという欠点があるため、多用するに

は注意が必要となる。

③順位選択

　意見や評価についての優先順位を確認するために使用される。これには、回答者に選択肢すべての順位をもとめるタイプと、上位のいくつかまでの部分に順位をつけさせるタイプが存在している。選択肢の数が多い場合には後者が多用される傾向にある。

④程度選択

　好みや賛意の程度を確認する場合に有効となる。この場合、一般には選択肢を5段階に設置する場合が多く、中央に中間回答とよばれる「どちらでもない」という選択肢を配置する。満足度を確認する場合であれば、中間回答を境として、肯定意見の選択肢を「どちらかといえば満足している」、「満足している」という順に、また否定意見の選択肢を、「どちらかといえば不満である」、「不満である」と設定する。なお質問内容によっては、中間回答に意見が集中することも予想されるため、それを回避したい場合には、中間回答を省き、選択肢を4段階に設定する等の方法を用いる。4段階の選択肢の上限と下限に「非常に満足している」、「非常に不満である」という項目を設定すれば、6段階の選択肢となるが、強い修飾語（非常に、とても〜である、まったく〜でない）を使用する場合、一般的にはそのような選択肢があまり選択されない、といった傾向も指摘されているため、その使用に際しては注意が必要となろう。

⑤自由回答

　文章や単語、数値を自由に記入してもらう方法で、回答をあらかじめカテゴライズできない場合に多用されている。なお、文章によって記述してもらう場合で、文字数を制限するといった手法も用いられている。

　自由回答は、被調査者の多様な意見を吸い上げることができ、非常に有効な資料となる反面、回答の質にばらつきが出る、データ処理が面倒であるといったマイナス面も指摘されている。

5………ワーディング

　ワーディングとは、決定した質問項目を質問文と回答文（選択肢等）の形

で文章化することをいう。

　ワーディングでは、被調査者が、調査者の意図を誤りなく理解し、的確な回答を提示できるよう、被調査者への配慮が不可欠となる。

　留意点としては、用語が統一されているか、簡潔で平易な文章で構成されているか、主語・目的語が省略されていないか、回答者の負担が最低限のものとなっているか、といった基本的事項が存在しているが、それ以外にも、従来の研究によって以下のような点が指摘されている。

あいまいな表現を避ける　あいまいな表現を含む質問とは、抽象的あるいは漠然とした表現により回答者を混乱させるような質問である。「あなたには何人の友人がいますか」といった質問では、回答者によって友人の範疇が異なっているため、明確な定義（例えば「個人的な悩みを打ち明けられる友人」等）を設けない限り、正確なデータの入手は困難となるであろう。

難解な用語（外来語や専門用語を含む）を避ける　日常的に用いられない用語、特定の世代、地域、業界においてのみ使用されている用語等の使用は回答者の質問への理解を妨げる原因になるため、注意が必要となる。

インパースナルな質問とパースナルな質問の混同を避ける　インパースナル（impersonal）な質問とは一般的な質問を指し、ある事象に対する男性、女性、成人、市民等における一般的な意識や意見を問うタイプの質問をいう。一方、パースナル（personal）な質問とは、個人の意識、意見を問う質問をさす。「あなたは日本の企業がサマータイム制を導入することに賛成ですか」は前者であり、「あなたは自身の会社がサマータイム制を導入することに賛成ですか」は後者となる。前者の質問で肯定意見が多いからといって、必ずしも後者の質問で同じ傾向になるとは限らないため、このような質問が混同されてはならない。

ステレオ・タイプ化した用語や表現を避ける　ステレオ・タイプ（stereo-type）化した用語とは、特定の価値基準を伴った用語のことである。「あなたは役人の天下りについてどう考えますか」等がこれに相当するが、用語に付随する先入観によって公平な回答の収集が困難となる。適切な表現では「公務員の再就職についてどう考えますか」となるであろう。

ダブル・バーレル質問を避ける　ダブル・バーレル（double barrel）とは双胴銃に由来する用語を指すが、1つの問いの中に、2つ以上の回答対象が存在する質問のことをいう。基本的には重文（英語の and や or で結ばれた文）および複文（英語の because で結ばれた文）の2つのタイプが存在している。前者の例としては、「あなたは紛争地域に対する日本の経済援助や自衛隊派遣に賛成ですか」等が挙げられるであろう。経済援助と自衛隊派遣はそれぞれ別の意味を有しているため、このような質問では回答者に混乱が生じるであろう。後者の例としては、「紛争地域への自衛隊の派遣は憲法違反なのでやめるべきであると思いますか」といった質問が考えられよう。ここには「紛争地域への自衛隊の派遣は憲法違反だと思いますか」という質問と「紛争地域への自衛隊の派遣はやめるべきであると思いますか」という2つの質問の並存が確認できよう。このような質問は回答者に混乱を生じさせるため、その使用は避けるべきであろう。

キャリー・オーバー効果を避ける　キャリー・オーバー効果（carry-over effect）とは、前の質問が後の質問に対する回答に影響を与えることを指す。Q1で、「あなたは外国人の犯罪の増加について不安を感じたことがありますか」という質問をした直後に、Q2「あなたは、日本では外国人労働者をもっと受け入れたほうがいいと思いますか」という質問をするといった例が挙げられよう。Q1で外国人犯罪のことを質問し、Q2で外国人労働者の受け入れに関する質問をすると、外国人労働者の受け入れに対して肯定意見が増加する傾向となり公平な回答の収集が困難となろう。

6……フェイス・シートの作成

　調査票には、質問本体部の作成の他、フェイス・シート（face sheet）とよばれる、被調査者の属性（性別、年齢、学歴、職業、収入、婚姻形態といった基本データ）に関する質問群の設定が不可欠となる。

　従来、調査票の表紙（フェイス）に記載された内容であったため、そのような呼び名が定着しているが、近年では、調査票の最後部に記されるのが一般的となっている。

　調査票調査の種類にもよるが、実施する調査が任意の回答者を対象とする場合、フェイス・シート作成に際しては、匿名性であることの明記の有無を含め、プライバシーに関する質問には特に慎重な配慮が必要となる。

なおフェイス・シートの最後の部分に、「自由記述」の項目、つまり、調査内容と関連する事柄で、質問には含まれていない点（たとえば質問内容における不備等）について自由に記してもらう項目を設定しておけば、回答を補足するための有益なデータが入手できるであろう。

7………プリテストによる内容の確認と修正

　以上の手順により、調査票の作成がいったん終了したならば、プリテスト（pretest）を実施する。これは本格的な調査の前に行う小規模な予備調査のことで、質問や使用されている語句が誤解されていないか、回答のための選択肢が適切に設定されているか、等の点が確認できよう。その際、前述した「自由記述」の項目等によって得られた情報は、内容改善のために、特に有効なデータとなるであろう。

　プリテストは、通常、自身の身近に存在する協力を得やすい集団を選び、10〜50程度のサンプル数で実施する。実施時期は、本調査の1〜2ヶ月前くらいが適当である。

　プリテストを通じて得られた結果から、質問の構成、質問文の内容、選択肢の個数等を再検討し、修正が完了すれば、調査票の完成となる。

【参考文献】
盛山和夫, 2004,『社会調査法入門』有斐閣ブックス.
盛山和夫・近藤博之・岩永雅也, 1992,『社会調査法』放送大学教育振興会.

COLUMN ▼▼▼ TDM

　一般に郵送調査は、母集団が明確な調査ができ、全国調査をする際には低コストで行なうことができるというメリットが挙げられるが、デメリットとして回収率が低いことが強調される。しかしアメリカではディルマン（Dillman, D.A.）が 1970 年代に郵送調査で高回収率を挙げるための TDM（Total Design Method）という定式化した方法を提唱している。この方法は、日本では小島（1993）の紹介や実践により徐々に知られるようになった。TDM を用いて郵送調査を実施すると 70％前後の回収率が普通であるとされている。TDM の要点は、以下のようなものある。

　調査票の作成：①調査票は冊子形式にする。②広告と間違えられないように白い紙に印刷する。③ 1 ページ目には質問を入れず、タイトル、調査依頼文、インストラクションなどを印刷する。④最後のページに質問を入れない。自由記述欄と挨拶のみとする。⑤最初の質問は興味を引きやすく、調査テーマに直接関連するものにし、フェイスシートは望ましくない。⑥質問順序は、社会的有用性が高いと感じられる順にし、回答しづらい質問はフェイスシートの前に置く。⑦選択肢はなるべく縦に並べる。⑧調査票の長さは 12 ページ以下が望ましい。

　調査の実施法：① 1 枚分の挨拶状を同封し、その中に調査の有用性、誰が記入すべきか、プライバシー保護の約束、問い合わせ先を明記する。②挨拶状には投函日を記入し、調査代表者の氏名を手書きする。③調査票にはナンバリングをし、その旨を挨拶状に明記する。④封筒は約 19 cm×9.5 cm サイズを使用し、宛名のラベルを貼らず直接タイプする。⑤封筒には必ず返信用封筒を同封する。切手を貼ってもよいし、料金受取人払いにしてもよい。⑥投函日は週の初めがよい。12 月は避ける。⑦ 3 週間後、返答のない人にもう一度調査票を送る。⑧ 7 週間後、返答のない人にもう一度調査票を配達証明で送る。

　小島（1998）が TDM を利用して実際に郵送調査を行なったところ、50％から 78％と幅はあるが、50％を下回ることはなかったとしている。日本でも郵送調査を実施する場合には、これらの点に留意すれば高い回収率が得られることが示されている。

【参考文献】
Dillman, D.A., 1978, *Mail and Telephone Surveys : The Total Design Method*, New York : John Wiley.
小島秀夫, 1993,「TDM による郵送調査の実践」『茨城大学教育学部紀要（人文・社会科学, 芸術）』42, pp. 185-194.
小島秀夫, 1998,「郵送調査の回収率を高めるための TDM」鎌原雅彦ほか編『心理学マニュアル　質問紙法』北大路書房, p.50.

2-10 調査の実施方法①：調査票の配布・回収

調査票調査はどのように実施するのか

【キーワード】
郵送調査、留置調査、集合調査、インターネット調査、個別面接調査、電話調査

　本節では、調査票調査の実施方法、具体的には、作成した調査票の配布・回収作業について説明する。

1……実施方法の大別

　調査票調査の実施方法には、回答者が記入する「自計式（自記式）調査」と調査者が記入する「他計式（他記式）調査」の2つのタイプが存在する。前者には、**郵送調査、留置調査、集合調査、インターネット調査**があり、後者には、**個別面接調査、電話調査**、等が挙げられる。以下、それぞれの特徴および長・短所について見ていきたい。

2……実施方法とそれぞれのメリット、デメリット

郵送調査　調査該当者の住所に調査票を郵送し、一定期間（10日〜2週間程度）の後に返送してもらい、回答を確保する方法をさす。これは、全数調査、サンプル調査に関わらず、調査対象となる集団の住所録等が入手できることを条件として実施される。この調査のメリットは、広範囲に分布したサンプルに対し低コストで実施できること、被調査者の匿名性が保証されること、調査者によるバイアスや標本の偏りを回避できること、等の点が挙げられる。デメリットとしては、被調査者への動機付けが弱いため回収率が低くなる可能性があること、その場合、標本にも偏りが生じてしまうこと、複雑な質問に対して回答が得られにくいこと、回答における信頼性が低いこと、回収までに時間がかかること、等の点が考えられよう。通常は、依頼文、（切手を貼り付けた）返信用封筒等を同封する。なお、回収率を上げるために、期日前後に催促状を送付することも多い。

留置調査 調査者が被調査者を個別訪問して調査票を配布し、一定期間の後に再訪し、回収する方法である（配票調査あるいは配布回収法とも呼ばれている）。配票から回収までは、一般に1～2週間とされている。この調査法におけるメリットとしては、調査者に対し調査協力への動機付けが可能となること、調査内容に関する補足説明が可能となること、それらの理由により、高い回収率が見込まれること、比較的低コストで実施できること、プライバシーに関する質問に対しても回答が得られやすいこと、等が挙げられる。またデメリットとしては、誤記や誤解から生じる誤った回答を回避できないこと、対象者本人が記述したかどうかを確認できないこと、といった点が挙げられる。なお、同調査では、配布と回収を同じ曜日にすることで、より高い回収率をめざすなどの工夫もなされている。

集合調査 調査対象が限定された集団の構成員——地域住民、特定の教育機関に所属する児童・学生、宗教団体の信者等——の場合で、同一の場所に一同に集合してもらえる際に実施する方法をさす。この方法では、一斉に調査票を配布し、その場で各人に回答してもらい、記入後すぐにまとめて回収することが可能となる。メリットとしては、回収率がほぼ100％になること、被調査者の匿名性が保証されること、コストが圧倒的に削減できること、回答収集までの時間が短いこと、等が考えられよう。デメリットは、集団における被調査者相互の心的影響が存在すること、調査者によるバイアスを皆無にすることができないこと、無作為抽出には適していないこと、等である。

インターネット調査 インターネットを通じて、調査者が調査票を提示し、被調査者が回答を入力するといった近年普及しつつある調査方法をいう。この方法のメリットとしては、回答において手間がかからないこと、そのため回収率が高くなること、コストが小さいこと、記入漏れ等の確認が可能となること、映像等の資料が提示しやすいこと、調査者のバイアスが介在しないこと、等が挙げられよう。デメリットとしては、標本設計が行いにくいこと、本人の確認ができないこと、被調査者がインターネット利用者に限定されること、等が考えられよう。近年は安易に行なわれる傾向にあるが、データに偏りが大きいため、学術的な価値を見出そうとする社会調査であれば、インターネット調査は行わないほうがよい。

個別面接調査　調査者が直接、対象となる被調査者を訪問し、調査者による質問をとおしてその回答を調査者が記述していく調査法をいう。この調査方法でのメリットは、他計式調査であるため、誤記入を回避することができること、被調査者への動機付けができること、質問の意味を的確に伝達できること、回答における誤りを点検できること、等である。一方、デメリットとしては、拘束時間の関係上、回答拒否の可能性が高くなること、調査者の存在が回答に影響を与えること、調査に非協力的な一連のグループがサンプルから抜け落ちる可能性があること、依頼による調査の実施では、コストが高くなってしまうこと、等の点が考えられよう。

　いずれにしても同調査法は、回収率の高さ、回答における誤りの回避、といった意味で、すべての実施方法において最適な調査法であることが指摘されている。

電話調査　調査者が被調査者に電話をかけ、調査の目的や主旨を説明したうえで、口頭で質問をおこない、その回答を調査者自身が記入する方法である。学術的な価値を見出そうとする社会調査であれば、電話調査は行わないほうがよいが、調査の補足的意味合いで利用されることはある。

　電話調査のメリットは、コストが小さいこと、短期間で実施できること、ランダム番号を使えば名簿に依存しない調査が可能となること、等が挙げられよう。デメリットは、標本設計が困難であること、複雑な質問の設定が困難であること、協力を断られやすいこと、等の点である。

3………謝礼

　従来の社会調査においては、謝礼というものが否定される傾向にあった。しかし、謝礼を前提とした市場調査等の影響もあり、近年、この傾向は変化しつつある。実際、郵送による調査では、ボールペンや図書券等を謝礼として同封すると、高い回答率を期待できるようである。

　以上、本節では調査票調査の実施方法について確認したが、内容を整理すると以下の表の通りとなる。

表　調査方法におけるメリットとデメリット

特徴＼調査法	自計式（自記式）調査				他計式（他記式）調査	
	郵送調査	留置調査	集合調査	インターネット調査	個別面接調査	電話調査
標本の不偏性	○	○	×	×	○	△
被調査者確認の容易度	×	△	○	×	○	○
被調査者の匿名性	○	×	○	△	×	×
調査票回収率	(×)	○	○	(△)	△	△
複雑な質問への回答率	×	△	△	×	○	×
誤記等の回避度	×	(○)	×	×	○	○
調査者バイアスの回避度	○	(△)	×	(△)	×	×
コスト削減度	○	△	○	○	×	△
調査日数の短縮度	×	×	○	○	×	○

○＝高　△＝中　×＝低　（　）は場合による

2-11 調査データの整理①：エディティング，コーディング，データクリーニング

分析の前に収集された調査データを
どうすればいいのか

【キーワード】
エディティング、コーディング、データクリーニング

　記入された調査票を回収したのち、データの分析を行うために、①エディティング、②ナンバリングおよび回収率の確定、③アフター・コーディング、④コーディング・シートへの転記、⑤データの入力、⑥データクリーニングという作業を行う必要がある。

1………エディティング

　回収された調査票は、まず、一票一票点検して整理しなければならない。この作業を**エディティング**という。この時の基本姿勢は、(1) いったん得た回答は極力捨てずに活かすと同時に、(2) 不確実なデータを極力排除しなければならない。これは矛盾しているように思われるが、バイアスを減らし、正確な情報を収集するために必要不可欠の作業となっている。またエディティングでは、間違いと思われる記入や矛盾するような回答を点検するだけでなく、対象者本人が回答したかどうか、さらに調査員に不正がなかったかどうかも確認しなければならない。具体的には、以下についてチェックをする。

a. 白紙や実質的な回答がほとんどないものは無効票として排除する。
b. 調査対象者を限定している場合には、スクリーニング質問をもとに確認し、該当しないものを取り除く。
c. 回答ミスや記入ミス、また判読できない文字やはっきりしない回答など、記入の不完全な項目を確認し、改訂できるものについては改訂する。できないものは、「NA」(No Answer) とする。
d. 難しい漢字（旧漢字含む）や誤字を訂正する。
e. 論理的に矛盾する回答を点検する。
f. 追問などで回答者が限定されている時に、回答しなくてよい質問に答えていないか確認する。

なお、改訂する際に、調査者がデータを捏造することは絶対に許されない。また間違いである可能性が高いデータが含まれる場合には、思い切って排除することも必要である。排除する可能性が高い例としては、①無記入が多い、②同じ番号ばかり○をしている、③○の付け方に規則性がある、④回答内容が常識の枠を越えているなどの状況が挙げられる。

　これらのチェックが終了した後、最終的に有効と見なされた票を数え、各調査票に通し番号を割り振り（これを「ナンバリング」という）、回収率を確定する。これは、調査票調査では誰がどのように回答したのかわからないようにするため、つまり、個人情報を守るために個票における匿名性を確保するためである。そして、名前などの個人情報に代わって、任意の番号を割り振ることで、後に必要な時にデータと個票の照らし合わせをできるようにしておくのである。

2……コーディング（アフター・コーディング）

　調査票によって得られるデータには、性別や出身地などの質的データ（非数量的データ）が含まれている。質的データはそのままの言葉では、分析ができなくなってしまうので、「男性＝1」、「女性＝2」のように、具体的な任意の数値・記号を割り当てる必要がある。また通勤時間などを自由回答で尋ねた場合には、数分という短時間のものから3時間以上というように、無数の回答がよせられる。この時には、そのままでは分析に支障をきたす場合があるので、具体的な連続数に対していくつかの枠を作成し、まとめることがある。

　このように非数量的データに数値を割り当てることや具体的な連続数をカテゴリー（階級）にまとめることを「**コーディング**」（coding）と呼ぶ。本節では、実査後の作業になるので、正確には「**アフター・コーディング**」（after coding）と呼び、調査票の作成段階においてコード（数値）をつける場合には「プリ・コーディング」（pre-coding）と呼ぶ。コーディングが難しい職業等の項目に関しては総務庁統計局などによる大分類を利用するとよい。

　なお、調査票のデータをコンピュータに入力しやすくするために、「コーディング・シート」を用意して、そこへの転記を行い（「コーディング・シートへの転記」という）、それを見ながら入力することがある。ただし、作業が増えることで逆に入力ミスが増える可能性が高まるので、最近では省略することも多い。

3……データ入力

　データを入力する際には、任意の通し番号を表側におき、また質問項目を表頭に並べ、一票一票入力していく。

　欠損値は以下のように処理する。無回答（NA：No Answer）や記入漏れは"99"あるいは"9"を入力することが多い。また質問に対する対象者でない場合には"98"あるいは"8"を入力するなどコードを決めておく。なお、これらの数値や英字を除外して分析を行わないと、結果に変化が生じてしまうので（たとえば、99を含めて平均を出すと平均値が上がってしまう場合がある等）、PASW（旧SPSS）などで分析する際には欠損値を計算しないように「指示」をしてから分析を行わなければならない。（なお、無回答、記入漏れなどの処理は、コードを付けず空欄にする場合もある。）

表1　入力画面（例）

NO.	スクリーニング質問	問1	問2	問3	……
（任意の）1番目の調査票　1	1	1	1	2	1
（任意の）2番目の調査票　2	1	2	1	5	4
・					
・					

4……データクリーニング

　コンピュータへのデータ入力が完了したからといって、先を急いではならない。入力にミスがあるかもしれないからである。この入力にミスがないかどうかを確認する作業を「**データクリーニング**」という。有効回答数が多いことは非常にうれしいことである反面、それを扱う人間のミスが生じる可能性も高くなっている。また入力作業に不慣れな人を利用した場合や調査票の構造が複雑である場合にもミスが生じやすい。

　ミスがないことを確認する一番確実な方法は、同じデータを2回入力し、両者に違いがないか比較することである。違いがあれば、どちらかが入力ミスをしていることになる。それ以外の方法としては、目視検査（調査票と入力画面（あるいは印刷されたデータ）を目で確認する）、範囲検査（数値が規定値を越えていないか確認する）などがある。ミスが発見された時には調査票と照らし合わせて正しい値を入力し直す。

COLUMN ▼▼▼ 親子調査データの信頼性

これまで親子を対象とする調査が数多く行われてきたが、そこでは、親子のデータを比較しながら、その相違に着目する研究などが行われている。親子ペア調査の長所は、親と子のデータを併せることによって、単一のデータからでは明らかにできない家庭背景や階層差の問題などを解明できることだ。そのような分析をするためには親と子のデータを一致させなければならない。近年では苅谷ほか（2007）や藤田（2008）の親子ペア調査からみた階層差の研究や、耳塚（2007）の学力と家庭背景の分析、海野・片瀬（2008）高校生意識への家族の影響分析など、優れた調査研究が行われている。

表　親子の回答不一致

	年　齢	性　別	子ども部屋	朝　食
不一致親子数	124	75	209	129
不一致率	14.0%	8.5%	23.8%	14.4%
親子総数	886	886	880	891

しかしここで疑問に思うのは、果たして学校を通して行われた親子のデータは信頼できるものなのであろうかという点である。なぜならそのような調査の多くは調査票を児童・生徒が家に持ち帰り、親にやってもらう形で行なわれているからである。親は本当に調査票を持ってきた子どものことについて回答しているのであろうか。それとも他のきょうだいと間違えて回答してしまっているということはないのだろうか。

筆者はこのことを確認するため、本来親子で一致すべき属性などの同一項目の一致度を探ってみた。ある県の小学生と中学生およびその親を対象とした調査データを用いて分析をした結果、子どもの年齢に関して親と子が一致しないのは14.0%、子の性別が一致しないのは8.5%、子ども部屋の状況が一致しないのは23.8%、子どもの朝食のとり方で一致しないのは14.4%であった。全て一致する「完全一致親子」は全親子中55.2%に過ぎなかったのである。このことから親子調査では、親がその対象となる子どもの事柄について答えていない可能性があることが示唆されたのである。

【参考文献】
藤田武志，2008，「親と子どもの意識と行動―親子ペア調査から見た階層差」『上越教育大学研究紀要』27，pp.67-72.
苅谷剛彦ほか，2007，『教育改革を評価する―犬山市教育委員会の挑戦』岩波ブックレット.
耳塚寛明，2007，「学力と家庭背景」『青少年期から成人期への移行についての追跡調査研究 JJELS 第10集』お茶の水女子大学，pp.1-15.
海野道郎・片瀬一男編，2008，『〈失われた時代〉の高校生意識』有斐閣.

2-12 調査の実施方法②：インタビューの仕方

面接調査はどのようにしたらよいか

【キーワード】
構造化面接法、非構造化面接法、半構造化面接法、聞き取り調査、ラポール

1……… 面接法の種類

インタビュー（interview）の英語のつづりを見ると、inter＋viewで成り立っている。interは「相互に」、viewは「見る」という意味で、つまり「お互いに見る」というのがインタビューの語源である。人同士がお互いに相手を見るのがインタビューの元来の意味であるが、現在では2人かそれ以上の間での会話で、一方が他方に質問をして情報を得るために行われるものという意味で用いられている。

面接法（interview method）とは、「直接対象者と面接してデータを収集する社会調査の方法」（『新社会学辞典』p.1419）であるが、さまざまな面接法がある。面接法は、構造化面接法、非構造化面接法、半構造化面接法に分けられる。

構造化面接法（structured interview）とは、調査票に書かれた質問文を読み上げ、回答を記録するという形式で面接を行なっていく方法である。データは数量的に分析され、量的調査の分類に含まれる。多数のデータを用いて統計的分析を行なうエクステンシブ（extensive）な研究をしていく場合に用いられる。世論調査などで「個別面接聴取法」などと書かれている場合はこの方法が用いられている。構造化面接法は、**指示的面接法**（directive interview）と呼ばれることもある。

非構造化面接法（unstructured interview）とは、質問する大まかな事項だけが決められていて、質問内容や質問順序を臨機応変に変えて進め、調査対象者に自由に語ってもらう方法である。数量的に分析をすることは想定していないことが多く、質的調査の分類になる。少数の事例についてインテンシブ（intensive）に研究していく場合に用いられる。非構造化面接法は、**聞**

き取り調査や非指示的面接法（non-directive interview）と呼ばれることもある。

半構造化面接法（semi-structured interview）とは、構造化面接法と非構造化面接法の中間の面接法で、ある程度質問内容は決まっているが、状況に応じて質問を変更したり追加したりして、目標とするデータを収集する方法である。比較的自由に回答してもらうが、内容の分類方法や分析方法があらかじめ決まっていることが多い。

このように面接法といっても内容は様々である。調査目的によってこれらを使い分ける必要がある。

2……面接調査の手順

主に次のような手順で面接調査は進められる。
①調査主題の決定
②予備調査
③調査対象の決定
④事前のアポイントメント
⑤訪問
⑥インタビュー
⑦データの整理

以下、これらの内容ついて解説する。

(1) 調査主題（目的）の決定

調査の目的は何なのか明確にする。特に面接法が用いられる意味を考えながら調査主題を焦点化する。

(2) 予備調査（プリサーベイ）

調査主題に関する徹底した事前の研究により、調査主題に関する背景を理解しておく。そのために、一般的な文献資料（既存研究など）を収集・検討し、調査主題に関する入手可能な二次資料の収集と検討を行なう。これらの予備調査から、現地でのインタビュー主題を明確にし、インタビューガイド（質問項目）の作成をする。

(3) 調査対象（インフォーマント）の決定

情報を提供してくれる調査対象者を**インフォーマント**（informant）とも言う。調査目的に関して最適のインフォーマントは誰かを考慮し、選択・決定をする。調査目的の情報を有している当事者・担当者、利害関係者、対立

的立場の関係者、第三者など、誰が適切なのか考える。選択・決定の方法としては、現地での予備調査で対象者を決定したり、電話などで現地関係者から紹介を受けたり、第三者から紹介を受けたりして、適切なインフォーマントを選び出す。構造化面接法の場合は、無作為抽出法で対象者を選び出す。

(4) 事前のアポイントメント

電話や手紙などで調査趣旨の説明をし、適切なインフォーマントであるかどうかの確認をする。確認が取れたら対象者からの同意を得て、訪問日時などの打ち合わせをする。

(5〜6) 訪問・インタビュー

〈インタビューの手順〉

構造化面接法と非構造化面接法ではやや異なる部分もあるが、訪問後の一般的な手順は次のようなものである。

①調査者は自分の姓名を名乗り、所属・立場を明らかにする
②インタビューの趣旨・目的を説明
③プライバシーの保護、回答拒否の自由など、インタビュー実施上の約束を確認
④基本的属性を質問し、事実関係を確認
⑤本題に入る
　インタビューガイドに基づき質問し、回答してもらう。
⑥回答についての質問をする
　詳しく知りたい点・疑問点などを明らかにする質問を投げかける。分からない点は、もう一度よく聞き、その言葉の意味は何か、漢字でどのように書くのかなどを質問する。
⑦言い残したことを話してもらう
⑧回答の整理・内容の確認をする
⑨協力への感謝を述べる
⑩インタビュー終了後、次回のアポイントメントの確認などを行なう

〈質問の基本的内容〉

さて、質問の基本的内容であるが、以下のような点を聞く。

①対象者の基本的属性

氏名、性別、年齢(生年)、現在の居住地、同居家族、未既婚別、出身地(都市部、農村部)、学歴、職業(役職・立場[主題との関連])などであるが、これらは必要に応じて変更される。構造化面接法の場合、調査票

のフェイスシートに書かれている項目を最後に聞けばよい。
②研究主題に関する事項
　インタビューガイドや調査票に基づき質問。非構造化面接法の場合は、臨機応変に質問する。

〈留意点〉
訪問・インタビューの際に気をつけなくてはならないこと、補足することは以下の点である。
①時間の厳守
　始まりの時間、終わりの時間を厳守すること。遅れそうな場合は、必ず事前に連絡を入れて、それでもインタビューを引き受けてくれるかどうか確認する。また、インタビューを実施するとどうしても予定時間よりも長くなってしまうことがある。その場合は、相手の都合も考え同意を得る。
②身だしなみ
　必ずしもスーツを着なくてはいけないということではない。TPO（Time 時間、Place 場所、Occasion 場合）に合った身だしなみをする必要があるということである。つまり相手に不愉快な気持ちや緊張感を抱かせないと考えられる身だしなみが大切である。
③目的・趣旨の明確な説明による相手の理解と協力
　プライバシーの守秘や、結果の利用・発表形態などを話し、理解と協力が得られるようにする。
④謙虚な姿勢で臨む
　前もって知識を持っていると、どうしても意見などを言ってしまいたくなることもある。しかし対象者の話をよく聞いて、うなづきながら、「学ばせてもらう」「教えてもらう」といった態度が必要である。
⑤相手の立場と論理の尊重
　話を聞いていると矛盾することも出てくる。しかしとりあえず相手の論理に合わせて話を聞く。しかし、相手の論理に合わせても冷静に話を聞き、相手に飲み込まれないように注意する。
⑥質問の趣旨が明確に伝わるように
　質問の内容が相手に伝わるように、主題に関する事前の学習を十分に行い、主題に関する知識を蓄積しておく。
⑦質問の順序は相手の回答により、適宜現場で考えて組み立てていく
　構造化面接法の場合は質問の順序を入れ替えてはいけないが、非構造化

面接法の場合は臨機応変に質問の順番や内容を変えながら、深いところまで質問していく。
⑧回答内容が、主題と離れていく場合は、適宜戻すように努める
　高齢者などに聞き取りをすると、場合によっては主題と違った話になってくることがある。それはそれで重要な情報になることもあるのだが、あまりにも主題から離れてしまった場合には、主題に戻すようにする。
⑨回答が要領を得ない場合は、別の聞き方で質問するなどして、理解するように努める
⑩対象者では分からない内容については、適宜他の人を紹介してもらう
⑪質問内容に漏れがなかったかどうかを確認
⑫残った質問、新たに必要な質問がある場合は、次回のアポイントをとる
　非構造化面接法で調査を進める場合、1回で終わるとは考えず、プリサーベイを含め、最低2回はすると深い内容が聞き取れることが多い。
⑬関連する必要な記録・文書資料は一応遠慮なく請求したり、コピーさせてもらったりする
　調査によっては主題に関する資料などをインフォーマントが持っていることがあるので、そのような場合にはその資料を入手するようにする。

〈ICレコーダー・テープレコーダー等機器の活用〉
①録音をする場合は事前に相手の了解を必ず得る
②レコーダーに頼らず、ノートを取り、ノートの整理の際に活用する（録音記録ばかりに頼ると、要点が分からなくなる場合がある）
③録音内容は全て書き起こし文字にする
④場合によっては、施設や資料などの写真を撮っておくと後で参考になる

(7) データの整理
①自分が好ましいと思われる形のノートを選択し、記録する
　記録する紙としては、大学ノート、カード等が考えられる。近年はノートPCを使用する人もいるが、相手が構えてしまう場合は避けたほうがよいだろう。録音をしている場合でも必ず記録はとることが必要である。
②基本的事項の記入
　記録をする前にまず日時、場所、対象者名の記入をしておく。後になるとその記録が何であるかわからなくなってしまうことが多い。
③回答内容をできるだけ漏らさず記入する
④回答者の言葉で記入する

ある程度の要約はしかたがないが、なるべく回答者が使用した言葉で記入し、自分なりの解釈で書かないようにする。
⑤記憶・印象が鮮明なうちに整理する
　聞き取りをしたすぐ後は、覚えているだろうと思っていることでも、時間とともに印象が薄くなってくるものである。ノートをまとめたり、ワープロで整理をしたりして、鮮明なうちに記録を整理しておき、データ分析に役立てるようにしておく。

3……ラポール

　ラポール（rapport）とは、調査対象者と調査者との間の信頼関係や友好関係のことをいう。調査が客観的であることは大切だが、それを意識して機械的に対象者に接すると、相手との関係がうまくとれず、情報を収集することが困難になる。そのため調査では調査対象者とのラポールを形成することが重要になる。ラポールが形成され、対象者からの信頼が得られれば、積極的に情報を提供してくれたり、語りづらいことを語ってくれたりするようになることが多い。

　ではどのようにしたらラポールが形成されるのか。これに答えることは難しい。どの社会調査に関する書籍にも詳しくは書かれていない。これは、「どのようにしたら人間関係がうまくいくのか」という問いにも似ている。まずは TPO に留意するということであろう。Time（時間）、Place（場所）、Occasion（場合）、つまり時と場所、場合にあった行動やふるまいをするということが必要になってくると考えられる。相手の立場に立って、不快感を与えることなく、友好的な雰囲気をつくれるような状況を作り出せるかどうかがラポール形成の第1歩だといえよう。簡単にラポールは形成できるものではなく、ラポールは時間をかけて形作られるものであるともいえる。

　ただし対象者とあまりにも密接な関係を形成してしまうと、客観的な見方ができなくなることもある。このような状態をオーバー・ラポール（over rapport）という。対象者との信頼関係を築くことは大切なことだが、オーバー・ラポールになっていないかどうか注意する必要もあるので、ラポールというものは難しい。

【参考文献】
永野武, 2005, 「質的調査の実践」大谷信介ほか編『社会調査のアプローチ（第2版）』ミネルヴァ書房, pp.238-276.

2-13 調査データの整理②：フィールドノートの作成

フィールドノートを
どのように作成したらよいか

【キーワード】
フィールドワーク、フィールドノート、フィールドノーツ、インフォーマント

1………フィールドノートとは

　フィールドワーク（fieldwork あるいは field work）とは、「現地調査。対象となる現象が生じている現地において、データを蒐集する過程」（『社会学事典』p.753）で、「実地での現象の観察（参与観察などを含む）やインフォーマントとの面接、現場のことばの理解や習得（現地語だけでなく隠語などを含む）を通じて、現象を多面的に把握する調査採集者の実践」（同上）とされている。フィールドワークを行なう際に収集された文字の形にあらわされていないデータを含め、「記述」したものを**フィールドノート**（fieldnote あるいは field note）という。

　記述するためには記録する媒体が必要である。フィールドノートには「ノート」（＝書き留めること、記録、覚え書き）という単語が含まれているので、「ノートブック」をイメージすることが多いだろう。しかしフィールドで収集したデータを記録するための媒体はノートブックだけとは限らない。場合によってはPCに記録したフィールドのメモ書きなどもフィールドノートに含まれることがある。そう考えるとさまざまな書き留めの媒体が考えられるのだが、フィールドノートとして使用されるのはやはり紙が一般的である。

　フィールドノートを作成するために使用する用紙は、大学ノートやカードなどさまざまなものが用いられている。サイズも研究者によってさまざまで決まったものはない。あるフィールドワーカーは、手に持ちやすい普通の大学ノートよりかなり小さいB6のノートを使用している。また整理しやすさを考えてカードの使用を勧める研究者もいる。使いやすさ、場所、対象者、目的などに応じて自分で使いやすいものを選べばよい。

2………フィールドノートに記録すべき内容

　現地に赴いたらフィールドノートを作成するが、記録する内容は以下のようなものである。
　①日時、②場所、③調査対象者・参加者、④観察や聞き取った事実、⑤周りの状況、⑥感想や意見、⑦入手した資料一覧、⑧次の作業の参考になる事項、などである。
　フィールドノートを記録するには、まず日時、場所、対象者など基本的な情報を記入しておかなければならない。これを書いておかないと、後で記録を整理する際に情報を提供した**インフォーマント**（informant）は誰なのかなどがわからなくなってしまうことがあり、事実を誤認して報告書や論文を書いてしまうことになりかねない。
　現場で書くフィールドノートには、原則的に見聞きしたこと、感じたことのすべてを網羅的に書く。その内容は観察や聞き取った事実、周りの状況、感想や意見などに分けられる。フィールドノートに記入していく時には、箇条書きでも良いからある程度文にして書いたほうがよい。単語だけでは整理する際に、どのような意味で語られたのか、何のために記録したのかなどがわからなくなるからである。また印象に残ったり、記憶しておいたりしたほうがよいような周りの状況などはスケッチにして書いてもよい。
　場合によっては、その日の天気、現地の状況、対象者の服装、顔つき、部屋の色などを書いておくとフィールドノートを整理する際に参考になることもある。ポイントだけを列挙して記録しておくよりも、調査にとってあまり関係がないことも網羅的に記録しておくと、意外にその場の雰囲気を再現でき、記憶が鮮明になることもある。

3………フィールドノート作成の注意点

　最初の段階でのフィールドノートは内容や構成を吟味して書く必要はなく、書きなぐりのメモのようなものでかまわない。観察や聞き取り中にきれいなノートを作成することは困難であるし、書くことよりも見ること、聞くことに集中すべきだからである。結局、後で整理することになるので、自分でわかるように書いておくことが重要である。
　感想以外はできるだけ自分なりの内容理解や解釈をしない素直な記録にする必要がある。解釈などはフィールドノートを整理する段階で行なっていく。また固有名詞や地名など話を聞いただけではわからないものは、できるだけ

その場で漢字のつづりなどを確認しなくてはならない。後で確認しようと思っても意外と確認できないことが多いので、リアルタイムに恥ずかしがらず聞いてみることである。

　フィールドワークをする際に、聞き取りの記録としてICレコーダーやテープレコーダーなどの使用、またスケッチやイラストの代替としてデジタル・カメラやビデオの使用をすることもある。これらは記録する上でとても便利であるが、自分で書くことに意味があり、録音や映像記録ではわからない調査者が焦点化した事実に気づくこともある。録音や映像記録をとるとそれで記録した気になってしまうのも問題である。だから紙以外の媒体に記録を残す場合でも、必ずノート等に記録を残しておく必要がある。

　フィールドワークをしても、時間が経つにつれてその場の雰囲気などは忘れてしまう。せっかく貴重な現場に触れるのだから、現場を見たありのままの記録や感想をなるべく時間をおかずに残しておくようにしよう。

4………フィールドノートの整理

　フィールドノートは現地調査をしている最中に記述するが、メモ程度のものしかとれないので、現地から戻った後にメモや資料や記憶などを元に、現地の状況をできるだけ正確に復元する作業を行なう。フィールドノートを整理する作業は、できるだけ当日に行なわなくてはならない。記憶が鮮明なうちにまとめておかないと、現地の印象などは翌日には忘れてしまうことも多いからである。

　フィールドノートを整理するときには、その日一日に起きた出来事をその順番どおりに、できるだけ網羅的に記録することが望ましいとされている。フィールドにいると印象に残る出来事に注目しがちであるが、そうでない出来事に重要な意味が存在することもある。網羅的に記録することにより、自分の仮説を裏付けるのに都合のよい言動だけでなく、そうでない事象を発見することもあり得るので、自分の誤りに気づくきっかけにもなる。

　このようなフィールドノートの整理をすると、フィールドワークをした時間よりも場合によっては時間がかかることが多い。文字で記述するだけでなく、整理用のフィールドノートに写真や自分の書いたスケッチやイラストのコピーなどを貼っておくと見直したときの参考になるし、印象が蘇ることもある。

　整理したフィールドノートから以下のような手続きをふみ、さらにフィー

ルドノートを充実させる。

①調査目的を振り返る

　フィールドワークをした意味を考え、得られたデータから場合によってはもう一度調査目的を考え直し、修正する。

②分析枠組みを定める

　フィールドノートに繰り返し出現する事象や用語、重要だと考えられる現象や発言に着目する。場合によっては単語・文・文章などをコード化したりカテゴリ化したりして、キーワードとなる用語を用いて概念間の関連性などを考える。

③結果の解釈

　フィールドワークの結果から、観察したり聞き取ったりした社会的事実の記述をする。さらにそれに対する調査者の解釈を示し、それがその分野の先行研究とどう異なり、何が新しいのかなどを示す。

　フィールドノートの整理は、ただ単に出来事や会話の内容を忠実に記録するという作業ではなく、それらの出来事や会話が現地の社会生活および自分の理論的前提や仮説にとって、どのような意味を持つのかという点について考察を加えるという作業も含まれている（佐藤，2002，p.279）。その意味でフィールドノートを整理する作業は、目的を見直したり、分析方法を探ったり、考察を加えたりする社会調査全般にかかわる作業でもあるといえる。

5……フィールドノートとフィールドノーツ

　日本ではフィールドワークの結果を記録したものを、一般にフィールドノートと呼ぶことが多いが、佐藤（2002, pp.272-273）は「フィールドノート」ではなく「フィールドノーツ」という用語を使用することが適切であると述べている。英語では fieldnote と単数形で用いられることはまれで、fieldnotes（あるいは field notes）と複数形で用いられている。また「フィールドノーツ」の意味は、「調査地で見聞きしたことについてのメモや記録（の集積）」という程度のものなので、ノートだけでなく、グラスをのせるコースターの裏などをメモ用紙代わりにしたものや、PCを用いて保存した電子情報もフィールドワークに関連して書かれたメモ書きであればフィールドノーツと呼ぶため、フィールドノーツと呼ぶことを提唱している。

　佐藤によれば、どのようなメモや記録をフィールドノーツと呼ぶか一致し

た見解はないが、**フィールドノーツ**には4種類の資料があることを紹介している。

　①現場メモ……出来事が起こっている最中にメモ用紙、メモ帳、カードなどに書き込んだメモ

　②清書版フィールドノーツ……①などをもとに1日（あるいは数日）の間の観察や考察をまとめ清書した記録

　③聞き取りの記録（インタビューの最中のメモおよび録音テープを起こした記録を含む）

　④調査の最中につけた日記や日誌

　　以上のようにメモ程度のものから考察まで行なったものまで、フィールドノーツといってもさまざまなレベルのものが存在しているのである。ちなみに1992年に佐藤が指摘した後も、日本では現在でもフィールドノーツはフィールドノートと呼ばれることが多い。

【参考文献】

Emerson, R. M., Fretz, R. I. & Shaw, L. L., 1995, *Writing Ethnographic Fieldnotes*, University of Chicago Press.（＝佐藤郁哉・好井裕明・山田富秋訳, 2000,『方法としてのフィールドノート』新曜社.）
佐藤郁哉, 1992,『フィールドワーク―書を持って街に出よう』新曜社.
佐藤郁哉, 2002,『実践フィールドワーク入門』有斐閣.
見田宗介・栗原彬・田中義久編, 1988,『社会学事典』弘文堂.

COLUMN ▶▶▶ 『暴走族のエスノグラフィー』（佐藤郁哉）

若きフィールドワーカー佐藤郁哉（1955-）が、1年にもおよぶ参与観察を中心とした調査により、暴走族はなぜ暴走するのかを心理-社会-文化的視点から解明したのが、『暴走族のエスノグラフィー』である。

それまでマスコミ、学術文献、公的な刊行物は、「なんらかの理由で欲求不満や劣等感にさいなまれる社会からの『落伍者』（オチコボレ）」（p.14）の若者が暴走行為に走るのだという説明を行なってきた。しかし佐藤は「暴走族の若者と局外者との間をつなぐ通訳のような存在」（p.15）になって暴走族の内面世界を描き出し、「遊び手」であり「芸術家」でもある暴走族の側面を記述する。「カメラマンさん」として京都の暴走族グループ右京連合の集会に参加し、しだいに受け入れられていく。その参与観察を中心とした調査から、暴走中の「スピードとスリル」の意味、改造バイク、特攻服、グループ名の象徴的意味など「ファッションとスタイル」について、マスメディアと織りなす「ドラマとドラマ化」の様相などを分析する。

第2章「スピードとスリル」では、死のリスクを含む高速走行のもたらす快感と充実感について、アメリカの心理学者チクセントミハイ（M. Csikszentmihalyi 1934-）の「フロー」（flow：ある行為に完全に没頭しているときに感ずる包括的感覚）の概念を用いて説明している。

第3章「ファッションとスタイル」では、特攻服や改造車の限られた範囲内での創造性と規則性について、またグループ名の漢字には、力、悪、汚辱と醜怪、高貴と優美、乖離と流動などのテーマが含まれていることを分析している。

第4章「ドラマとドラマ化」では、マスメディアによる取材に対し受動的に対応しているのではなく、マスメディアを利用して自己ドラマ化の舞台として積極的に活用している状況を分析している。

暴走活動は、祭りやカーニバル的な「非日常性」の世界であり、若者がその中で身につけている「仮面」である。そのため、彼らが落ち着いていき青年期のマージナリティから抜け出て、一般市民に近づくとあっさりと仮面を取り外してしまう（暴走族の卒業）のである。

ぜひ一度はこの本を手にとってパラパラとめくってもらいたい。写真やイラストなどが資料として示されている。また暴走族のインタビュー内容や手記などは興味深く、このような社会調査もあるのだということを再認識させられるだろう。

【参考文献】
佐藤郁哉，1984，『暴走族のエスノグラフィー――モードの叛乱と文化の呪縛』新曜社.

3-0 シラバス

C科目
（基本的な資料とデータの分析に関する科目）

　社会調査士の資格を認定している社会調査協会によると、C科目は「基本的な資料とデータの分析に関する科目。官庁統計や簡単な調査報告・フィールドワーク論文が読めるための基本的知識に関する授業」となっている。その中で扱う内容は、「単純集計、度数分布、代表値、クロス集計などの記述統計データの読み方や、グラフの読み方、また、それらの計算や作成のしかた。さまざまな質的データの読み方と基本的なまとめ方。相関係数など基礎的統計概念、因果関係と相関関係の区別、擬似相関の概念など」を90分×15週で履修することが求められている。

【授業の目的】

　本科目では、官庁資料や簡単な調査報告、さらにフィールドワーク論文が読めるための基本的知識について学び、そうしたスキルを身につけることを目的とする。具体的には、(1) 単純集計、度数分布、代表値、クロス集計などの記述統計データの読み方や算出方法、(2) グラフの読み方および特性、さらに作成の仕方、(3) 質的データの読み方と基本的なまとめ方について学習する。また相関係数などの基礎的統計概念だけでなく、「関係がある」とはどのような意味なのかなどについても学び、本格的な統計分析や質的データ分析への橋渡しとなるように、具体的な集計や分析の手順に関する調査リテラシーを深めることを目指す。なお、適時SPSSなどの統計ソフトを利用する。

【授業内容】

　本章では社会調査士の資格取得のために必要なC科目の内容が全て学べるように以下の7項目を設定した。（　　）内は、社会調査士協会が求めている内容である。

1. 単純集計とはどのようなことをするのか（2回）
（記述統計データの読み方①：単純集計）

2. 回答の中心をどうやって見るのだろうか（3回）
   （記述統計データの読み方②：度数分布、代表値：平均等、ばらつき：分散・標準偏差等）
3. 関連性を知るにはどうしたらよいか①（2回）
   （記述統計データの読み方③：クロス集計などの記述統計データ）
4. 関連性を知るにはどうしたらよいか②（2回）
   （記述統計データの読み方④：相関係数などの基礎的統計概念、因果関係と相関関係、擬似相関）
5. 観察とはどんな調査方法なのか（2回）
   （質的データの読み方①：観察法）
6. インタビューとはどのような調査方法なのか（2回）
   （質的データの読み方②：インタビュー）
7. ドキュメントを分析するとはどういうことか（1回）
   （質的データの読み方③：ドキュメント分析）

1回目には、授業ガイダンスおよび分析を始めるにあたっての事前学習（分析の意味、変数の特徴、尺度等）が必要になる（3-1に収録）。また最後に試験を行い、全15回となる。

表　C科目の学習例

本章	協会の対応内容	カリキュラム 標準	カリキュラム 一部詳細	卒論他
3-1	記述統計データの読み方①：単純集計	1～2回目	1～2回目	○
3-2	記述統計データの読み方②：度数分布、代表値、ばらつき	3～5回目	3～5回目	○
3-3	記述統計データの読み方③：クロス集計	6～7回目	6回目	○
3-4	記述統計データの読み方④：相関係数、擬似相関	8～9回目	7～8回目	
3-5	質的データの読み方①：観察法	10～11回目	9～10回目	
3-6	質的データの読み方②：インタビュー	12～13回目	11～12回目	
3-7	質的データの読み方③：ドキュメント分析	14回目	13～14回目	
	試験	15回目	15回目	

3-1 記述統計データの読み方①：単純集計

単純集計とはどのようなことをするのか

【キーワード】
名義尺度、順序尺度、間隔尺度、比例尺度、単純集計、度数分布表

1………分析とは何か

　本章では、基本的な分析方法について学ぶが、そもそも「分析」とは、どのような作業なのだろうか。『広辞苑（第5版）』には、「ある物事を分解して、それを成立させている成分・要素・側面を明らかにすること」とある。つまり、なぜそのような状況が生じたのか（生じているのか）あるいは成り立っているのかという原因を明らかにすると言っても過言ではない。また社会調査では、「データ解析」という表現も見かけるが、解析とは「物事をこまかく解き開き、理論に基づいて研究すること」（同上）とある。

　このことから、社会調査における分析および解析では、調査で得た情報を詳細に分解していく作業が必要である反面（化学において物質を原子レベルに分解していくように）、そのこと自体が重要なのではなく、想定した理論・仮説をもとに分解した結果を再構築して整理し、最終的に解釈・判断を行うことに重要な意味を持っている。

　なお、社会調査の分析作業としては、①得られた情報を数値や図表を用いてまとめる段階、②最終的な解釈・判断という2段階を経ることになる。量的データの場合、第一の段階において単純集計、基本統計量、クロス集計、多変量解析等を用いて、得られたデータに固有の特徴や相関関係を見出してゆく。一方、質的データの分析に関しては、保健・福祉・医療の社会学では、データ（テキスト）のコーディングを工夫したグラウンデッド・セオリー・アプローチがとり入れられている。

2………データの特徴

　分析を始める前に、データの特徴についてよく理解しておく必要がある。

調査票調査では、コーディング（2-11 参照）によってすべてのデータに数値を割り振ると、すべての数字を同じように計算して扱えるような気になってしまう。しかしながら、「20 歳」、「21 歳」、「22 歳」などの数値は四則計算して平均値を求めることが可能であるが、「男性」、「女性」というもともと数値でないものを計算したらどうなるのだろうか。仮に、「男性＝1」、「女性＝2」と数字を割り当て、「男性 3 名と女性 2 名の平均は 1.4 です」というように計算したらどうだろうか。確かに計算は可能であるが、この平均は一体何を意味するのだろうか。そもそも、数学で「1＋1＝2」を疑う人はいないが、この場合、「1（男性）＋1（男性）＝2（女性）」ではない。つまり、男性が 2 人いても女性にはならないので、足し算をしてはいけないのである。

このように、数値で表された量的データの中でも、量としての意味を持つ「量的変数」と、量としての意味を持たない「質的変数」の 2 つが存在する[1]。表現を変えると、量的変数は数量的な計算が可能な変数であり、質的変数は、数値に数量的な意味がなく、計算ができない変数ということになる。

統計では変数の特徴から、①名義尺度、②順序尺度、③間隔尺度、④比例尺度（比率尺度）という 4 つに分類する。尺度とは、長さをはかる道具あるいは計量の基準をさすが、ここでは、「さまざまな性質を測定する基準」と理解すればよいだろう。

名義尺度　名義尺度は、男性／女性などのように、異なる分類カテゴリーを区別するためだけに数値を用いたものである。つまり、対象を区別・識別する符号・記号にすぎないので、数量としての意味を持っていない（すなわち、四則計算のいずれも意味をなさない）。都道府県をコード化した場合の「01 北海道、02 青森県、03 岩手県、……」というコード番号においても、同様である（青森県は北海道の 2 倍ではない）。名義尺度は相違を示すための任意の数字であるので、「男性＝1、女性＝9」でもまったく構わない。

順序尺度　順序尺度は数値の順序が意味を持っている。例として、成績（優、良、可、不可）、兄弟の生まれた順番、服のサイズ、料理の「特上、上、並」、かけっこの順番（1 等、2 等、3 等）などが挙げられる。数値が大きいほど

---

[1] 統計では、「変数」という言葉がよく用いられるが、大雑把に言えば、1 つの質問に対して「値が変化する」ので「変数」と呼ぶ。先の例では、性別をたずねられたときに、「ある人は男性／ある人は女性」と変化するので数ではないが、変数と呼ぶ。

意味を持つが、その間隔は一定ではない。つまり、お寿司の「特上と上の差 ≠ 上と並の差」であり、あくまで序列が示されているにすぎない。また、評定尺度（「非常に重要、まあまあ重要、あまり重要ではない、まったく重要ではない」等）は、順序尺度になる。

間隔尺度　距離尺度ともいう。間隔尺度は順序だけでなく、数値の間隔が数量としての意味を持っている。すなわち、そのカテゴリー間の足し算・引き算が可能で、しかもその大きさの比較ができる。しかしながら、比には意味がない。例えば、セ氏10度とセ氏5度の差は5℃であるが、セ氏5度の2倍がセ氏10度ではない。誤解されやすいので説明を加えるが、セ氏0度とは、水の凝固点を便宜的に0℃としたものであり、温度がまったくないという無の状態を意味していない。例としてはセ氏で表された温度の他、学年、体温などが挙げられる。

比例尺度　比例尺度は、間隔尺度に加えて絶対0点があるので、比にも意味が生じる。別の表現をとれば、無の状態が存在し、さらに無を0という数値で表せるものである。例えば、学習時間、年収（所得）、身長、絶対0度（セ氏-273度）などがそうである。比例尺度はすべての計算が可能である。

なお、4つの尺度の分類は、対象に固有のものではないので、以下の方法で考えていくとよい。また可能な計算についてまとめると表1のようになる。

1. 量や大きさを問題にしているか？
   NO　→ 質的変数 ＝ 名義尺度の変数
   YES→ 2へ
2. 順番に意味があり、かつ数値の差はそれぞれ一緒か？
   NO　→ 質的変数 ＝ 順序尺度の変数
   YES→ 3へ
3. 量が0である状態が存在するか？
   NO　→ 量的変数 ＝ 間隔尺度の変数
   YES→ 量的変数 ＝ 比例尺度の変数

表1　尺度と計算（岩井・保田，2007，p.11をもとに作成）

	可能な計算	使用できる集計方法
名義尺度	なし	度数、相対度数、最頻値
順序尺度	上下の比較のみ	上記＋中央値、累積度数
間隔尺度	足し算と引き算	上記＋平均値、範囲、分散
比例尺度	四則計算すべて	上記＋変動係数

3……… 単純集計

　調査票を回収した後、エディティング、（慎重な）データ入力、そして、スクリーニングを終え、いよいよ原因追求や詳しいデータ分析といきたいところであるが、その前に「単純集計」を行う必要がある。**単純集計**とは、言葉の通り、どのような項目にどれくらいの人が答えたのかを単純に集計していくこと（カテゴリー内の人数や件数を数えること）である。また選択肢のなかで各区間（たとえば、「男性」と「女性」など）に属する回答者数（ケース数）のことを「度数」と呼ぶが、それらの数値および割合を一覧表にまとめたものを「**度数分布表**」と呼び、この度数分布表の作成およびグラフの作成を含んでいる。

　度数分布表の作成は非常に単純であるが、度数の分布をよく観察しておくことが後のすべての分析において重要になる。実際、理論に基づいて分析することを強調したが、逆に「こういう結果になって欲しい」あるいは「こういう結果が出るはずだ」という期待や先入観で分析を行ってしまうと、せっかくのデータがすべて無駄になってしまう。個人的な考えを排して冷静に分析を進めるためにも、単純集計ならびにクロス集計をしっかり行わなければならない。

　なお、量的変数と質的変数では度数分布表の作成の仕方が若干異なる。質的変数のほうがつくりやすいので、先に説明する。

質的変数の度数分布表　表2は、満足度について尋ねた際の質的変数（この場合は順序尺度）についての架空のデータをもとに作成した度数分布表である。プレ・コーディングあるいはアフター・コーディングによって、すでにそれぞれの選択肢ごとに符号が付けられているので、それぞれの選択肢の回答者数を数え上げ、その度数をそのまま表に示せばよい。

表 2　度数分布表　　　　n＝50

	度数	相対度数 (%)	累積度数	累積相対度数 (%)	調整された相対度数[2] (%)
満　　足	10	20.0	10	20.8	20.8
やや満足	12	24.0	22	45.8	25.0
やや不満	18	36.0	40	83.3	37.5
不　　満	8	16.0	48	100.0	16.7
無 回 答	2	4.0	—	—	—
合　　計	50	100.0	—	—	—

　無回答も重要なデータなので、省略せずに示す。また右上の「n」は質問に対する回答者数（該当者数）を指すので、度数の合計とnの数字は同じでなければならない。また「相対度数」は、「（度数）÷（全体）」で求められ、基本的に全体を1としたときの割合を指す。ただし、度数分布表で示す場合には、便宜上（わかりやすくするために）、全体を100として計算した「相対度数（％）」を示すことが多い。一般に、小数第2位を四捨五入することが多く、また、相対度数の合計が99.9％になってしまう場合には、相対度数のなかで数値を改訂する必要がある。

　「累積度数」とは、上から順に（あるいは下から順に）その階級（カテゴリー）までに含まれるすべての度数を足したものであり、また相対度数を順に足したものが「累積相対度数」である。表2の累積度数をみたときに、満足とやや満足を足した「満足傾向を持つ人々」が全体の45.8％であること（全体の半数に達していないこと）がすぐにわかる。ちなみに、累積度数と累積相対度数は、順序に意味がなければつくる必要がない（つまり、名義尺度のときにはつくる意味がない）。また累積相対度数の計算に無回答は含まないので、全回答者のなかから無回答を除外した数（この場合は48）をもとに調整された相対度数を再度求め直した上で、順に足してゆく。また最後の項目の行でそれぞれMAXになるので（48と100.0）、無回答および合計の欄は「－」を記入しておく。

　なお、修正された相対度数は便宜上記載したものなので（累積相対度数の計算を示すため）、実際には書かない。

2　実際には書く必要はない。

量的変数の度数分布表　量的変数の場合は、プリ・コーディングによって事前に選択肢の幅が制限されていない限り、数多くの回答が記入されている場合が多い。たとえば、学習時間について被調査者本人が回答する際に、「1時間未満、1時間以上2時間未満、2時間以上」などとあらかじめ選択肢が用意されている場合と自由に任意の数字が回答できる場合とでは、集計する項目数がまったく異なってしまう。被調査者が自由に回答できる場合、すべての値について度数分布表をつくっても、役にたたない。この場合、一定の範囲のグループ（「階級」という）を設定し、それぞれの階級について度数をまとめて示す必要がある。

　なお、階級の個数に決まりはないが、多すぎてもまた少なすぎても分析がうまくできなくなるので、一般的には5～10程度設定するのがよいとされている。またどこで区切るかが非常に重要になるが、質問項目に合わせて自動的に決まるわけではないので、分析者がよく考えて設定しなければならない。そのため、意外と難しく、ある程度の試行錯誤が必要となる。階級を設定する際の注意点は以下の通りである。

A. すべてのケースが設定された階級内に収まるようにして、階級間においても重なりや隙間がないようにする。とりわけ、「未満」、「以下」、「以上」の使い方に注意すること。
B. 設定された階級は、いずれも一定であることが望ましい。なぜなら、度数の分布を見て全体のばらつきを知ろうとしているのに、ある階級の度数の集中が回答の集中のためなのか、それとも幅が広かったので結果としてたくさん収まってしまっただけなのかがわからなくなってしまうからである。
C. 区切りやすく、回答しやすい値（30分など）に回答が集まっている時には、階級の設定に注意を払う必要がある。そもそも、回答者は時間などについて尋ねられた場合には、正確な数値ではなく、「およそ」で簡略して答えることが多い。たとえば、徒歩19分や21分を「20分」と答える人も多い。それゆえに、20分をどちらかの階級に割り振ることは全体の分布を見誤らせる可能性があるので、この場合には、区切りが悪く、また回答が少ない数値を境界線に選ぶことが大切になる。

4………グラフ

　グラフは、視覚を利用して、度数の分布がひとめでわかるように（比較ができるように）するために用いる。それゆえに、グラフを見た瞬間に比較対象の大小あるいは増減などが直感的に判断できなければならない。逆に、錯覚を利用して意図的に誤解を生じさせるようなグラフは最悪のケースといえる。また複雑なグラフを描くことで見た人に誤解を招かせるようなことがないように気をつけなければならない。現在、エクセルで簡単にグラフを作成することができるが、見た目をよくするのではなく、見た人がすぐにわかるように気を配る必要がある。

　グラフを描く際には、何を比較したいのかによって適したグラフはおのずと決定する。ここでは、棒グラフ、折れ線グラフ、円グラフ、帯グラフ、ヒストグラムという代表的な5つのグラフを紹介する。

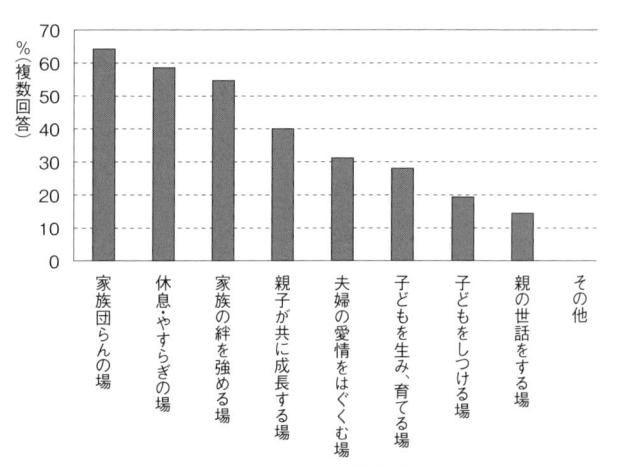

棒グラフ　棒グラフは、数量の大きさを棒の長さを使って比較する時に用いる。度数、相対度数など、大きさを比較する場合であれば、何でも使える。

図1　家庭の役割（内閣府「世論調査」より）[3]

3　図1、3、4は、内閣府「国民生活に関する世論調査」（平成21年6月）の結果をもとに執筆者が作成。

折れ線グラフ

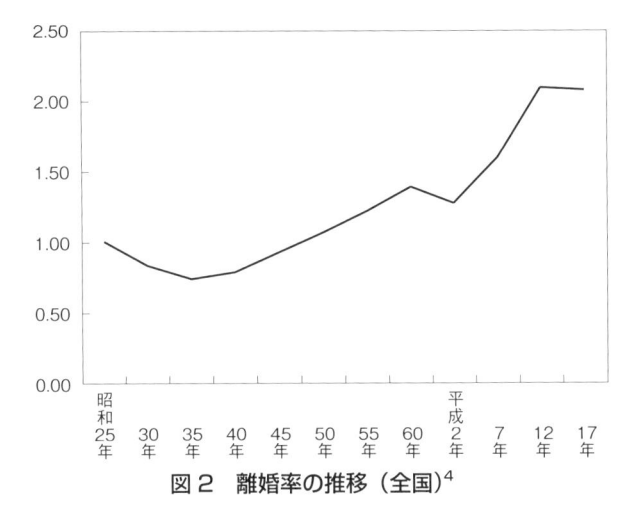

折れ線グラフは、線の傾きを用いて対象における変化の傾向（増減など）を表す。変化に注目せず、大きさを比較したいのであれば、棒グラフを利用する。なお、気候グラフ（雨温図）では、棒グラフと折れ線グラフを組み合わせて描いているが、大きさが重要である雨量は棒グラフ、月ごとの変化を示したい平均気温は折れ線グラフを用いている。

図2　離婚率の推移（全国）[4]

円グラフと帯グラフ　円グラフと帯グラフは、ともに全体に占めるそれぞれのカテゴリー（あるいは階級）の構成比（割合）を示すのに適している。円グラフは、時計と重ねるとイメージしやすいと思われるが、全体を4等分して針が「6（30分）」より進んでいるか進んでいないかで、全体の半数（50％）を超えているのか越えていないかということがすぐにわかる。また「3（15分）」あるいは「9（45分）」をまわっていると、全体の4分の1（25％）の人々がどのような回答をしたのかということがひと目でわかる。

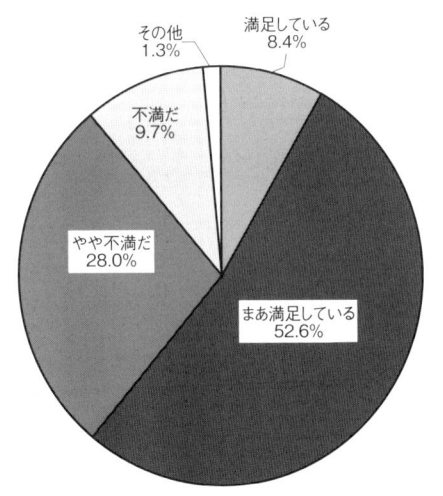

図3　現在の生活の満足度

4　『平成19年度秋田統計年鑑』より執筆者が作成。

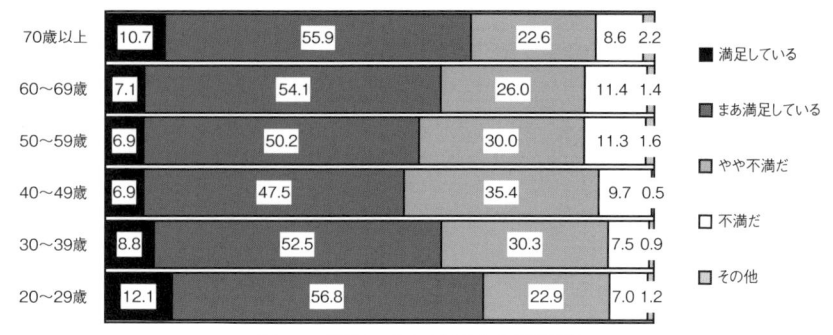

	満足している	まあ満足している	やや不満だ	不満だ	その他
70歳以上	10.7	55.9	22.6	8.6	2.2
60～69歳	7.1	54.1	26.0	11.4	1.4
50～59歳	6.9	50.2	30.0	11.3	1.6
40～49歳	6.9	47.5	35.4	9.7	0.5
30～39歳	8.8	52.5	30.3	7.5	0.9
20～29歳	12.1	56.8	22.9	7.0	1.2

図4　世代ごとにみる生活満足度

なお、帯グラフは、複数のグループ間でその構成比がどのように変わっているのかを比較するのに適している。

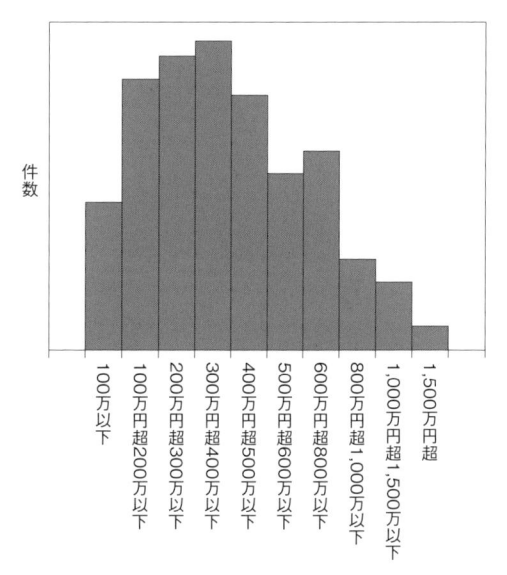

図5　平成18年階級別給与分布
（国税庁「民間給与実態統計調査」より）

ヒストグラム　ヒストグラムは、棒の面積によって連続した階級における度数を示すのに適している。棒グラフと比較すると、棒と棒のすきまをなくしてぴったりとくっつけただけに見えるが、その意味するところは全く異なっている。つまり、棒グラフでは長さが重要であったが、ヒストグラムでは棒の面積に意味があり、また隣りの柱の面積と合わせて見ることで、より広範囲の度数がひと目でわかるようになっている。

COLUMN ▼▼▼ 誘導的質問による回答の相違

　市町村などの自治体でなされている住民意識調査には、方法論上さまざまな問題があり、特に調査票のワーディング（wording：言葉遣い・言い回し）のミスが目立つことが指摘されている（大谷 2002）。場合によっては、行政が望むような回答を引き出すために作成されたと考えられる設問もある。さて、ここで筆者が実験的に行なった誘導的質問による回答傾向の相違について紹介する。調査内容は実際に内閣府で行なわれた調査の質問項目を使用した。学生 210 名に協力してもらい、2 種類の調査票を使用してその結果を検討した。

【事例 1：誘導的な質問文】
「社会の高齢化に伴い、介護サービスの分野において労働力が一層必要になるという考えがあります。労働力確保のため様々な取り組みを行なっていますが、介護労働分野への外国人の受け入れについて、あなたはどのように考えますか。」（2003 年内閣府調査）

　下線が誘導的な文だと考えられる。この文を入れたまま回答してもらったグループ（A）と、下線部を除いた質問文で回答してもらったグループ（B）を比較すると、「認める」と回答したのは A が 34.3％、B が 18.5％で、A のほうが「認める」とした学生が有意に多かった（$p < 0.05$）。最初の 1 文で介護労働者の必要性を訴えることにより、外国人労働者の受け入れを容認するような回答傾向が生じたものと考えられる。

【事例 2：誘導的な選択肢】
「高速道路の通行料金についてどのようにお考えですか。」（2001 年内閣府調査）（A：内閣府調査、下線あり、B：下線削除）
1. 適切な料金水準である（A：11.8％、B：5.6％）
2. 新たな整備、適正な管理を行なうためには、やむをえない料金水準である（A：67.7％、B：44.4％）
3. 高い料金水準なので、税金を投入してでも料金を下げる（A：15.7％、B：48.1％）
4. 通行量が減り渋滞が緩和されるのであれば、料金を高くしても良い（A：7.8％、B：1.9％）

　内閣府（A）の選択肢だと「やむをえない料金水準」が最も多く、誘導的な下線を除く（B）と「料金を下げる」が最も多いことが明らかになった（$p < 0.05$）。
　以上のように誘導的な質問文や選択肢を作成すると回答傾向が異なってくることがある。調査票（質問紙）で質問文や選択肢を作成する際には、十分注意しなくてはならないことを理解してほしい。

【参考文献】
大谷信介編，2002，『これでいいのか市民意識調査—大阪府 44 市町村の実態が語る課題と展望』ミネルヴァ書房．
篠原清夫，2004，「調査票調査のワーディングによる回答のバイアス」『人間科学論究』12，pp.221-229．

3-2 記述統計データの読み方②：度数分布と代表値

回答の中心をどうやって見るのだろうか

【キーワード】
最頻値、中央値、平均値、範囲、四分領域、標準偏差、分散、変動係数

　度数分布表などによって分布状況を確認した時には、一般に、変数はどこかの点を中心に多くの回答が集まっており、その中心からはなれていくにつれて徐々に回答が少なくなるという形で分布する傾向を持っていることが確認される（まれに逆のパターンもありうる）。それゆえに、度数分布表を描く代わりに、「代表値」（中心がどこにあるのか）と「ばらつき（散布度）」（中心からどの程度ちらばっているのか）を示すことで、全体のおよその分布を示すことができる。統計では、代表値とちらばりのことを「基本統計量」と呼んでいる。

1………代表値

　代表値とは、中心の位置を示す統計量のことであり、最頻値、中央値、平均値という3つがよく用いられる。

　最頻値［モード（mode）］：もっとも度数の多い回答カテゴリーまたは階級
　中央値［メディアン（median）］：回答を大きさの順に並べたとき中央にくるケースの値（回答者が偶数の場合、中央の2人の数値の平均）

　平均値［ミーン（mean）］：　$\bar{x} = \dfrac{\sum_{i=1}^{n} x_i}{n}$

　データが左右対称にきれいに分布した場合（これを「正規分布」という）、最頻値、中央値、そして平均値は、いずれも同じ値を取る。しかし、実際には、分布にはゆがみが生じるので3つの代表値が同じになることはほとんどない。それでは、図1を見たとき、どこが代表している中心だと考えるだろうか（最頻値＝200万円未満、中央値＝995万円、平均値＝1,680万円）。日頃、代表値としてよく用いられ、また利用しやすい「平均」が、思っている以上に偏っているところに位置していると感じた人も多いのではないだろ

うか。平均は、かなり少数でも、極端にかけはなれた値（「はずれ値」）がある時には、それに強く影響を受けるという傾向を持っている。たとえば、平均賃金は高所得者や低所得者が1人でもいると大きく変化する。つまり、平均とは、全体において天秤の左右のバランスがつり合う「重心」ととらえることができる。

また、最頻値は、もっとも多い回答以外の分布についての情報が反映されていないとはいえ、「多数を占める」ものが集団を代表するという意味で、日常生活においてわたしたちがよく見たり、行ったりしているものである。市長や知事を選ぶ選挙は、最頻値を利用しているものといえる。そして、中央値は、（回答を順番に並べた際の）真ん中付近の回答から計算されるので、平均のようにはずれ値の影響を受けない反面、逆にデータ全体の情報をまったく反映していない。とはいえ、収集したデータが偏った分布をしている場合には、最頻値よりも実態をより反映した代表値になることは多い。

このように、代表値の算出は非常に簡単である反面、どれを採用するのかという判断が極めて難しいといえる。それぞれの特徴をしっかり理解して、目的に応じて適切に利用することが重要になる。

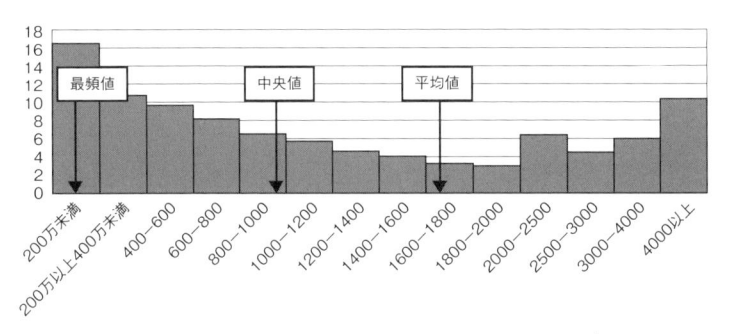

図1　貯蓄現在高階級別世帯分布（平成20年）[1]

2……ばらつき（散布度）

ばらつきは、回答のちらばり方をみるものである。ちらばり方（散布度）が小さい時には、すべてのデータは代表値に近い傾向を有していることになり、とりわけ、平均や中央値を「普通（一般的）」と考えることができる。

---

[1] 統計局（『家計調査年報』）のデータをもとに、執筆者が作成した。

他方、ちらばり方が大きいというのは、回答がばらばらに広がって散らばっていることを意味している。ちらばり方を示す方法として、範囲（レンジ）、四分領域、標準偏差、分散、変動係数がある[2]。

範囲（レンジ）　範囲（R）とは、文字通り、数字の範囲である。ただし、「○以上△未満」というような、最小値から最大値までの数値を示すのではなく、その幅（区間の大きさ）を示す。そもそも、中心は代表値によって示されるので、範囲は、どの位の幅があるのかを示すことが重要になる。

$$R = 最大値 - 最小値$$

四分領域　四分位偏差あるいは四分偏差ともいう。四分領域（Q）は、全体を4等分したことを前提に計算し、中心（中央値）からどの程度離れれば、分布の端までの半分になるかを表している。すなわち、データの3/4番目（下から数えて75％）にある値（Q_3）からデータの1/4番目（下から数えて25％）にあたる値（Q_1）を引いて2で割った値のことである。

$$Q = \frac{Q_3 - Q_1}{2}$$

以下の任意の13個の数字で具体的に表現する。

```
   1  3  4  5  9  10  12  13  14  15  16  16  17
            ↑          ↑           ↑
            Q₁      中央値(Q₂)     Q₃
```

$Q = \{(Q_3 - Me) - (Q_1 - Me)\} \div 2 = (Q_3 - Q_1) \div 2 = (15 - 5) \div 2 = 5$

　四分領域は「箱ひげ図」（図2）を用いることで、よりわかりやすく示すことができる。その特徴は、(1) 一組のデータの中心（中央値）とばらつきを示すために5つの統計量をセットにして示すことができること、(2) 分布の中心、ばらつき、歪みなどの情報を含んでいるので、ほぼ分布の全体像をイメージすることができること（2つ以上のデータの分布の比較をすると、より効果的になる）、(3) 分布の山が2つ以上ある時にはその様子は反映されないことである。

---

[2] ちらばりを見る5つの方法は、基本的に間隔尺度あるいは比例尺度でなければならない。ただし、まれに順序尺度でも意味を持つ場合がある。

標準偏差 偏差とは、〈個々の値 − 平均〉の値のことをいう。つまり、標準偏差 (s) とは、個々の値が平均値からどれくらい離れているのかを示すものであり、標準偏差の値が大きいほどちらばりが大きい。

$$S = \sqrt{\frac{\sum_{i=1}^{n}(x_i - xの平均値)^2}{n}}$$

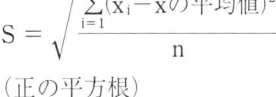

（正の平方根）

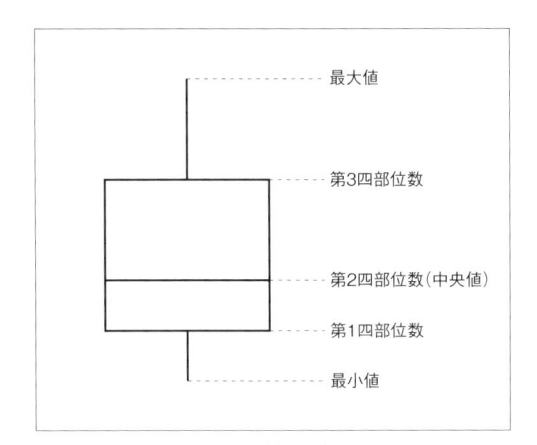

図2 箱ひげ図

（最大値、第3四分位数、第2四分位数（中央値）、第1四分位数、最小値）

①それぞれの値から平均値を引く（平均からの距離を測る）。
②それぞれの距離を二乗したのち、すべてを足す。
③平均からの距離の総和が出たので、総数 n 個で割る。
④（②で二乗しているので）正の平方根を求める。

分散 分散とは、標準偏差を求める際に求めた平方根を求める前の値、すなわち、〈s^2〉の値のことである。量的データにおける「ちらばり」の程度をあらわすもっとも一般的な集団特性値といえる。分散の値が大きいほど「ちらばり」は大きい。なお、一般には〈n〉の代わりに〈n−1〉で割ることが多く、この値のことを不偏分散と呼ぶ。これは分散を推測統計のための推定値に用いる際に、わずかなずれが生じるためである。

$$S^2 = \frac{\sum_{i=1}^{n}(x_i - xの平均値)^2}{n}$$

変動係数 標準偏差はわかりやすい反面、欠点も持っている。すなわち、標準偏差は平均値が大きいほど大きく、小さいほど小さくなる傾向を持っているので、2つのグループ間で比較を行うときには、そのままでは比較の指標にはならない。そこで、両者のちらばりを比較するためには、標準偏差を平均値で割った値を用いる。これが変動係数（CV）である。

$$CV = \frac{s}{平均値}$$

3-3 記述統計データの読み方③：クロス集計

関連性を知るにはどうしたらよいか①

【キーワード】
クロス集計、行、列、セル、パーセント

1……クロス集計で関連性をみる

単純集計結果を見たり代表値などをじっと眺めたりして、データの傾向を把握することは大切なことである。しかし、社会調査データを読み取るためには、それだけでは済まないことが多い。なぜなら仮説を検証する作業があるからだ。立てた仮説を検証するためには、1つの変数を眺めるだけではできない。一般に仮説は、ある変数とある変数との関連性を明らかにしようとして立てられるものだからである（2-4参照）。

たとえば「性別」という変数と、「男は仕事、女は家庭」という性別役割分担意識の関連性を明らかにしたいとする。この場合、表1のようなそれぞれの度数分布を見て、「男性のほうが多い」「反対とする人のほうが多い」というデータからは当然、2つのデータの関連性を明らかにすることはできない。このような属性と意識や態度などとの関連性をみるためには**クロス集計**（cross tabulation）をする必要がある。

表1　性別と役割分担意識の度数分布表

	人数	%		人数	%
女性	118	39.2%	賛成	114	37.9%
男性	183	60.8%	反対	187	62.1%
計	301	100.0%	計	301	100.0%

性別と役割分担意識の関連性を知るためには、女性で賛成は36人、男性で賛成は78人などと人数を出して表2のような表を作成していく。ここでは横軸に性別が入っている。この横軸を**行**（表側）と呼ぶ。一方、賛成・反対の意識を縦軸にとっている。これを**列**（表頭）と呼ぶ。この行と列を交差させたのがクロス集計表である。そして数値が入っている枠の中を**セル**（cell）

という。

2……クロス集計と％

さて表2から何か関連性や傾向は読み取れるだろうか。「男は仕事、女は家庭」という考え方に「反対」は男性105人、女性82人だから、「男性に反対が多い」と言えるだろうか。「賛成」をみると男性78人、女性36人でこれも男性のほうが多いという結果になる。「性別役割分担に賛成する人、反対する人ともに男性の方が多い」というデータの読み方で果たしてよいのだろうか。どうみてもおかしいことに気づくことだろう。

そこで％を求める必要が出てくる。しかしクロス集計の％の計算をする場合、意外と間違いを起こしやすい。％の求め方には3種類があるからだ。表3のように行（横軸）を100％とする方法、表4のように列（縦軸）を100％とする方法、表5のように全体の合計を100％とする方法である。皆さんはどの方法が適切だと考えるか。いずれの％も表2から作成したものだから、計算結果に誤りはなく事実である。

行を100％にとった表3をみると、「反対」の割合は、女性69.5％、男性57.4％で女性のほうが高く、「賛成」は女性30.5％、男性42.6％で男性のほうが高い。

列を100％にとった表4をみると、「反対」の割合は、女性43.9％、男性56.1％で今度は男性のほうが高い。しかし「賛成」をみると女性31.6％、男性68.4％でこれも男性のほうが高い。

表5の全体を100％とする方法とは、全体の合計301人中女性で賛成は36人だから36÷301＝0.120、全体の12.0％が女性の賛成者であるという計算のしかたである。この場合、

表2　性別と役割分担意識（人数）

	賛成	反対	計
女性	36	82	118
男性	78	105	183
計	114	187	301

表3　行を100％

	賛成	反対	計
女性	30.5％	69.5％	100.0％
男性	42.6％	57.4％	100.0％
計	37.9％	62.1％	100.0％

表4　列を100％

	賛成	反対	計
女性	31.6％	43.9％	39.2％
男性	68.4％	56.1％	60.8％
計	100.0％	100.0％	100.0％

表5　全体を100％

	賛成	反対	計
女性	12.0％	27.2％	39.2％
男性	25.9％	34.9％	60.8％
計	37.9％	62.1％	100.0％

「反対」の割合は、女性27.2%、男性34.9%で男性のほうが高く、「賛成」をみると女性12.0%、男性25.9%でこれも男性のほうが高い。

つまり表3から表5は％の求め方の違いによってデータの解釈が変わってくる。同じ数値から求めた％なのに解釈が異なってしまうのは問題である。では、どのデータの読み方が正しいのか。

それを明確にするには、何のためにこのクロス集計表を作成したのかということを振り返ることである。そもそもこのクロス集計表は、「男は仕事、女は家庭」の意識には男女による違いがあるかどうかを知りたいために作成したものである。そうであるならば男女を比較するためには、男女を同じ土俵の中で比較しなくてはならない。男女の合計人数に違いがあっても比較できるようにする必要がある。つまり、男性100％中何％が反対で、女性100％中何％が反対であるかの割合を見なくては比較にはならないのである。そうすると、この場合表3のように行を100％としてとった％を見ることが適切であることがわかる。

今回のクロス集計表の場合、行を100％にとった％の見方がふさわしかったのだが、いつも行を100％にとった結果が適切だとは限らない。列を100％にしたほうがよい場合もあるし、全体を100％とした場合がよいこともある。

3………クロス集計の計算方法

さてクロス集計をコンピュータで計算したい場合、Excel2010を用いる時には、データを入力したら、「挿入」タブから「ピボットテーブル」をクリックし、「ピボットテーブルの作成」で使用するデータの範囲を指定する→「OK」→「ピボットテーブルのフィールドリスト」の中の「行ラベル」「列ラベル」「値」にそれぞれの変数をドラッグ＆ドロップ→「値フィールドの設定」で正しい集計方法を選択（データの個数など）→「OK」でクロス集計表を作成することができる。ただし、％はその実数からまた計算しなくてはならない。

またSPSSでは、データを入力したら、「分析」→「記述統計」→「クロス集計表」→「行」「列」に変数を選択→「セル」をクリックし「パーセンテージ」を求めたい「行」「列」「全体」にチェック→「続行」→「OK」で実数と％まで求めることができる。

4………データ入力確認のためのクロス集計

　クロス集計の別の使用法について若干説明しておこう。基本的にはある変数間の関連性を見ていく場合に使用するのだが、入力データに誤りがないかどうかを確認するために使用することもできる。大量のデータをコンピュータに入力する作業をすると、データ入力に誤りがあったり、データに論理的矛盾が発生したりすることがある。

　たとえば、以下のような質問項目があったとする。

Q1. あなたふだん自分の住んでいる地域の公立図書館を利用していますか、していませんか。

　　1. 利用している　　2. 利用していない

SQ. Q1で「2. 利用していない」とお答えした方だけにお聞きします。あなたはなぜ地域の公立図書館を利用しないのですか。次の中から最もよく当てはまるもの1つを選んでください。

　　1. 読みたい本の種類が少ないから
　　2. 住んでいる場所から遠いから
　　3. 利用の仕方がよくわからないから
　　4. …………

　Q1の図書館利用に関して「1.利用している」と答えた人は、このSQに回答してはならないはずである。このような論理的に誤った回答がないかどうかを確認するために、この場合Q1とSQのクロス集計をしてみて、もし「はい」という人がSQに回答している人が1人でもいたら、それは論理的な誤りであるわけだ。このような場合、もう一度調査票と照らし合わせ、データの入力ミスであるかどうかを確認する必要が生じる。もし入力ミスであればSQのデータは削除する作業を行い、入力ミスでなく調査票がそのようになっていた場合は、調査票への書き込みミス、あるいは調査員のミスなので、それを確認する必要がある。このようにクロス集計には補足的な使用方法もあることを覚えておくと、データ・クリーニングの際に役立てることができる。

　クロス集計は調査票調査のデータを用いて関連性を分析していく際、もっともよく使用される方法なので、データの読み方の基本をきちんと理解しておきたい。またさらに言えば、クロス集計結果で統計学的に差があると言えるのかどうかを検定する方法（χ^2検定）や、関連の強さ（属性相関係数）についても理解しなくてはならないが、それは4-10で扱うことにする。

3-4 記述統計データの読み方④：相関係数、擬似相関

関連性を知るにはどうしたらよいか②

【キーワード】
相関係数、相関関係、因果関係、独立変数、従属変数、擬似相関

1......相関係数とは

クロス集計は、「性別」という属性の変数と、「男は仕事、女は家庭」という意識の変数の関連性を明らかにしたいとするために用いられたが、たとえば「月収（円）」と「体重（kg）」との関連性をみたい場合にもクロス集計がよいのであろうか。クロス集計を描いてもよいが、あまり意味がないことが多い。月収は1円単位で考えられ、体重も 0.1 kg 単位だから、そのままのデータを使ってクロス集計表を作成すると表1のようになる。

各セルには1人ずつしかおらず、この表は関連性をみるには適切だとはいえない。ではどうしたらよいだろうか。このような数量的なデータ（＝量的変数：4-2参照）の場合、関連性を知るには2つの方法が考えられる。

1つはある範囲を設けてデータを集計し直し、クロス集計するという方法である。たとえば、体重は40kg以上〜50kg未満、50kg以上〜60kg未満……とし、月収は10万円未満、10万円以上〜15万円未満、15万円以上〜20万円未満……というようにカテゴリに分けて集計し直してクロス集計表を作成するという方法である。ただしこの方法は、元のデータを分類し直す手間がかかる。クロス集計を初めから考えていたのであれば初めからカテゴリに分けてデータを収集したほうが効率がよいはずである。手間をかけてデータを分類し直すのは少々面倒だ。またカテゴリに分けてクロス集計する方法にはもう一つの弱点がある。それはせっかく 0.1kg、1円単位でデータを収集したのに、その細かい数値が生かせないという点である。カテゴリに分けてしまうと40.0kgの人も49.9kgの人も同じ分類になり、10kg近くの差があっても同じになってしまう。しかし49.9kgと50.0kgの人は0.1kgしか違わないのに違ったカテゴリに分類されることになる。数量的なデータの元の数値を生か

表1　月収と体重のクロス集計表

体　重 (kg)

月収(円)	42.3	44.5	48.2	50.1	52.6	54.9	55.7	58.5	60.2	63.4	…
113,500	1										
135,689		1									
136,570							1				
138,562			1								
145,230									1		
146,120					1						
147,010						1					
147,900		1									
148,790								1			
149,680					1						
150,570											
151,460											
166,800											
168,480											
170,160											
171,840				1					1		
173,520							1				
175,200											
187,331											
⋮											

して2つの変数の関連性を知ることはできないだろうか。このような場合に適切なのが**相関係数**（correlation coefficient：r）を求めるという方法である。

　相関係数とは、数量的データの関連性の強さをみる指標で、一般にrで表す。社会調査報告書や論文などにr＝0.000などと書いてあったら、それは相関係数の数値である。相関係数にはさまざまなものがあるが、単に相関係数と言ったら、普通はピアソンの積率相関係数（Pearson product-moment correlation coefficient）のことをさす。相関係数は計算した値から数量的なデータの関連性の強さを判断できる便利な数値である。その求め方は4-9で学ぶので、ここでは調査報告書などで相関係数が出てきた場合の読み方について説明していく。

2……相関係数の読み方

相関係数は −1 から +1 までの値をとる（−1 ≦ r ≦ +1）。つまり +1 より大きくなったり、−1 より小さくなったりすることはない。相関関係には以下の3つが考えられる。

①正の相関（相関係数 r ＞ 0 つまり ＋）
②負の相関（相関係数 r ＜ 0 つまり －）
③相関なし（相関係数 r ≒ 0 つまり 0 に近い）

①正の相関とは、変数 X が増えると変数 Y も増える関連性である。たとえば、数学と物理のテスト結果には正の相関がみられる。数学の成績が良い学生は、物理の成績も良い傾向にあるだろう。これは正の相関である。

②負の相関とは、変数 X が増えると変数 Y が減る関連性である。たとえば、各国の経済成長率と失業率には負の相関があることが知られている。経済成長率が低い国ほど失業率が高い傾向にある。

③相関なしとは、変数 X と変数 Y に直線的な関連性がない場合である。たとえば、大学入学試験での成績と現在のアルバイトでの収入にはおそらく相関はないだろう。

さて関連の強さについてであるが、相関係数は絶対値が大きいほど関連が強いということができる。相関係数が 0.5 より 0.8 のほうが関連が強いということができ、−0.5 より −0.8 のほうが関連が強いといえる。

相関係数の関連の強さを判断する際に、絶対値が 0.7～1.0 の場合は「強い相関がある」、0.4～0.7 の場合は「かなり相関がある」、0.2～0.4 の場合は「やや相関がある」、0.0～0.2 の場合は「ほとんど相関がない」などの目安が用いられることがある。ただし、データ数によって相関係数の持つ意味が異なってくるので絶対的なものではない。

図1と図2は A 村と B 市住民の身長と体重データを収集し散布図にしたものである。図1は各個人のデータの分布状況が右上がりの直線的な傾向がみられる。つまり身長が高い人は体重も重い傾向にあることがわかり、正の相関関係がみられる。図2は図1と比べ全体的に散らばっており、身長と体重にはあまり明確な関連性はみられない。それぞれ相関係数を求めると、図1は r ＝ 0.908 で、図2は r ＝ 0.532 となっている。このことから、A 村のデータのほうが身長と体重に強い相関がみられるということができる。

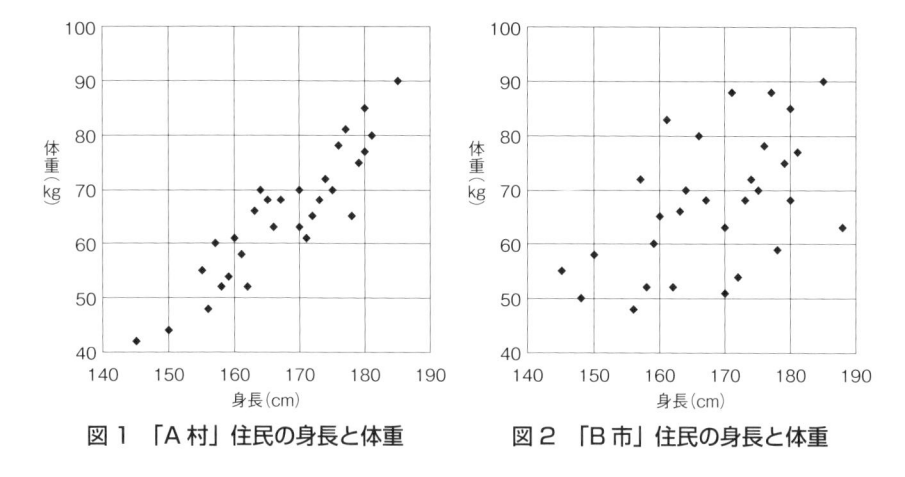

図1 「A村」住民の身長と体重　　　**図2 「B市」住民の身長と体重**

なお負の相関の場合には、散布図を描くと右下がりの分布状況がみられ、相関がない場合には、全体的に散らばっている散布図となる（4-9参照）。

3………相関関係と因果関係

先ほど相関について触れたが、関連性のあり方には**相関関係**（correlation）と**因果関係**（causal relation）とがある。

相関関係とは、2つ変数の間に関連性があるが、どちらがどちらに影響を与えているかはわからない関連性である。先ほどの数学テストと物理テストの例を挙げれば、数学ができるから物理ができるのか、物理ができるから数学ができるのかはわからない。このような場合には相関関係と呼ぶ。

因果関係とは、一方が他方に影響を与えていると考えられる関係である。たとえば、親の経済力と子どもの学力とには関連があることが知られている。親の経済力が高い家では、子どもの教育に対してお金を使うことができる。子どもは塾や予備校などに通うことができ、そのため学力が高まる。これは親の経済力が子どもの学力に影響を与えている例であり、逆の関連性は考えられない。子どもが勉強ができるから親の給料が高くなることはあり得ないのは容易にわかるであろう。この場合、親の経済力と子どもの学力は因果関係にあると言えるのである。

ふつう因果関係を説明する場合、**独立変数**（independent variable）と**従属変数**（dependent variable）という言葉が用いられる。独立変数とは、原因や条件となる変数のことで、従属変数とは結果となる変数のことである。

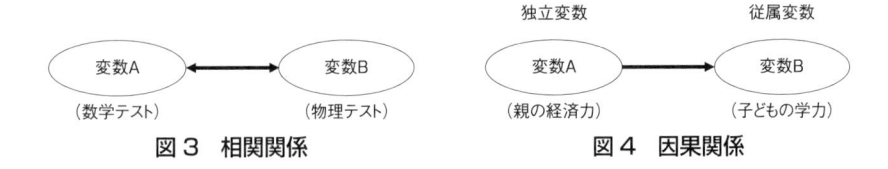

```
   変数A ←→ 変数B           独立変数        従属変数
  (数学テスト) (物理テスト)      変数A    →    変数B
                           (親の経済力)    (子どもの学力)
     図3  相関関係              図4  因果関係
```

先ほどの例の場合、親の経済力が独立変数となり、子どもの学力が従属変数となる。なお、独立変数を説明変数、従属変数を被説明変数と呼ぶこともある。

4……擬似相関・擬似関連とは

擬似相関（spurious correlation）とは、2変数間に本来何の関連性もないのに、他の要因によって結果的に両者の間に相関があるように見えることをいう。擬似関連とは、擬似相関だけでなく擬似的な因果関係をも含めた、やや概念を広げたものといえる。

「風が吹けば桶屋が儲かる」という言葉がある。意外なところに影響が出ることのたとえである。風が吹くと埃が立って目を病む人が増える。かつて視覚障害者は門付けになる人が多かった。門付けとは軒先に立って三味線を引き、金品をもらって歩く商売である。視覚障害者が増えれば、猫の皮で作られる三味線の需要が増える。原料である猫が減るとネズミが増える。ネズミが増えると、木でできた桶をかじりだめにする。そうすると桶が売れるから桶屋の収入が増えるのである。

「風が吹く」ことと「桶屋が儲かる」ことには直接何の関連もない。しかし、途中に「視覚障害者の数」「三味線の需要」「ネズミの数」などの変数が入り込むことによって、あたかも「風」と「儲け」に関連性があるように見えるのである。このような「風」と「儲け」は擬似関連ということが言える。

別の例を挙げてみよう。小学生の体重（kg）と算数のテスト結果（点）のデータを収集したところ、正の相関関係がみられた。果たして体重が重いほど算数ができるのか。実は第3の変数の影響があるのである。ここで小学生といったが、小学1年生から6年生までのデータを収集してこの結果を得たのである。体重は年齢が高くなるほど重くなり、算数のテスト結果は全学年全く同じテストをすれば年齢が高くなるほど高くなる。つまり、体重と算数テストは直接的な関連があるのではなく、年齢という第3の変数の影響を受けていたのである。この「体重」と「算数テスト」は擬似相関だと言える。

社会調査データを見たり分析したりする際には、相関係数の絶対値が大きくても、それらに影響を与えている第3の変数がないかを考えてみる必要がある。場合によっては直接的な関連性がみられない可能性もある。擬似関連が考えられる場合は、偏相関係数を求めたり、変数のコントロールをしたりする操作が必要になってくるが、それについてはD科目の4-9や4-12で詳しく学習する。

【課題】
　「1世帯あたりの子どもの数のデータと、住居の広さのデータとを収集し分析したところ、正の相関がみられた。少子化対策には住居の支援が必要である。」このような調査結果報告があった場合、疑問に感じる点をここで学んだ言葉を用いて説明してみよう。

COLUMN サザエさんと株価の関係

テレビアニメ「サザエさん」は1969 (昭和44) 年から現在も放送されている国民的長寿アニメである。見たことがないという人はほとんどいないのではないだろうか。

さて、大和総研の分析によると、日曜6：30pmから放送されている「サザエさん」の視聴率が上がると株価（東証株価指数）が下がり、「サザエさん」の視聴率が下がると株価が上がる法則があるという。その相関係数は－0.86という強い負の相関を示しており、ニューヨーク株式市場の株価指数と東証株価指数の相関係数0.56に比べても絶対値が大きく、アメリカの株価との関連よりも関連性が強いといえるそうである。

なぜ「サザエさん」の視聴率が上がると株価は下がるのか。その理由はこうである。景気が良い時は日曜日に家族で外出する機会が増え、外食などもし、その時間帯に放送される「サザエさん」を見なくなるからである。なるほど、日曜夕方は週末最後の家族サービスの時間だし、独身者にとっては明日の鋭気を養うための時間でもある。その時間帯に家でしみじみと「サザエさん」を見ているのは、使うべきお金がないからかもしれない。

ただし、「サザエさん」と「株価」の関連性はいわゆる擬似相関であり、直接的な関連性があるわけではない。当然のことながら「景気の良し悪し」が「サザエさん」の視聴率と「株価」に影響を与えているのであって、株価が上がったから皆がサザエさんを見なくなったり、皆がサザエさんを見るようになったために株価が下がったりという関連性はないのである。その意味で擬似相関だと言えるのである。

ちなみに大和総研は「歌手ドリームズ・カム・トゥルーの人気と株価指数が比例する」ということも発表している。その中で、「身近で希望を持てるドリカムの歌詞が、景気上昇期の前向き心理と一致するのでは」と分析している。しかし、これも擬似相関と言えるだろう。

これらの例は厳密に言えば擬似相関ではあるが、このような視点で社会事象を眺めることは興味深く、社会や経済を考える上では面白い分析だと言えよう。

景気が悪く就職難の時代、株価上昇のためにあなたは「サザエさん」を見ないようにしますか？

【参考文献】
吉野貴晶，2006，『サザエさんと株価の関係─行動ファイナンス入門』新潮社.

COLUMN
▼▼▼ 『ハマータウンの野郎ども』（P・E・ウィリス）

　学校とはどのような機能を果たすのか。一般的には子どもたちは教育を受けることにより、社会的地位を変えることができる機会を与える機関だと考えられている。つまり学校は生得的地位が重要視されるわけではなく、獲得的地位が意味をなす社会を作り出す機能を持つと思われている。しかし、その学校というシステムが社会的地位を維持させ、労働階級を再生産させているというパラドックスについて、イギリスの社会学者 P.E.ウィリス（Paul E.Willis）が非構造化面接法を中心にしたフィールドワークで明らかにしたのが『ハマータウンの野郎ども』である。

　ウィリスの疑問は、「労働階級の子どもたちは、総じて、労働階級の職務におもむいてゆく。この場合に不可解なのは、なぜみずから進んでそうするのか」（訳書 p.13）ということであった。そこで、イギリスの典型的な労働者の町ハマータウンで、中等学校の落ちこぼれ生徒「野郎ども」（the lads）が、どのような選択をして進学せずに労働階級に属するようになるのかを、彼らの生活態度、価値観から明らかにしていく。

　「野郎ども」は、教師に従順で勉強に力を入れる優等生「耳穴っ子」（ear'oles = ear holes）の行動へ反抗を示し、からかう。「野郎ども」の間では、教師などの権威への反抗、暴力、理論よりも実践の重視などが価値を持つ。彼らは学校では「優等生」「落ちこぼれ」という価値観でみられる判別を、「耳穴っ子」は受動的でひ弱で女のようで、「野郎ども」は能動的で力強く男らしいという価値観に置き換える。このような反学校文化を労働階級の生徒たちが持つことが、彼らの集団としてのアイデンティティとなる。その結果として学校文化からはみ出すことになり、「野郎ども」は自分たちの価値観に従って、望んで労働者として肉体労働に就いていく。つまり労働階級として再生産されていくのである。

　ここでは学校が「野郎ども」を労働階級としての地位に追いやるのではなく、「野郎ども」が反学校文化を形成し、その結果として自ら進んで労働階級へと進んでしまう構造を明らかにしている。

　この研究の優れているところは、非構造化面接法で得られた実際の生徒たちの声を生かしながら、再生産の構造を明確に示しているところにあるといえよう。テープレコーダーに記録した生き生きした会話の内容を読んでいると、そのフィールドの雰囲気が伝わってくるのである。

【参考文献】
Paul E.Willis, 1977, *Learning to Labor : How Working Class Kids get Working Class Jobs*, Saxon House.（熊沢誠・山田潤訳, 1996, 『ハマータウンの野郎ども―学校への反抗・労働への順応』筑摩書房）．

3-5 質的データの読み方①：観察法

観察とはどのような調査方法なのか

【キーワード】
参与観察、非参与観察、描写的観察、焦点観察、研究設問、観察メモ、フィールドノーツ、オープン・コーディング、焦点化コーディング、分厚い記述、信頼性、妥当性、トライアンギュレーション

1………質的調査

　質的調査（質的方法、定性データ分析法）は、量的調査とともに社会調査の双璧をなす調査手法で、質的データ（文字テキストや視覚的情報によって記録された非数値的データ）を収集し分析する研究手法である。ひとくちに質的調査といっても、量的調査における統計的分析のように、標準化された方法というものはなく、観察、インタビュー、フィールドワーク、エスノグラフィー、ライフ・ヒストリー分析、エスノメソドロジー、テキスト分析などのさまざまな手法に分類される。

　量的研究が数量的客観化に基礎をおく仮説検証型の演繹的アプローチをとるのに対して、質的研究は帰納と演繹の２つのアプローチの往復によって記述的・事実探索的な解明を目指すところに特徴がある。つまり、対象を、日常の自然な文脈におけるありのままのかたちで全体関連的に把握し、人間行動の意味連関を理解することに研究の主眼がおかれる。より具体的に明示化するならば、質的研究が解明の対象として取り上げるのは次の３点である。①**主観的意味**：行為主体がおかれている状況とは何か。その状況が主体にとってどのような意味をもっているか。②**相互行為とコミュニケーション**：相互行為がいかに形成され進行しているか。主体間に相互行為の規則性や形式がどのように与えられるか。相互行為のなかで社会的・文化的文脈がいかに産出され維持されているか。③**実践に対する文化的社会的枠づけ**：現象や行為の背後にある隠れた意味とは何か。どのような潜在的・無意識的な規則が具体的な行為を支配しているのか。文化が個々人のおかれている状況に対し

てどのような構造および規則を与えているか。

このような研究課題のもとで、現象の複雑性に対峙するために、質的研究では、当事者の視点に着目しつつ、異なったさまざまな視点や、例外的な状況や現象をも考慮に入れながら分析が展開される。必要に応じて、研究者の自分の研究に対する反省をデータとして取り入れることも行われる。また、研究対象とそこでの研究目的に応じて、それに適した方法と理論が選択され、あるいは組み合わされることになる。

2………観察調査のプロセス

観察調査は、観察者がどの程度までフィールドに積極的に関わるのかという点において、「非参与観察」と「参与観察」とに類型化される。

非参与観察は、調査者が観察者としての立場に徹し、外部の視点からフィールドを観察するアプローチである。これは、出来事を自然な流れのなかで観察し、フィールドおよび被観察者の内部の視点を明らかにすることを敢えて行わないというスタンスによるものである。いっぽう、**参与観察**は、調査者が参与者の一部としてフィールドへと入り込み、メンバーの視点から観察するアプローチである。これにより、被観察者とのコミュニケーションを基盤に、開放的なデータが収集されるという利点が得られる。ただし、調査者の参与によって観察対象にも一定の影響を与える可能性について注意が払われる必要がある。

観察活動は、一般的に次の3つのステップに即して展開される。まず、「**描写的観察**」が開始される。これは、「何がどうなっているのか、何が起きているのか、どんな人が何をしているのか、どんな関係を結んでいるか」といった基礎的関心にもとづいて、フィールドの全体像を把握する記述段階である。この全体観察を通じて、「何が研究主題となりそうか」をめぐる課題探索が行われる。次に、「**焦点観察**」へと進む。ここでは、調査者自身の関心や興味をもったことがらに即して、「目の前の『現実』のなかから、何に注目すればいいのか」という問いが発せられ、観察単位（ユニット）が決定される。つまり、「現実」のなかから、何を、どの視座から眺めるのかといった、観察対象の分節化が行われるのである。それに応じて、**研究設問**（research question）が立てられ、具体的な設問と視点が確定され、観察データを収集するための一貫した方法が定められる。分析枠組みの見通しがこの段階で立てられることになる。その後、「**選択的観察**」のプロセスを迎え

る。ここでは、焦点観察の段階で見つけた典型的な行為やプロセスの証拠や実例を探す作業が展開される。分析枠組みに合致した事例の収集とともに、例外的な事例の探索も行われる。その作業を通じて、分析枠組みの検証と修正が図られるのである[1]。

3………観察データのまとめ方

　試みに、読者自身が毎日のように足を運ぶ場所で見慣れた風景を目の前にしたときの、自分の視野に映る視覚像をできる限り具体的に思い浮かべてみよう。そしてそれを、同じ位置からカメラで写し取った写真と、あるいは現場の実際の風景と見比べることを想像してみよう。そうすると、わたしたちはふだんの生活のなかで「ものを見る」という活動を絶えず繰り返していながら、その実、対象について多くの情報を見落としていることに容易に思い至るだろう。調査活動としての「観察」とは、こうした日常的実践における視覚活動から脱し、明確な問題意識のもとに、目の前の事物や出来事を**対象化**して意識的、分析的に捉える活動である。感性を研ぎ澄ませ、五感をフルに働かせて、初めての世界に足を踏み入れるときの好奇のまなざしで対象を注意深く仔細に観察すること、それが観察者に求められる基本的心構えである。これに関連して、次の指摘は示唆に富むものといえる。

　「いかなる部外者（outsider）（調査者その他）も、出来事や構造の観察・分析において有利な立場にある。彼には内部の人間（insiders）が『見失っている』特質を見ることができ、それらとその他の特質とを結びつけて、理論や彼のホストにとって価値のあることを発見していくことができる。」（シャッツマン・ストラウス＝川合訳，1999，p.84）

　調査者としてのマインドを携えてフィールドに出ると、観察者は、そこで大小さまざまな発見や気づきの瞬間を経験する。しかし、それらをそのまま放置しておくと多くの貴重な内容が忘れ去られてしまうことになりかねない。自覚的な観察意識をもつこととともに、こまめに**観察メモ**をとり、些細な発見でも見逃さずに記録する習慣を身につけることは、観察者にとって必須の第二の課題だといえる。現場でメモをとる許可が得られなかった場合、また、

---

[1] 以上の3つのステップは直線的な作業工程を示すものとは限らない。研究設問の修正や追加に応じて、焦点観察あるいは描写的観察のプロセスに立ち返って検討作業が発展的に繰り返されるということがしばしば行われる。

その行動が対象者に微妙な影響を与えると懸念される場合でも、調査活動終了後、その日のうちにメモに書き留めることをぜひとも習慣にしたい。

　現場では、具体的に何を観察すればよいのだろうか。これは基本的に、調査者自身の問題関心や分析枠組みに応じて決定されるべきことがらであるが、メリアムは基本要素として、物理的環境、調査参加者、活動と相互作用、会話、微妙な要因、自分自身の行動、の6項目を挙げている（メリアム＝堀他訳, 2004, pp.140-143）。また、スプラッドレーは、社会状況を記述する次元として、空間（物理的な場所）、行為者（関係している人びと）、活動（人びとが行う関連し合った一連の行為）、対象（物理的なモノ）、行為（人びとが行う個々の行動）、出来事（人びとが実行する関連し合った一連の活動）、時間（時間を通じて生じる一連の経過）、目標（人びとが達成を試みることがら）、感情（感じられ表出される情動）の9つを指摘している（Spradley, 1980, p.78）。

　観察活動の進展に伴って、調査者の手元には膨大な量の観察メモが蓄積されていくことになる。それらのメモの内容は定期的に**フィールドノーツ**の形式に整理される必要がある。メモが、文字どおり備忘録として、フィールドでのさまざまな発見をキーワードやフレーズのかたちで断片的に記録したものであるとするならば、フィールドノーツは、それらの断片的なキーワードをもとに、記載されている内容を判読可能なレベルに清書・文書化したものである。それには、調査実施の基本情報（実施日、観察場所、観察対象活動の内容、おもな人物と人数など）や、メインとなる発見事実に関する内容のほかにも、調査者自身による分析的なアイデアや推論・洞察、個人的印象（感想や評価感情など）も各項目に対応するかたちで併記するべきである。このフィールドノーツは、次の分析段階で直接的な資料として用いることになるもので、調査活動を実施している期間中も、時折、繰り返して目を通すべきである。それにより、調査の進捗成果を客観的に把握できるとともに、欠けている情報や分析に必要な課題を発見する手がかりともなり、その日の観察活動の戦略を練るヒントが得られるのである。また、可能であれば、他の研究者やアドバイザーにも目を通してもらい、それまでの観察知見とその後の調査の進め方について客観的なコメントを収集しておくと有益である。

　フィールドノーツをひととおり整理した段階で、第三者の視点でそれらをまとめて通読してみる。その作業を通じて、分析の焦点がいくつか断片的に浮かび上がってくることだろう。また、研究設問を再確認し（必要に応じて修正を加え）、それをいくつかの具体的なサブクエスチョンに組み替えるこ

とも可能になる。これらの検討作業を経て、コーディング作業に臨む。

コーディングとは、フィールドノーツの内容を意味の単位ごとに区切り、それを要約するキーワードを書き出したり、より一般的な分析カテゴリーとなるような概念（コード）をネーミングし割り付けたりする作業である。いわば、フィールドノーツのデータに見出しとなるインデックスをつけていく作業である。

コーディングは、オープン・コーディングと焦点化コーディングの2段階の流れで進められる。**オープン・コーディング**は、あらゆる分析的可能性の発掘・探索のための予備作業である。この段階では分析的関心よりも、データ内容を整理・要約する目的を重視し、機械的な作業として進められる。**焦点化コーディング**の段階では、オープン・コーディングによって集められたコードを比較・対比・集成・整理し、コード間の関係を階層化、体系化する作業へと発展していく。分析の手がかりとなるような、より抽象度の高い共通のテーマやサブテーマを見つけ出しながら、データ内の特定部分の記述間の関係そのものを構造化していくのである。これによって、仮説が生成され、カテゴリー間の関係性が明示化されていく[2]。

こうして得られた知見は、研究設問に対する答えのかたちを基本形として報告書や研究論文にまとめていく。そこでは、概念モデルを提示する、テーマやトピックに関するストーリーを記述するなどのスタイルを援用しながら、「**分厚い記述**」（thick description）としてまとめることが望まれる[3]。

4………研究成果を読む際のポイント

観察法に限らず、質的調査の研究成果を検討するうえで、研究設問に示される調査者の問題関心の所在（何を明らかにしようとしたのか）を正確に理解することはきわめて重要である。質的調査における調査結果の適切さは、それとの対応によって評価されるものであり、問題関心と調査結果との対応関係は、次に述べる信頼性と妥当性の問題とも直接的に関連する点である。

信頼性とは、調査結果がどの程度、再現可能か（同じ調査対象について二度、三度と調査を繰り返しても同じような結果が得られるか、別の研究者が調査しても同じような結果になるのか）という問題である。この点を検討す

---

[2] 近年、フィールドノーツの分析ツールとして、MAXQDA、ATLAS/TI、NVIVOなどの専用ソフトウェアも開発されている。
[3] コーディングから報告書作成までの具体的な手順については、エマーソン（1998）、佐藤（2002, 2008）、箕浦（2009）などに詳述されている。

るためには、そのデータがどのような調査方法によって測定されたのかを確認する必要がある。さしあたり、報告書のなかで観察および分析の具体的方法が明確に定義され明示されているか、その方法が調査活動全体を通じて統一的に一貫して用いられているか、などがチェックポイントとなろう。

　妥当性（内的妥当性）とは、調査結果が調査対象の現象を正確にとらえているかという問題である。観察法は、目の前で生起している状況をその場で直接的に把握できるという点で、妥当性の高いデータを得やすいというメリットがある。とはいえ、観察データが示すものは、観察者の主観によって分節化され再構成された現実であるという点に注意を払う必要がある。妥当性についての解釈をめぐっては議論の分かれるところではあるが、ひとまずは、観察者によって示された解釈が、研究対象であるフィールドやデータのなかに根拠をもっているか、その根拠が報告書のなかにじゅうぶんに示されているかの点が基本的な確認ポイントとなろう。妥当性を高めるための代表的な工夫として、**トライアンギュレーション**と呼ばれる方法がある。これは、ひとつの現象に対してさまざまな方法、研究者、調査群、空間的・時間的セッティング、理論的立場を相補的に組み合わせる方法である。こういった対策が導入されているかどうかも、ひとつの判断材料となるだろう。また、もしも、観察結果が研究対象者によってチェックされる機会が確保されているとしたら、その反応も、調査結果の妥当性を吟味する手がかりとなる。

　質的調査には標準化された方法というものはない。だからこそ、質の高い研究成果を数多く熟読することは、調査結果の適切さを判断するセンスを磨くうえできわめて有益な手段であるといえる。

【参考文献】

エマーソン他（＝佐藤郁哉他訳），1998,『方法としてのフィールドノート』新曜社．
フリック（＝小田博志他訳），2002,『質的研究入門』春秋社．
ロフランド（＝進藤雄三・宝月誠訳），1997,『社会状況の分析』恒星社厚生閣．
松田素二・川田牧人，2002,『エスノグラフィー・ガイドブック』嵯峨野書院．
メリアム（＝堀薫夫他訳），2004,『質的調査法入門』ミネルヴァ書房．
箕浦康子編著，1999,『フィールドワークの技法と実際』ミネルヴァ書房．
箕浦康子編著，2009,『フィールドワークの技法と実際Ⅱ』ミネルヴァ書房．
リチャーズ（＝大谷順子・大杉卓三訳），2009,『質的データの取り扱い』北大路書房．
佐藤郁哉，2002,『フィールドワークの技法』新曜社．
佐藤郁哉，2008,『質的データ分析法』新曜社．
シャッツマン・ストラウス（＝川合隆男訳），1999,『フィールド・リサーチ』慶應義塾大学出版会．
Spradley, J.P., 1980, *Participant Observation*. New York：Rinehart & Winston.

3-6 質的データの読み方②：インタビュー

インタビューとは
どのような調査方法なのか

【キーワード】
構造化／半構造化インタビュー、回答の容器、アクティブな回答者、事前リサーチ、インタビュー・ガイド、インフォームド・コンセント、ラポール、言葉のキャッチボール、信頼性、妥当性、分厚い記述

1………インタビュー：調査手法としての特徴

　インタビュー調査の類型を考える際に、それがどのような種類の情報にアクセスすることを目的とするのかという点をまず確認しておく必要があるだろう。たとえば、ある出来事の事実関係や制度の運用実態などに関する基本的情報を関係当事者への聞き取り取材を通じて収集する活動も、広義の解釈によればインタビューに含まれる。いっぽう、質的調査の一手法としては、インタビューが調査対象者の意識や状況解釈、主観的意味を分析することを目的として実施されるケースのほうが一般的である。後者の場合、前者に比べて、より広範な理論的検討と周到な準備を要する。本節は後者のケースを中心に取り上げる。

　インタビューは、質問の構造化・標準化の度合いに応じて、構造化（指示的）インタビューと半構造化（非指示的）インタビューに大別される。**構造化インタビュー**は、質問の数や個々の質問内容を固定し、あらかじめ設定された質問項目、質問文、質問の順番に従って、すべての対象者に対して同じ質問を同じ順序で向ける方法である。それに対して、**半構造化インタビュー**の場合、事前の検討作業を通じて質問項目や質問内容をあらかじめ準備する点では共通であるが、調査対象者に対して対話の形式で向かい合い、相手の反応やその場の状況に応じて質問の順番や質問内容を変更したり、追加・削除したりすることを想定する。対象者は質問に自由に答えることが期待される。それに応じて調査者は、回答に耳を傾け、やり取りに答えながら、臨機応変に質問を進めていく。これにより、対象者の視点に立って、その主観的

意味世界を深く理解することを目指すのである。以下ではおもに、この半構造化インタビューに焦点を当てて解説することにする。

伝統的なアプローチにおいては、インタビュー対象者は、調査者が投げかける質問に受動的に答える情報源的存在であり、適切な質問を発することによって的確な情報が聞き出せるのだと考えられてきた（「回答の容器」論）。それに対して近年、対象者の状況解釈をめぐる意味は、調査者との出会いを契機に両者の相互的コミュニケーションを通じて構築されるものだとする解釈が、広い支持を集めつつある（「**アクティブな回答者**」論）[1]。この理解に立つならば、インタビューは「会話」であり、対象者と調査者との相互行為であると認識しておくべきであろう。

2………インタビュー調査の企画と準備

インタビュー調査を企画するに際しては、標準化可能な一般的形式というものはなく、その作業は、いわば「オーダーメイド」のイメージに近いものだといえる。いかなる方法と内容で質問するべきかという問題は、まずもって調査目的や調査課題に応じて決定されるものであるし、質問のトピックをはじめ、対象者の属性（年齢、性別、職業など）やパーソナリティ、立場・地位、心理状態、調査者との相性なども決定要因に含まれる。また、面会の場所や与えられた時間、面会許可の得られそうな回数などによっても左右されるだろう。そもそも、とりわけ重要な、誰にインタビューするべきかというサンプリングの問題も、面会許可が得られるかという現実的な課題によって大きな制約を受けることになるかもしれない。

事前リサーチの重要性については、とくに強調しておきたい。あらゆる情報源を駆使して調査対象に関する知識を吸収し、「ローカルな状況」に精通しておくことによって、調査課題の具体化・明確化が促進され、効果的な質問を準備することが可能になる。インタビュー調査の成否は、この事前リサーチの深度によって決定づけられるといっても過言ではない。調査協力者にとって、ことに多忙な合間である場合、陳腐な質問や、明らかに勉強不足と思えるような内容の質問を向けられることほど苦痛なものはない[2]。門前払いや立場負けに陥らないためにもこの準備が欠かせないし、それはまた、「フィールド荒らし」を未然に防ぐ対策にもなるのである。

---

1 これについてはホルスタイン・グブリアム（2004）を参照していただきたい。
2 これについて小池（2000）は具体的事例を示しながら詳説している。

調査計画がある程度具体化したら、質問項目の一覧をリスト化する作業に着手する。これは「**インタビュー・ガイド**」と呼ばれるもので、対象者の基本属性や基本的事実関係などに関する質問から成る基礎項目と、メインとなる質問項目によって構成される。このリストは、調査実施の際に、調査者の手元資料として活用され、聞き漏らしの防止や調査進行のペース管理に役立てられる。

　対象者に調査協力への依頼を行う際は、実施主体と連絡先、調査の趣旨・目的、質問内容の概要、調査結果の利用指針、プライバシー保護の方法などを文書にまとめ、それを提示することによって、対象者への**インフォームド・コンセント**の手続きを確実に行う必要がある。

3………インタビュー調査のプロセス

　対象者とのあいだにどの程度の**ラポール**関係（1-4を参照）を構築できるかは、インタビュー調査の充実度を決定づけるポイントであるが、そのプロセスのなかでも、第一印象の影響はきわめて大きな鍵を握っている。フィールド活動に着手する直前期の調査者は、誰でも多かれ少なかれ気後れや不安を感じるものだ。そのプレッシャーに萎縮してしまうことなく、初対面の人に話しかけ会話を交わす勇気をふりしぼり、堂々と、そして明るい笑顔で対象者と対面しよう。

　インタビューの開始後は、相手の心を開かせる語り口を意識的に実践しよう。相手の目線に立ち、聞き役に徹する謙虚さをベースに、フランクな態度で対話に臨もう。そのために、ふだんから表現とコミュニケーションのスキルを磨くことを心がけておきたい。

　インタビューとは「会話」であり、「**言葉のキャッチボール**」である。語りを活性化させるために、あいづちを打つ、問いかけを発する（「それはどういうことなのですか」「どのような事情でそうなったのですか」「それからどうなったのですか」……）などの工夫は効果的である。相手のしぐさや表情に対してはつねに敏感でありたい。自然な発話を阻害しないように、状況に応じて、調査者自身の私的な驚きや反感を抑制し、表情を意図的にコントロールすることが求められる場面もあるかもしれない。発言を促すための工夫として、場合によっては、相手が話したがっているようなトピックは何かと忖度することも必要かもしれない。

　インタビューは、さまざまな偶発性との格闘でもある。対象者の基本的な

属性は、ある程度、事前に把握できるかもしれない。しかし、その人の個性、たとえば、気さくであるか謹直であるか、能弁であるか寡黙であるか、反応が早いかマイペースであるか、説明が具体的であるか抽象的であるか、などはファースト・コンタクトを迎えて初めて判明することがらである。同様に、対象者自身が調査者のことをどのような印象で迎えるか、質問の意図が対象者にどの程度の正確さで伝わるか、知りたいと思っていたことがらに対して対象者がどのようなスタンスをとる人物であるのか、などもその場にならなければわからない。さらに、インタビューが行われる場所の空間状況（静粛さ、物理的環境、その場の雰囲気など）や、話題の展開なども、インタビューの進行に想定外の影響をおよぼす可能性も考えられる。このような偶発的発見や不測の事態の一つひとつに対して、瞬時のうちに、「どのような対処が可能か」と判断し、ある場合には、インタビュー・ガイドに予定していた質問の順番を変更し、割愛し、ある場合には、質問の内容を改編し、またある場合には、当初の予定にはなかった質問を即興的に案出する……、そういった、「会話」の文脈に応じた臨機応変な判断と対処が求められる。同時にまた、まだ質問していない重要項目はないか、話題が本題から外れることをどの程度まで許容するか、といった進行管理の視点や、細かい事情をどの程度まで立ち入って質問するのが適切か、などの調査倫理の観点にも目を配る必要がある。

4……インタビュー・データのまとめ方

　インタビューの際に録音をとることについて、対象者の同意が得られたならば、その音源をもとにインタビュー記録をまとめることになるが、もしもそうではない場合、調査者自身が、メモ[3]と自らの記憶を頼りにインタビュー記録を書き上げる作業にあたる。その場合、インタビュー終了後、ぜひともその日のうちに、記憶に残っている対象者の言葉をもれなくメモに書き留めておく必要がある。そのメモをもとにインタビュー記録の形式に清書する。インタビュー記録は、前節でふれたフィールドノーツと同様に、調査者自身による分析的なアイデアや推論・洞察、個人的印象なども併記できる形式でまとめると便利である。

　こうしてまとめ上げられたインタビュー記録は、観察調査によるフィール

3　もちろん、メモをとることについて対象者の許可が得られない場合もあるし、インタビューの戦略として意図的にそれを行わないケースも考えられる。

ドーナツの場合と同じように、2段階のコーディングによる分析作業を通じて、仮説が生成され、カテゴリー間の関係性が明示化されていく（3-5を参照）。

インタビュー記録を分析するうえで有効な手がかりとなる問いには次のようなものが考えられる。

対象者は、
- どのようなことを経験したのか。何が起こったのか。
- その事実や体験をどのように語り、特徴づけ、理解しているのか。
- どのような仮定や前提をもっているのか（当然視していることは何か）。
- 何を重要で意義あるものとみているのか。
- 自分自身や他の人びととの状況や行動をどのように評価しているのか。

（エマーソン他＝佐藤他訳，1998，pp.310-311をもとに筆者が改編）

資料　オープン・コーディングの作業例

一日の仕事　　　　　　　　緊張感　　　　　　　　　　　　相手（電話をかけてきた人）	9時に出勤して、ドアをあけ、機械を点検し、ヘッドホーンの差し込みを入れる。これが、私の一日のはじまりです。その日一番の電話が鳴ったときだけは緊張するけど、あとはどんどんわるくなる。もっとも、電話をかけてきた人が、特にやさしかったり、意地悪だったりしたら別ですけどね。だって、たいていは、声が聞こえてくるだけで、人間がそこにいないわけだから、とても無って感じがするんです。電話に出て、誰かにつないで、それでおしまいってね。
疎遠　　　　　　　　　　　　顔の見えない相手　　　　　　　　　　　　普段の対人接触への影響　　　　　　　　　　　　こまぎれのことば	電話をかけてきた人と親しくなることは、あまりありません。相手の顔が見えないから、笑っているのか、皮肉っているのか、思いやりがあるのかないのか、見当がつかないんです。だから、どうしても話し方がそっけなくなってしまって。人と話しているときも、そうなってるのがわかる。何かこまぎれのことばしか出てこなくて、断片的になってしまうんです。一日中電話で話しているのと同じようにね。
プライベート　　　　　　　　私生活への影響　　　　　　　　　　　　こま切れの会話	家では、絶対に電話に出ません。ついつい仕事の時の話し方になってしまうんです。電話のしゃべり方まで変ってしまった。自分の母親からかかってきた時でも、あんまりゆっくり話さない。〔中略〕勤務中に、誰かと話をしている時でも、電話が鳴れば、それで話がとぎれてしまうでしょ。だから、ひとつの話を最後まで続けたり、何か考えをまとめたりっていうことに気をつかわなくなってしまって……。

（ターケル（＝中山容訳），1983，『仕事！』晶文社 p.99のデータをもとに作成）

5………研究成果を読む際のポイント

前節でふれた**信頼性**と**妥当性**の問題は、インタビュー調査による報告書や

論文の場合でも確認を要するチェックポイントである（3-5を参照）。

　質的研究が目指すべき目標を象徴するキーワードとして「**分厚い記述**」という言葉がある。これは、個々のエピソードを特徴づける状況、意味、意図、方法、動機などがじゅうぶんに記録されることによって、対象者の意味世界が説得的に解釈されている状態を言い表すものである。

　佐藤郁哉は、近年の研究成果にみられる問題視すべき傾向を批判的に分析し、これを次のような「薄い記述」の7つのタイプとして提示している。①読書感想文型：主観的な印象や感想を中心とする、私的エッセイに近いもの。②ご都合主義的引用型：自分の主張にとって都合のよい証言の断片を恣意的に引用した記述が目立つ。③キーワード偏重型：何らかのキーワード的な用語ないし概念を中心にした平板な記述。④要因関連図型：複数の要因間の関係を示すモデルらしきものが提示されているものの、その根拠となる資料やデータがほとんど示されていない。⑤ディテール偏重型：ディテールに関する記述は豊富だが、全体を貫く明確なストーリーが欠如している。⑥引用過多型：生（なま）の資料に近いものをじゅうぶんな解説を加えずに延々と引用したもの。⑦自己主張型：著者の体験談や主観的経験が前面に出過ぎて、肝心の研究対象の姿がみえてこない（佐藤，2008，p.6）。

　質的調査に標準化された方法はなく、研究成果の質は報告書や論文に著されたテクストの内部で検討される以外にない。そうであるからこそ、佐藤の指摘は、質的調査の成果を読む際の批判的基準として、繰り返し参照されるべきものといえる。

【参考文献】
エマーソン他（＝佐藤郁哉他訳），1998，『方法としてのフィールドノート』新曜社．
ホルスタイン・グブリアム（＝山田富秋他訳），2004，『アクティヴ・インタビュー』せりか書房．
小池和男，2000，『聞きとりの作法』東洋経済新報社．
ロフランド（＝進藤雄三・宝月誠訳），1997，『社会状況の分析』恒星社厚生閣．
メリアム（＝堀薫夫他訳），2004，『質的調査法入門』ミネルヴァ書房．
リチャーズ（＝大谷順子・大杉卓三訳），2009，『質的データの取り扱い』北大路書房．
佐藤郁哉，2008，『質的データ分析法』新曜社．
シャッツマン・ストラウス（＝川合隆男監訳），1999，『フィールド・リサーチ』慶應義塾大学出版会．

3-7 質的データの読み方③：ドキュメント分析

ドキュメントを分析するとはどういうことか

【キーワード】
ドキュメント、パーソナル・ドキュメント、公的ドキュメント、第一次的資料、第二次的資料、KJ法

1……ドキュメントとは——分析可能なドキュメントの種類は豊富

ドキュメント（document）には、文書、書類、記録、実録などの意味があり、いくつかの視点から分類できる。第一に、表現媒体にもとづくものである。ドキュメントには文字の他に、音声、画像、（所有物などの）モノも含まれる。文字で記録されたものとしては、手書きの文書、印刷物、電子メディア上の文書などがあり、音声としてはラジオ番組や歌などがあげられる。また画像としては写真、ポスター、絵画などの静止画像の他に、テレビ番組、CM あるいは映画などの動画も含まれる（動画に関しては音声も含まれていることが多い）。なお、分析対象となるドキュメントは、ノン・フィクション作品だけでなく、フィクション作品も対象になりえる。

第二に、**パーソナル・ドキュメント**と**公的ドキュメント**とに大別できる。前者は、手紙、日記、投書、個人による創作物（歌、絵画、落書き etc.）、家計簿など、個人が自身の経験や思考を綴った記録、さらにプライベート写真やホーム・ビデオなども含まれる。他方、後者は、新聞、雑誌、パンフレット、広告ポスター、教科書、小説、マンガ、流行歌、テレビ番組、議事録、法律や法令、会議録、映画、地図などが含まれる。なお、最近では、インターネットを通じて、利用できるデータが増えている。サイト情報、メール、ブログ、掲示板などの個人および団体（公的機関含む）による情報だけでなく、国会議事録などの公的ドキュメントが検索・閲覧できるようにもなっている。

第三に、**第一次的資料**と**第二次的資料**の区別がある。前者は文献資料のなかで、最初に記録されたままのものであるのに対し、後者は第一次資料をも

とに作成された文献資料や研究報告を指している。第二次資料は入手しやすい反面で、第三者が自分の主観的な意図や動機によって加工していることが多い。そのため、原作者の意図とは異なる利用がなされたり、部分的な引用などによる誤解を招いたりすることがあるので、調査においては第一次資料にもとづく分析が重視される。とはいえ、第二次資料においても価値があるものもあるので、一概に排除することはできないことも事実である。

第四に、依頼されて作成されたものとそうでないものの区別がある。読者を意識して作成されたものと個人的用途のために作成されたものとでは、形式および内容において同じであったとはいえない。

なお、ドキュメントの種類によっては収集が困難なことも知っておかなければならない。公的ドキュメントには、公益保護などの理由から法律によって「非公開」あるいは「制限公開」とされているものも多々存在する。また、パーソナル・ドキュメントは、プライバシーの保護という個益に関わることから信頼関係がなければ容易に入手できない。それゆえに、調査に先立ち、ドキュメントの入手までにかかる手間ひま、時間、そして費用などについても検討しておかなければならないのである。

2………ドキュメント分析の意義および可能性

ドキュメント分析は、どのようなドキュメントに対してどのような分析方法を用いるのかによって非常に多くの知見を得る可能性を有している。たとえば、パーソナル・ドキュメントの分析によって、過去における個人の生活やある行為における主観的な意味づけの理解が可能になる。また他人に語られない本音を知ることができるかもしれない。単純な行為であっても、その行為に至るまでには複雑な背景あるいは心的作用が働くことが多いのである。他方、公的ドキュメントの分析によって、過去における社会的潮流や時代や空間に限定された文化様式の変移、あるいは行政政策の決定・変更・中止などの詳細な経緯を知ることができる。

このように、ドキュメントを分析することで、個人あるいは集団（組織）における多面性や全体像、さらには過去における変化のプロセスを具体的に把握できるのである。とりわけ、現在から過去のことを調べるには何かと制限の多い社会調査において、対象事例に関わる当時に記録されたドキュメントは貴重な情報源となる。そのため、ドキュメント分析は単独で貴重なデータを提供することもあるが、さらに事例調査の信頼度を高める手段として他

の方法とともに併用されることも多いのである。つまり、インタビューなどによって得られたデータの調査者による解釈（調査結果）とドキュメントに残された記録の調査者による解釈とを比較できるからである。

　ところで、中野正大によれば、ドキュメントを用いた調査は参与観察法と同様、その主眼は「記述」と「理解」にあり、また認識論的前提として以下の5点を有することが多いとされている。すなわち、(1) リアリティは生活の当事者たちによって構成されること、(2) 観察者は外部からではなく当事者の内的視点に立つことで、このリアリティを把握できること、(3) 因果関係の把握よりも、生活の当事者たちを現実に支配している意味の把握を目指すこと、(4) 普遍的な一般化法則を求めるよりも、それぞれの個性や状況の特性の把握を重視すること、(5) 調査・研究は価値自由ではありえず、自らの立場・評価を明確にする必要があることである（宝月他, 1989, pp. 227-229）。

　ドキュメント分析のイメージが浮かぶように、例としてW.I.トーマスとF.ズナニエツキの『ヨーロッパとアメリカにおけるポーランド農民』（1918-20）について触れる。この研究は、20世紀初頭のポーランドにおける伝統的な農民社会の解体と再組織化、およびアメリカに移民したポーランド農民が定着する過程、すなわち、伝統的行動・生活様式の解体および新しい文化内における適応を実証的に調べたものである。彼らがここで用いた方法がパーソナル・ドキュメントである手紙と自伝、そして公的ドキュメントである新聞記事、裁判記録、社会機関による記録を分析するというものだったのである。手紙では当事者の主観的側面が確認でき、そこからポーランド農民社会の特性および家族的連帯の崩壊を明らかにした。また、トーマスらの依頼によって書かれたウラデック・ヴィスニエフスキという青年の自伝を社会心理学の視点から分析している。

3……分析方法

　ドキュメント分析は方法論として見た時には他の方法と大きく異なっている。それはドキュメントをどのように用いるのかを明確に定義できないためである。たとえば、ドキュメント分析は現在に至る経緯を明らかにするだけでなく、過去と現在の比較を可能にし、さらに現在における常識が誤りであることを正すこともできる。また新聞記事や雑誌記事を分析することで、情報発信者の主張内容やある時代の社会の特徴を知ることもできる。これらは

ドキュメントには現実が映し出されているととらえていることを前提とした方法である。他方、ドキュメントには作成された際に何らかの制限が生じており、意識的・無意識的に除外された部分もあるかもしれないと考える立場もある。この場合、社会的文脈だけでなく、ドキュメントの作成過程をとりまく諸要因をも検討する。また、記述された内容を問題にするだけでなく、作者の意図した意味、受け手によって受容された意味、さらにそれを介在する内的な意味を念頭におきながらドキュメントにアプローチする方法もある。

ドキュメント分析のもっともシンプルな方法は**KJ法**を用いたものであろう。とはいえ、KJ法については2-4で触れているので、本節では、新聞記事や議事録を念頭におき、「たたき上げ式のコーディング」による方法を紹介する。まず、それは集めた資料の中から統一的な筋書きの物語をつくるために、手がかりとなるような共通のテーマ（あるいはサブテーマ）を見つけ出し、それぞれの該当箇所に「小見出し」のようなものをつけていく。そして、小見出しや小見出しの付けられた文章（「文書セグメント」）を相互に比較したり、関係を明らかにしたりする中で、分類と配列を繰り返す。そして、テキスト型のデータベースを作成することで、徐々に最終的な報告書の骨格が見えてくるのである。なお、収集したドキュメントを前にどのような言葉（文章）を選ぶのかという基準は存在しない。あくまでも研究者の判断で選択と解釈を行わなければならないのである。

ドキュメント分析は資料を要約することではない。また資料は自然に報告書としてまとまるわけではない。それは膨大な資料の中から、研究者の関心によって取捨選択された情報をもとに、研究者によって解釈され、再構成されたものであることを忘れてはならない。

4………ドキュメントを利用する際の留意点

ドキュメントによるデータは、参与観察やインタビューなどのような調査対象者との相互作用効果を伴わない自然なデータであることが多い。また前述したように、フィクションであっても貴重なデータになりうるが、反面、分析前にドキュメントをきちんと評価しておかなければならない。つまり、いつ、どこで、誰が、どのような目的で作成し、何に用いたのかを把握する。また、筆者の用いている言葉の意味の確認、記述の真実性（脚色、虚偽、誇示・強調、想定読者への迎合、歪曲など）、筆者の記述の正確さ（能力、状況、観察のスタンス）を確認する必要がある。

4-0

シラバス

D科目
（社会調査に必要な統計学に関する科目）

　社会調査士の資格を認定している社会調査協会によると、D科目は「社会調査に必要な統計学に関する科目．統計的データをまとめたり分析したりするために必要な、基礎的な統計学的知識を教える科目」となっている。その中で扱う内容は、「**確率論の基礎、基本統計量、検定・推定理論とその応用**（**平均や比率の差の検定、独立性の検定**）、**抽出法の理論、属性相関係数**（**クロス表の統計量**）、**相関係数、偏相関係数、変数のコントロール、回帰分析の基礎**など」で、90分×15週で履修することが求められている。

　本章では社会調査士の資格取得のために必要なD科目の内容が全て学べるように以下の13の項目を設定した。（　）内の太字は、社会調査協会が求めている内容である。

4-1. なぜ社会調査で統計学が必要なのか
　　（統計基礎①：社会調査と統計学）
4-2. 統計学で扱うデータにはどのようなものがあるのか
　　（統計基礎②：尺度と変数）
4-3. データの分布状況を知るにはどうしたらよいか
　　（統計基礎③：度数分布とグラフ）
4-4. データの傾向を一言で表現するにはどうしたらよいか
　　（**基本統計量**①：代表値）
4-5. データの散らばり具合を知るためにはどうしたらよいか
　　（**基本統計量**②：散布度）
4-6. 分布のゆがみを知るにはどうしたらよいか
　　（**基本統計量**③：歪度、尖度、正規分布と標準偏差）
4-7. 検定や推定とは何か
　　（**確率論の基礎／検定・推定の理論**）
4-8. 標本データからどこまで確かなことがいえるのか
　　（**推定理論とその応用／抽出法の理論**）

4-9. 量的変数間の関連性を知るにはどうしたらよいか
　　　（相関係数／偏相関係数）
4-10. 質的変数間の関連性を知るにはどうしたらよいか
　　　（独立性の検定／属性相関係数（クロス集計））
4-11. 質的変数と量的変数との関連性を知るにはどうしたらよいか
　　　（平均の差の検定）
4-12. 変数の関連性に他の変数の影響はないだろうか
　　　（変数のコントロール）
4-13. 収集したデータから予測や説明をすることは可能か
　　　（回帰分析の基礎）

　ここで扱う内容は、C科目の3-2～3-4と一部重複する内容も出てくる。各大学のカリキュラムや学生の履修のしかたによって、A科目からD科目という流れで順番に履修しないこともあるので、学生の皆さんが理解しやすいようにするため、重複する内容もあえて入れてある。ただし重複内容であっても、D科目の中でさらに詳しく説明したり、実際に計算したりするようになっているので理解が深まるようにしてある。
　さて統計学を学ぶためには数学的な知識が必要であるが、社会調査士を目指す学生の多くが文系の学生なので、なるべく理解しやすいようにしてみた。そのためΣ（総和）記号以外は中学生程度の数学で理解が可能になるようにし、煩雑になる説明は避けるようにした。それゆえ本書だけでは説明不足の部分もあるだろう。しかしこの科目は「基礎的な統計学的知識」を身につけることが第一の目的になるので、あえて混乱しやすい内容は深く説明することを避け、論文や社会調査報告書などで出てくる用語を中心に、データ分析理解のための必須の内容を説明していくことにした。応用的な知識については参考文献やコラムなどを参照してほしい。
　実際の授業のために13項目を立ててあるが、1回目はコンピュータを使用する場合にはその説明に当て、15回目に試験を行うことで15回の授業として組み立てていくのが標準である。しかし、必ずしも各項目の1つを90分の中で学ぶ必要はないだろう。筆者の経験上、学生の理解度から、4-5（散布度）と4-10（独立性の検定、属性相関係数）と4-13（回帰分析の基礎）はそれぞれ2回必要になってくることが多い。そのようなことが予想される場合は、4-1（社会調査と統計学）を扱わなくても問題なく、4-2（尺度

と変数)、4-3(度数分布とグラフ)はC科目でも扱っているために、まとめて学習してもらってもよい。そのような場合は、1回目に4-1〜4-3を、2回目に4-4を、3〜4回目に4-5を、5〜8回目に4-6〜4-9を、9〜10回目に4-10を、11〜12回目に4-11〜4-12を、13〜14回目に4-13を、15回目に試験実施という流れも考えられるだろう。

電卓で計算できる内容は限られてくる。実際にコンピュータを用いてMicrosoft Excelでの計算や、できればSPSS Statisticsなどの統計解析用アプリケーションを使用して分析の実際を経験し、統計学的データ分析方法の基礎を学んでほしい。そうすれば統計的データ分析が身近に感じられるだろうし、どのようなデータの場合、どのような分析がふさわしいか徐々に理解できると思う。

また本書を手に取っているが、社会調査士の資格取得には関係がなく、卒業論文などで統計的な社会調査データの分析について学ぶことが必要になっている学生もいることだろう。緊急にデータ分析について知りたい場合は、

表 D科目の学習例

本章	協会の対応内容	カリキュラム		
		標準	一部詳細	卒論他
4-1	(統計基礎①:社会調査と統計学)	1〜2回目	1回目	
4-2	(統計基礎②:尺度と変数)	3回目		○
4-3	(統計基礎③:度数分布とグラフ)	4回目		
4-4	基本統計量①:代表値	5回目	2回目	○
4-5	基本統計量②:散布度	6回目	3〜4回目	○
4-6	基本統計量③:歪度・尖度・正規分布と標準偏差	7回目	5回目	
4-7	確率論の基礎/検定・推定の理論	8回目	6回目	○
4-8	推定理論とその応用/抽出法の理論	9回目	7回目	
4-9	相関係数/偏相関係数	10回目	8回目	○
4-10	独立性の検定/属性相関係数(クロス集計)	11回目	9〜10回目	○
4-11	平均の差の検定	12回目	11回目	○
4-12	変数のコントロール	13回目	12回目	
4-13	回帰分析の基礎	14回目	13〜14回目	
	試験	15回目	15回目	

最低限 4-2、4-4、4-5、4-7、4-9〜4-11 の7つを読んでもらいたい。そうすれば統計的データの扱い方についてある程度の知識は得られるはずである。

統計学は「学ぶより、慣れろ」というのが基本であるように思う。しかし、知識なくして慣れることも困難なので、まずは統計学の基本的知識を身につけることを努力してみよう。

【補足】Σについて

本章は基本的に中学生程度の数学能力で理解が可能になるようにしてあるとしたが、Σ記号は中学校では扱わない。高校数学Bで学ぶ記号である。基礎的な統計学の書籍でも、Σについては理解していることを前提としているため、説明されていることは極めて少ない。文系の学生が多いことを考慮し、ここでΣ記号について若干説明しておこう。

Σ（シグマ）は総和を表す記号である。つまり合計を計算する記号だと思ってもらえばよい。ある数列 $X_1, X_2, X_3, X_4, \ldots X_n$ があるとする。nの数は任意である。これらの第1項（X_1）から第n項（X_n）までの和（足し算）を、Σ記号を用いて次のように表すことができる。

$$\sum_{i=1}^{n} X_i$$

Σ記号の下の $i=1$ は、X_i の1番目（X_1）から、Σ記号の上のnはn番目（X_n）までという意味で、その和を表す。つまりこの式は1番目のXからn番目のXまでを足した合計を表す。この式は以下の式と全く同じものである。

$$= X_1 + X_2 + X_3 + X_4 \cdots + X_n$$

nがたくさんあると上の式では長くなるので、通常Σ記号を使用して簡略化して表すことにしている。Σはそれほど難しいものではないことは理解してもらえただろうか。Σは統計学の計算式に頻繁に出てくるので覚えておくようにしよう。

4-1　統計基礎①：社会調査と統計学

なぜ社会調査で統計学が必要なのか

【キーワード】
記述統計学、推測統計学、標本、母集団

1……社会事象と統計学

「数値で何がわかるのか？」と疑問を持つことがあるだろう。気温や体温などの数値なら、「なるほど今日は暑いね」「熱があるぞ」などに関して疑問を持つ人はいない。このような物理学的な測定値に関して我々は疑問を抱かない。しかし、世論調査などで集められた数値のデータをみて、「本当にこのように考える人が多いのか」「どうもこのデータは信じられない」などを表明する人がいるのも事実で、数値データに対して疑問を抱く人は少なくない。社会事象を測定する際には、事実だけでなく意識を測定することも多く、意識データの場合、揺れ動くこともあるので疑問を抱く人も多いようだ。

しかし全て信頼できないかというと、そうとも言えない。たとえば、内閣支持率の調査結果。同時期に各種報道機関が実施することが多いので、公表されたら比較して見ていただきたい。報道機関により結果に多少の違いはあるが、調査方法やサンプリングが同様であれば、それほど大きく異なってはいないことに気づくだろう。すなわち、それほど信頼できないとも言えないのである。しかも、我々はこのような数値の結果を見ることによって、社会がどのようになっているのかを理解することが少なからずある。このような統計的データは我々の生活にも直接的、間接的に役立つことがある。「世の中のできごとを数字でみるようになることは、漠然とした大きさでみるのに比べて、それだけ知識の確実さがましたことを意味する」（足利 1969, p.8）のである。

社会事象は複雑であり、その状況や規則性を把握することは困難であるように思える。しかし、一見混沌とした社会事象は、各種の統計的データを活用することによって認識が可能になることがあり、一見不可視であるように

思われる事象が見えてくる場合がある。たとえば、自殺の原因を探った社会学者のE.デュルケーム（É.Durkheim）は、ヨーロッパの自殺データを収集し分析することで、これまで不可視であった社会現象としての自殺を解明した。このように、我々は各種の統計的データを分析することによって、これまでわからなかったことを理解することができ、社会的な視野を広げることもできるのである。

2……社会統計学の歴史

社会事象を数量的に把握しようとしたのは、国家の為政者が国を治めるために必要な資料を収集するところからはじまったと言われている。古代における王や皇帝は、どこにどのような人達が何人住んでいるのか、耕地面積がどのくらいあるのかを知ることで、税の徴収や徴兵のために役立てたり、国力を測定したりしていたのである。ちなみに統計学statisticsの語源は、ラテン語で「国家」を意味するstatusであるとされている。

学問としては17世紀頃から発展をみせ、経済学者W.ペティ（W.Petty 1623-87）が『政治算術』（1690）を著し、イギリスの社会・経済状況を定量的に実証することを目指し、社会統計学につながる流れが始まった。また「人間は考える葦である」で有名なB.パスカル（B.Pascal 1623-62）などにより確率論の研究がフランスを中心にして進み、数学者C.F.ガウス（C.F.Gauss 1777-1855）の正規分布や誤差の研究などがなされることによって統計学理論の基礎が築かれていった。

近代統計学の成立とされるのは、ベルギーの数学者・天文学者のA.ケトレー（A.Quetelet 1796-1874）によってである。『社会物理学』（1869）を著し、人間に関係し数量で表現することが可能なもので、一般的な法則を導き出すのに十分なだけ積み重ねられたものを分析しようとした。彼は、人間の行動も社会全体で平均すれば法則に従っている（平均人）と考えた。当時、最新の統計学を学んだ看護師のF.ナイチンゲール（F.Nightingale 1820-1910）も、看護という社会的行為に統計学を応用し科学的なものとしていったことで知られている。

その後19世紀後半から20世紀初頭にかけて、遺伝学の立場からF.ゴルトン（F.Golton 1822-1911）が進化論の統計学的検証を行ったり、数学者K.ピアソン（K.Pearson 1857-1936）が相関係数を考案するなどして、統計学をさらに発展させ記述統計学を構築するに至った。

20世紀には、R.A.フィッシャー（R.A.Fisher 1890-1962）が、標本から母集団を推測する数々の統計学的仮説検定法を編み出し、推測統計学の分野を確立するに至る。さらに、J.ネイマン（J.Neyman 1894-1981）やK.ピアソンの息子E.ピアソン（E.Pearson 1895-1980）らによって現代の推測統計学の理論体系が構築され、これらは社会学をはじめ、様々な分野へ応用されることとなった。

　さて、統計学の社会調査への応用の代表者の1人とされるのがP.F.ラザースフェルド（P.F.Lazarsfeld 1901-76）である。社会調査で収集されたデータを分析する際、それまでは2変数での解析が中心であったが、3つめの変数を導入することで新たな事実を発見することができることを彼は提唱した。すなわち多変量解析（multivariate analysis）である。それまで手による計算が困難であった多変量解析は、コンピュータの普及とともに社会調査データを分析していく際に一般化していくようになったのである。

3………記述統計学と推測統計学

　一言で統計学と言っても、使い方として記述統計学と推測統計学に分けることができる。

　記述統計学（descriptive statistics）とは、「所与の統計データそのものの特徴を平均値、標準偏差、最頻値、中央値、相関係数などの数量的尺度を用いて、要約的に記述する数理統計学の一部門」（『新社会学辞典』p.249）のことである。すなわち、標本のあるがままのデータを計算することによって、データの傾向を把握しようとするのが記述統計学である。記述統計学の目的は、「無数にある調査データを整理・集約し、そのデータが表す統計集団の特質をできるだけ簡潔にまた明確に記述表現して、相互に一意的な意味伝達が可能になるようにするすること」（池田1976, p.5）であり、これらのデータを見ることによって、多くの人がその集団の特徴を容易に把握することができるようにするために用いられるのである。

　これに対し、**推測統計学**（inductive statistics）とは、「統計的データを、元になる集団から抽出され観測のたびに異なる値をとりうる標本の1例とみて、すなわち特定の確率分布に従う確率変数の実現値とみて、得られたデータから母集団分布に対して推論を行うことを目的とする」（『新社会学辞典』p.249）ものである。つまり**標本**（sample）のデータから**母集団**（population）の傾向を推測したり、統計的検定を行ったりするのが推測統計学であ

る。社会調査報告書の結果を見ると、「検定の結果、5%水準で有意差があった」などという文言が出てくることがあるが、これは推測統計学に基づく結果なのである。では、なぜ、推測統計学が必要かというと、社会調査で収集されるデータの多くは標本データを元にしており、確定的なデータではないからである。確定的なデータではないから、何も言えないのか。そうではない。確率的にどの程度正しいといえるのかが、推測統計学を駆使することによってわかるのである。

「少数のデータから、あるいは1回限りの調査から、信頼のあるデータが得られないということもある程度本当である。では、全く信用ができないかというとそうでもない。もし、統計的データが全く無秩序に変動するものであれば、調査自体意味がなくなり、統計学が入る余地もない。それは、ある程度変動するが全くのカオス状態ではない。そこに1つの確率法則を導入し、一部の統計データの集団特性と、全集団特性との関わりを論ずる領域が、推測統計学とよばれる領域である。それによってわれわれは、一部のデータから、それと関わり合いをもつ未知の全集団について、間接的に推論を進めていくことができるのである」(池田 1976, p.6)。

我々は推測統計学を用いることにより、母集団を推測したり、AとBに違いがあるかどうかを判断できるのである。

統計学の基本は、記述統計学であるから、その基礎としての基本統計量から学んでいくことにしよう。

【参考文献】
足利末男, 1969, 『社会統計学入門』三一書房.
池田央, 1976, 『統計的方法 I 基礎』新曜社.
森岡清美・塩原勉・本間康平編, 1993, 『新社会学辞典』有斐閣.

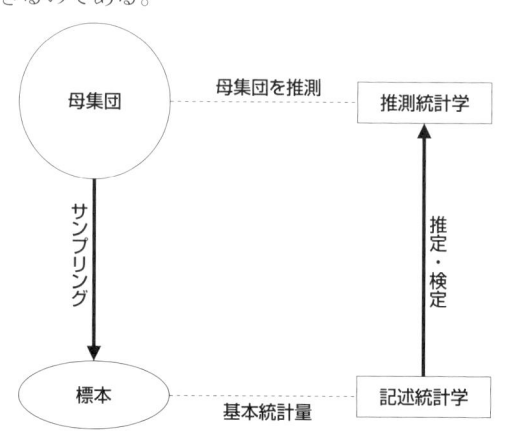

図1　記述統計学と推測統計学の関係

4-2 統計基礎②：尺度と変数

統計学で扱うデータには どのようなものがあるのか

【キーワード】
名義尺度、順序尺度、間隔尺度、比例尺度、質的変数、量的変数

1……データの尺度

　数量的なデータを扱う前に、まず社会調査で収集されるデータの尺度は何であるかを考えなくてはならない。数量的に扱えるデータを4つの尺度に分けることが一般的に行われている。このような分類を行ったのは、S.S.スティーヴンス（Stevens 1946）である。彼は数量的に扱えるデータを名義尺度、順序尺度、間隔尺度、比例尺度に分けている。

　名義尺度（nominal scale）とは、データに符号の意味しかない尺度のことである。たとえば、性別の男女がこれにあたる。社会調査でデータを収集し、コンピュータにデータ入力をしていく際に、男性「1」、女性「2」などと入力するが、その1や2には数値としての意味はない（「女性のほうが男性より2倍賢い！」ことが実証されていれば別の話だが……）。

　順序尺度（ordinal scale）とは、順序のみに意味がある尺度のことである。たとえば、体育祭の競争の順位や学校での成績の順番がこれにあたる。1位や2位や3位は、数値が少ないほど結果が良かったり優秀であったりすることがわかる。しかし、実際には、1位と2位は僅差しかなく、3位は大きく離れていたりするかもしれない。すなわち順序に意味はあるが、間隔は一定であるかどうかわからないのである。高齢者調査などで、主観的な健康感を聞くことがあるが、「とても健康である」「やや健康である」「あまり健康でない」「全く健康でない」なども順序尺度であるといえる。それは、「とても健康」「やや健康」は近いかもしれないが、「やや健康」と「あまり健康ではない」の間隔は空いているかもしれないからだ。

　間隔尺度（interval scale）は、数値の順序に意味があり、しかも間隔が一定の尺度である。社会的なデータではこれにあたるものは少ないが、気温

(℃) や体温 (℃) や知能指数 (IQ) が例としてあげられる。平均気温が25℃の地域Aと26℃の地域Bでは平均気温1℃の違いがある。この1℃という単位は26℃と27℃の間でも同じで、間隔は一定である。社会調査では、SSM調査（社会階層と社会移動調査）で測定される職業威信スコアは間隔尺度であることが知られている。

　比例尺度（ratio scale）は、間隔が一定で、しかも絶対的な0が存在する尺度である。先ほどの例で挙げた気温に0℃という数値は存在する。しかし、この0℃とは「温度がない」という意味ではない。0℃を水が凍る温度として基準を定めたに過ぎない。つまり絶対的な0ではないのである。では、絶対的な0とは何か。0が「ない」という意味を持つことである。たとえば、収入0円は収入が「ない」ということを意味するから、絶対的な0が存在することになり、「1ヶ月の収入はいくらですか。数値をお書きください」という質問があった場合には、比例尺度と言えるわけだ。なお、比例尺度は、比率尺度、比尺度などと訳される場合もある。

2………質的変数と量的変数

　さて、これらの尺度の違いを理解しておくことは重要なことであるが、実際にデータを分析していく上では、もう少し大きなまとまりにして考えたほうがわかりやすいこともある。ここでは、名義尺度と順序尺度をまとめて**質的変数**（qualitative variable）、間隔尺度と比例尺度をまとめて**量的変数**（quantitative variable）と呼ぶことにする（注1）。

　実際にデータを分析していく際には、順序尺度とみられる項目を数値化して量的変数として扱うこともある。たとえば、図2のように、「とてもそう思う」「ややそう思う」「どちらともいえない」「あまりそう思わない」「全くそう思わない」の中から1つだけ番号に○を付けてもらうことがある。この質問は厳密に言えば、間隔が一定であるかどうかわからない順序尺度である。しかし、このように調査票を作成した場合、間隔が一定であることを想定して量的変数として扱うことが一般的に行われている（松尾・中村 2002, pp.31-32、小杉 2007, pp.6-7 参照）。

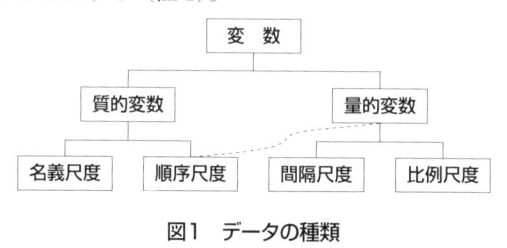

図1　データの種類

		とてもそう思う	ややそう思う	どちらともいえない	あまりそう思わない	全くそう思わない
1	講義の内容はシラバスに沿っていた。	5	4	3	2	1
2	講義で扱ったテーマ・内容は興味をひくものであった。	5	4	3	2	1
3	教員の話は聞き取りやすかった。	5	4	3	2	1

図2　回答の得点化の例

3……変数の種類と分析

　質的変数は度数分布を求めてその傾向を把握するのは重要だが、平均値を求めても意味がない。性別のデータを男性「1」女性「2」で入力して、その平均値を求めて1.5という数値が出たとしても、その数値に意味はない。一方、量的変数の場合、度数分布をみることも必要だが、クラスの身長データを集めても全員異なっている場合、カテゴリ化せずにそのまま度数分布表を描いたら、それぞれ1人ずつしか存在しないためにデータの傾向がつかめないだろう。その場合には、平均値などを求める意味がある。

　1つの変数だけでなく、変数と変数との関連性について明らかにしたい場合も、質的変数であるか量的変数であるかを把握しておくことは重要になってくる。なぜなら、変数の組み合わせによって分析方法が異なってくるからである。たとえば、体重と身長に関連があるかどうかを知りたい場合はどうしたらよいのか。体重と身長はともに比例尺度であるから量的変数、量的変数と量的変数の関連性を明らかにしたい場合は**相関係数**を求めることが行われる（4-9参照）。また、性別によって内閣支持率に違いがあるのかどうか知りたい場合はどうすればよいのか。性別は名義尺度であるから質的変数、内閣支持の選択肢は「支持する」「支持しない」「わからない」だから名義尺度なので質的変数である。このような質的変数と質的変数との関連性を知りたい場合には、一般的に**クロス集計**が用いられる（4-10参照）。男女により体重に違いがあるかどうか知りたい場合、性別は質的変数、体重は比例尺度だから量的変数であり、性別による体重の平均値の比較を行うのが一般的で

ある。質的変数と量的変数との関連性を明らかにするためには、平均値の比較である t 検定や分散分析がよく使われる（4-11 参照）。

このように、質的変数か量的変数かによって変数の扱い方や、変数の関連性を見る場合のデータ分析方法が異なってくるので、社会調査で収集したそれぞれの変数がどちらの種類の変数であるのか判断できるようにしておこう。

また、変数の関連性についてどのような分析をしたらよいか迷った場合は下の表を参照し、詳しくは 4-9 から 4-11 をみてみよう。

表1　2変数間の関連性の主な分析方法と検定方法

変数の関連性	分析方法	検定方法
量的変数×量的変数	相関係数	相関係数の検定
質的変数×質的変数	クロス集計	χ^2 検定
質的変数×量的変数	平均値の比較	t 検定・分散分析

注1）質的変数を質的データ（qualitative data）、量的変数を量的データ（quantitative data）と呼ぶこともあるが、質的調査で使用される文書データなど記述的なデータを「質的データ」と呼ぶこともある。質的調査の場合の「質的データ」は、必ずしも数量的に分析することを前提としていない。「質的データ」という言葉が使用される場合、名義尺度など統計学的に扱えるものとして呼ぶ場合と、そうでない場合があるので、誤解を避けるため本章では質的・量的データという呼び方はしないことにする。

また、質的変数を「離散変数」（continuous variable）、量的変数を「連続変数」（discrete variable）と呼ぶ立場もある（たとえば、ボーンシュテット＆ノーキ 1992, pp.13-16.）。しかし、「連続変数」は身長や体重などの測定値が連続的に変化する量で、「離散変数」は家族数などとびとびに変化する量と捉える立場もある（たとえば池田 1971, pp.83-84）。家族数は比例尺度であり、量的変数＝「連続変数」であるが、とびとびであることから「離散変数」ともいえる。立場のあり方により離散変数と連続変数の分類に矛盾が生じることも出てくることから、ここでは誤解を招かないように「質的変数」、「量的変数」という用語を用いる。

【参考文献】
池田央, 1971,『行動科学の方法』東京大学出版会.
小杉考司, 2007,『社会調査士のための多変量解析』北大路書房.
Stevens, S.S., 1946, "On the Theory of Scales of Measurement", Science, Vol. 103, pp.677-680.
ボーンシュテット＆ノーキ（＝海野道郎・中村隆監訳）, 1992,『社会統計学』ハーベスト社.
松尾太加志・中村智靖, 2002,『誰も教えてくれなかった因子分析』北大路書房.

COLUMN『ピープルズ・チョイス』

　P.F.ラザースフェルド（Paul F.Lazarsfeld 1901-76）らが執筆した『ピープルズ・チョイス』は、社会調査としても、コミュニケーション研究としてもよく知られている。ラザースフェルドは1901年にオーストリアに生まれ、1930年代にドイツからアメリカに亡命した。アメリカのコロンビア大学に職を得た後、様々な社会調査データを用いて数量的分析を行い、社会学の統計的手法を発展させた人物として有名である。彼は24歳の時にウィーン大学で数学の博士号を取得しており、将来は一流の物理学者になる夢を持っていたらしい。しかし物理学者として一流になるのは困難であると思い、二流の物理学者になるよりは一流の社会学者になるほうがよいと考え、社会学研究に没頭し始めた変わり種である。しかし、このような学問的背景が後に数量的データ分析の発展に寄与したのである。

　『ピープルズ・チョイス』（1944年初版発行）はラザースフェルドが所長を務めるコロンビア大学応用社会調査研究所が行った1940年のアメリカ大統領選挙への投票行動に関する研究成果をまとめたものである。同一の人物に継続的に調査を行うパネル調査（panel survey）のデータを用いて、有権者がどのようにして態度を決定したのかを分析している。

　第3版は16章からなっており、新しい調査方法の説明から始まり、共和党支持者と民主党支持者の社会的相違やイデオロギーの相違の分析、大統領選挙への参加態度や決定の過程、変更のタイプなどから投票行動を分析することにより、さまざまな知見が得られた。社会経済的地位や宗教などの社会的属性と投票行動には関連性があること、政治的関心の高い有権者ほど選挙キャンペーンの初期段階で支持候補を決定すること、マス・メディアの流す情報は直接的に個人に影響を与えるのではなく、地域のオピニオン・リーダー（opinion leader）を媒介して一般の有権者に伝達されるコミュニケーションの二段階の流れ（the two step-flow of communication）があること、有権者は好ましい情報は受け入れるが、そうでない情報はこれを拒否する選択的接触を実施していることなどを明らかにした。

　この研究の中で、コミュニケーションの二段階の流れ、オピニオン・リーダー、人々の先有傾向（predisposition）、など有名な概念を生み出し、社会調査方法論や分析方法などにおいて社会学や政治学、社会心理学、コミュニケーション学などに大きな影響を及ぼしたのである。

　その他のラザースフェルドの著作としては、『パーソナル・インフルエンス』や『応用社会学』も有名で、これらは調査研究による実証科学としての社会学を定着させたい意図を感じさせるものである。

【参考文献】

Lazarsfeld, P.F., Berelson, B.and Gaudet, H., 1968, *The People's Choice : How the Voter makes up His Mind in a Presidential Campaign* : 3rd ed., Columbia University Press.（= 有吉広介監訳, 1987,『ピープルズ・チョイス―アメリカ人と大統領選挙』芦書房.）

Katz, E.and Lazarsfeld, P.F., 1955, *Personal Influence : The Part Played by People in the Flow of Mass Communications*, The Free Press.（= 竹内郁郎訳, 1965,『パーソナル・インフルエンス―オピニオン・リーダーと人々の意思決定』培風館.）

Lazarsfeld, P.F.and Reitz, J.G., 1975, *An Introduction to Applied Sociology*, Elsevier Scientific Publishing.（= 齋藤吉雄監訳, 1989,『応用社会学―調査研究と政策実践』恒星社厚生閣.）

COLUMN ▼▼▼「測定尺度の理論について」

調査対象から得られた変数のデータが表現する情報の性質に基づき統計学的に分類する基準を尺度水準というが、よく用いられる名義尺度、順序尺度、間隔尺度、比例尺度という4つの分類は、精神物理学者（あるいは心理学者）のS.S.スティーヴンス（Stanley S.Stevens 1906-73）が提案したものである。「測定尺度の理論について」（1946）という論文の中で表1を示して説明している。

表1　スティーヴンスによる尺度の種類（その1）

尺度	基本的・経験的操作	数学的な群構造	許される統計的手法
名義尺度	等価の判断	置換群（一対一の置換）	ケース数、最頻値、属性相関係数
順序尺度	大小の判定	等方群（単調増加の関数）	中央値、パーセンタイル
間隔尺度	間隔や相違の等価の判断	一般線型群	平均値、標準偏差、順位・積率相関係数
比例尺度	比率の等価の判断	相似群	変動係数

(Stevens, S. S., 1946, "On the Theory of Scales of Measurement", *Science*, vol. 103, p.678 より作成)

「順序尺度と間隔尺度は時に"intensive"と呼ばれ、間隔尺度と比例尺度は時々"extensive"と呼ばれてきた」（Stevens, 1946, p.678）。しかし統計学的な分析のことを考えるともう少し細かい分類が必要だとし、数値の持つ情報の特質から4つの尺度に分類したのである。表1は数学的な説明が中心となっており、わかりづらい。後に彼は『精神物理学』（1975）の中で表2を作成している。それぞれの尺度が持つデータとしての意味や、変数の操作の可能性、さらには具体例が挙げられており、以前の表よりわかりやすくなっている。この表は社会調査データの尺度の種類を判別したり、収集したデータ分析したりする際に参考になる。

表2　スティーヴンスによる尺度の種類（その2）

尺度	我々が行なう操作	許される変化	適応可能な統計的手法	例
名義尺度	特定と分類	どんな数への代替も可能	ケース数、最頻値、属性相関係数	フットボール選手の番号、モデル番号
順序尺度	順番づけ	順序を維持する数値の変化	中央値、パーセンタイル、順位相関係数	好みのリスト、鉱物の硬度、順番のリスト
間隔尺度	距離と違いを見出す	定数による乗法、定数の付加	平均値、標準偏差、積率相関係数	摂氏・華氏温度、カレンダー時間、標準化スコア
比例尺度	比率、分数、倍数関係を見出す	定数による乗法のみ	幾何平均パーセントの変動	長さ、重さ、継続時間、ほとんどの物理尺度、絶対温度、騒音の測定データ

(Stevens, S. S., 1975, *Psychophysics : Introduction to its Perceptual, Neural, and Social Prospects*, New York : John Wiley & Sons. p. 49 より作成)

【参考文献】
Stevens, S.S., 1946, "On the Theory of Scales of Measurement", *Science*, Vol.103, pp.677-680.
Stevens, S.S., 1975, *Psychophysics : Introduction to its Perceptual, Neural, and Social Prospects*, New York, John Wiley & Sons.

4-3 統計基礎③：度数分布とグラフ

データの分布状況を知るにはどうしたらよいか

[キーワード]
度数分布、グラフ、相対度数、パーセント

1……度数分布表

　社会調査でデータを収集しデータを入力した後、最初に行う作業は変数がどのような分布状況をしているのかを見ることである。ある選択肢（カテゴリ）に何人いるのか、何個あるのか、つまり**度数分布**（frequency distribution）を確認する必要がある。度数分布の状況を表にまとめたものが度数分布表である（表1）。この表を描くことにより、全体の分布状況をある程度把握することができる。また補足的な利用法であるが、度数分布表を見ることによってコンピュータにデータを入力した場合、入力ミスがあるかないかを判断することもできる。たとえば、4-2の図2のような方法でデータを収集し入力した際、「全くそう思わない」1から「とてもそう思う」5まではあり得る数値であるが、集計した結果に6や7が出てきたらそれは入力ミスである。このように、度数分布表を描くことで、データの全体像を知ることができるだけでなく、入力ミスの発見につながることもある。

表1　度数分布表（A村住民の支持政党）

支持政党	人数
自分党	14
民酒党	10
その他	6
計	30

　質的変数、量的変数いずれであれ、まず度数分布表を描き、そのデータの傾向を把握するが、量的変数の場合そのまま度数分布表を描いても把握しづらいことが多い。たとえば1世帯の年間所得などの量的変数の場合、所得は1円単位でそれぞれ異なっているから、カテゴリに分けずに度数分布表を描いても、それぞれが1人になりかねない。そこでわかりやすくするため、100万円未満3人、100万円以上200万円未満5人、200万円以上300万円未満7人……というようにある範囲を設けて度数分布表を

作成することが必要になってくる（表2）。また累積度数とは上のカテゴリから度数を順に足したもので、これをみると0～300万円未満の人は30人中15人で半数であることが一目でわかる。

表2　度数分布表（A村住民の年間所得）

年間所得	人数（度数）	累積度数
0～100万円未満	3	3
100～200万円未満	5	8
200～300万円未満	7	15
300～400万円未満	8	23
400～500万円未満	4	27
500～600万円未満	2	29
600万円以上	1	30
計	30	

2………グラフ化

度数分布表は数値と文字で表現されているから、理解するためには表中の数値をじっと眺める必要がある。しかしグラフ化すれば分布の傾向を一目で理解することが可能になる。視覚的にデータの傾向を把握することができるわけだ。グラフ化という作業で、数と数との間の関係が視覚的に明らかになるだけでなく、場合によっては数値からだけではわからないパターンを見出すこともあり得る（ザイゼル pp. 25-34）。

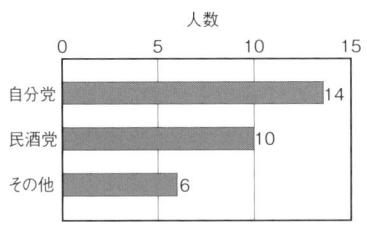

図1　棒グラフ（A村住民の支持政党）

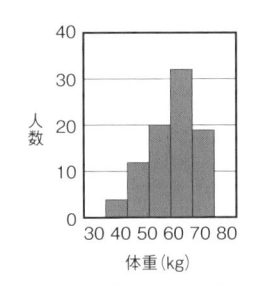

図2　ヒストグラム（B市住民の体重）

さて度数分布表をグラフ化する際、支持政党のような質的変数の場合は互いの棒が接しない**棒グラフ**（bar graph 図1）などを用いればよいのであるが、量的変数で数値の刻み方が細かい連続性のあるデータ（たとえば体重や気温など）の場合、互いの棒が接している**ヒストグラム**（histogram 図2）や**折れ線グラフ**（frequency polygon 図3）が用いられる。また全体として割合を示したい場合には**円グラフ**（pie graph 図4）を、割合を比較したい場合には**帯グラフ**（図5）を用いたりする。その他にも全体のバランスをみる**レーダーチャート**（radar chart 図6）、2つの量的変数の分布のしかたをみる**散布図**（scatter plot 図7）など様々な図での表示方法がある。データ

をわかりやすく視覚化するためにグラフは用いられるが、どのようなグラフでもよいというわけではなく、その特性に合ったグラフを作成することが必要である。

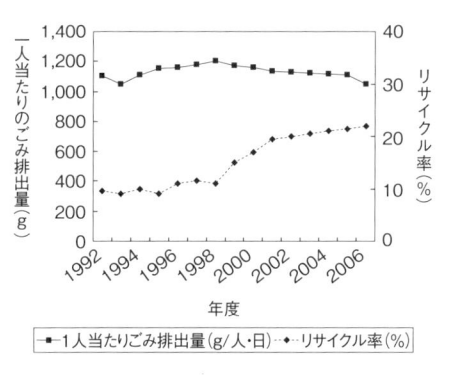

図3 折れ線グラフ
（C県のごみ排出量とリサイクル率）

図4 円グラフ（A村住民の支持政党）

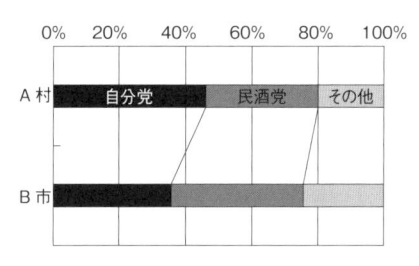

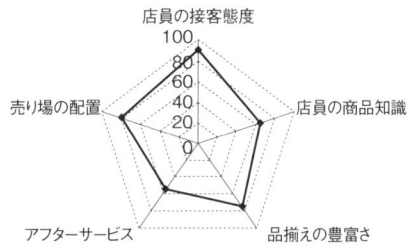

図5 帯グラフ
（A村・B市住民の支持政党比較）

図6 レーダーチャート
（Dデパートのサービス満足度）

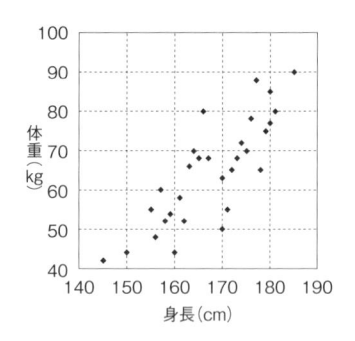

図7 散布図（A村住民の身長と体重）

3……相対度数とパーセント

「世界には大学教育を受けているのは8,200万人おり、出荷されたコンピュータは13,364万台、文字を読めない人が85,500万人います」と言われて、実感できるだろうか。すぐに実感や理解できる人は少数だろう。なぜか。我々は、桁数が大きい数値をみるとなかなか実感ができないからである。皆さんは『世界がもし100人の村だったら』という絵本を知っているだろうか。その中に、「100人のうち／1人が大学の教育を受け／2人がコンピュータをもっています／けれど、14人は文字が読めません」と書かれている。この文章はどうだろうか。「世界で考えると、大学教育を受けられる人ってとても少ないんだな」とか「現代でも文字を読めない人ってそんなにたくさんいるの？」などの感想を持ち、実感できるのではないだろうか。それは100人中、1人、2人、14人などと少ない数値で判断できるからである。

100人中何人という見方は、いわゆる**パーセント**（percent：%）である。特に2つ以上のデータを比較する場合、全体の数（基数）に大きな違いがあると、実数で比較をすることができない。その場合、割合を使うと比較が可能になる。割合を出すには、まず**相対度数**（relative frequency）を求める。相対度数は（カテゴリ内の数）÷（総個体数）で計算できる。それぞれのカテゴリの相対度数は1以下になり、全てのカテゴリの相対度数を合計すると1になる。しかし相対度数は小数になるのでわかりづらい。そこでわかりやすくしたのが相対度数に100を掛けたパーセントである。64億人中の8,200万人の相対度数は0.0128、パーセントは1.28%となる。

パーセントで表示する利点はいくつかあるが、前述したように他のデータと比較ができるということだ。全体の数に関係なく比較が可能になる。また実数が書かれておらず、パーセントしか表示されていなくても、基数がわかれば元の数値を算出することができる。たとえば、1.28%という数値しかなく実数が書かれていなくても、全体が64億人であることがわかれば、64億×0.0128＝約8,200万人という数値が出せるのである。

【参考文献】
池田香代子再話, 2001, 『世界がもし100人の村だったら』マガジンハウス.
池田香代子＆マガジンハウス編, 2002, 『世界がもし100人の村だったら2』マガジンハウス.
ザイゼル（＝佐藤郁哉訳), 2005, 『数字で語る―社会統計学入門』新曜社.

4-4 基本統計量①：代表値

データの傾向を一言で表現するには どうしたらよいか

【キーワード】
代表値、最頻値、中央値、平均値、外れ値

　度数分布表を作成してデータを眺める。質的変数なら、あるカテゴリーに何人いるのかなどをみることによって、全体的な傾向を把握することが可能になるだろう。しかし量的変数の場合どうだろうか。100人の年齢のデータを集めた場合、年齢がそれぞれ違っているため、18歳9人、19歳16人、20歳22人、21歳19人、22歳9人などと1つひとつ説明していくのはとても面倒であるし、全体の傾向を把握するのは困難になってくる。たくさんあるデータの傾向をわかりやすく1つの数値で示すことはできないか。分布の典型を1つの数値で表せないか。そのために使われるのが**代表値**（measures of central tendency）である。代表値として広く用いられているのが、最頻値、中央値、平均値である。

1………最頻値

　代表値の中で最も単純なのが**最頻値**（mode）である。最頻値とは、分布に含まれるカテゴリや値の中で、最も頻度が高いカテゴリや値のことである。たとえば、先ほどの100人の例で18歳9人、19歳16人、20歳22人、21歳19人、22歳9人……だとしたら、20歳のカテゴリが最も多いから、「20歳」が最頻値になる。
　9人の学生に5点満点のテストをした。その結果がデータAのような結果だったとしよう。
データA：1, 1, 2, 3, 3, 4, 4, 4, 5　　　　1は2回、2は1回、3は2回、4は3回、5は1回の頻度で出現しているから、最頻値は「4」となる。
　ただしここで注意しておかなくてはならない点がある。最頻値が求まらないこともあるということである。それはデータが全て違った値になっている

場合である。別の10人の学生に10点満点のテストをした結果がデータBである。この場合、最頻値は求まらず、「なし」ということになる。

また、最頻値は2つ以上ある場 　データB：1, 2, 3, 4, 5, 6, 7, 8, 9, 10
合もある。たとえば、20歳と25歳の人が同じ人数で最も頻度が高い場合、その2つが最頻値となるのである。このような場合、グラフにした時2つの高さが同じ山（双峰分布）ができる。最頻値は最も単純ではあるが、必ず求まるとも限らず、またいくつか出現する場合もあることを理解しておこう。

Excelでは、関数＝MODE（○：○）［（○：○）はデータのセルの範囲］を使用することで最頻値を簡単に求めることができる。ただしExcelでは最頻値が2つ以上ある場合、1つしか表示しないので、他にも最頻値がないかどうか元のデータを見て確認しよう。また結果が#N/Aと表示される場合があるが、それは最頻値がないことを意味することも覚えておこう。

2………中央値

データを小さいものから大きいものへ全て順序づけて並べたときに、ちょうど真ん中にくるデータのことを**中央値**（median）という。

先ほどの例9人の学生にテストをした結果Aの場合、中央値はちょうど真ん中のデータであるから、左から数えて5番目の「3」が中央値となる。データ数が奇数であれば、ちょうど真ん中が決まるが、データ数が偶数の場合、どうしたらよいのか。上記のデータBの場合で考えてみよう。ちょうど真ん中は5と6の間になる。つまり（5＋6）÷2＝5.5となる。このようにデータ数が偶数の場合、真ん中にあたる2つのデータを2で割ることで求められる。中央値は最頻値と異なり、必ず1つ求まる。

n個のデータを小さいものから大きいものへX_1、X_2、……X_nと並べ替えたとき、中央値は以下の式で求めることができる。

nが奇数の場合

$$Me = X_{\left[\frac{n+1}{2}\right]}$$

例：データAの場合

$$X_{\left[\frac{9+1}{2}\right]} = X_5 = 3$$

nが偶数の場合

$$Me = \frac{X_{\left[\frac{n}{2}\right]} + X_{\left[\frac{n}{2}+1\right]}}{2}$$

例：データBの場合

$$\frac{X_{\left[\frac{n}{2}\right]} + X_{\left[\frac{n}{2}+1\right]}}{2} = \frac{X_{\left[\frac{10}{2}\right]} + X_{\left[\frac{10}{2}+1\right]}}{2}$$

$$= \frac{X_5 + X_6}{2} = \frac{5+6}{2} = 5.5$$

また、中央値は Excel で、関数 = MEDIAN（○：○）を使用することで求めることができる。

3………平均値

代表値として最もよく用いられているのが**平均値**（mean）である。平均値には幾何平均や調和平均など様々な平均値があるが、何の断りもなく平均という場合は、算術平均のことをさす。平均値はデータの和をデータ数で割った値である。

$$\overline{X} = \frac{\sum_{i=1}^{n} X_i}{n}$$

$\overline{X}$（エックスバー）は平均値を示し、n はデータ数である。Σ（シグマ）は総和を表す記号である。別の表記をすると以下のようになる。

$$\overline{X} = \frac{X_1 + X_2 + X_3 + X_4 + \cdots\cdots + X_n}{n}$$

　例：データ A の場合

$$\frac{1+1+2+3+3+4+4+4+5}{9} = \frac{27}{9} = 3$$

データ 1 つひとつに同じ重さを付け、単位に合わせて数直線状に並べて天秤にかけたとき、ちょうど釣り合うところが平均値である。つまり平均値は全体の重心点だともいえる。

平均値は Excel で、関数 = AVERAGE（○：○）を使用することで求めることができる。

4………代表値の注意点

これら 3 つの代表値の中で、最もよく使われる平均値が優れているかというとそうとも限らない。データの分布が左右対称で歪みがなく、1 つの峰がある場合、平均値は最頻値、中央値と一致するが、そうでない場合それぞれの代表値が大きく異なることがある。代表値は全体的な傾向を 1 つの数値で把握するために使われるが、よく使用される平均値が実際の傾向を示さない場合もあるのだ。

たとえば、10 人の学生に貯金の額を聞いたとする。9 人が貯金 0 円と答え、1 人が 100 万円と答えたとしよう。最頻値は 0 円、中央値も 0 円だが、平均

値は 10 万円になる。10 人の学生の貯金の傾向を平均値を使って 10 万円だと言えるだろうか。10 人中 9 人は貯金がないのに 10 万円が典型だとは言えないだろう。むしろ最頻値や中央値の 0 円のほうが実感に近いのではないだろうか。平均値は**外れ値**（outlier）の影響を受けやすいのである。外れ値とは、分布の中で極端に大きかったり、小さかったりする値のことで、それが 1 つでもあると、平均値はその影響を受けて大きく変わってしまうのである。

　このような具体例としてよく指摘されるのが、所得のデータである。厚生労働省の国民生活基礎調査で発表している年間平均所得は 566 万円である（2007 年調査）。しかし多くの人達は「そんなに収入はないぞ！」と言う。つまり実感とかけ離れているわけだ。平均値でみると 500 万円を超えているが、中央値は 451 万円になっている。「それでもそんなに収入はない！」と言う人が多いだろう。それもそのはず。300 万円以上 400 万円未満が最頻値で最も多いのである。ちなみに 400 万円未満の人達は全体の 44.1％を占めている。つまり平均値の 566 万円という数値は一部の高額所得者が引き上げていると言ってよいのである。

　このように代表値を見る場合、1 つの代表値だけでなく他の代表値もみることで、誤った解釈を防ぐこともできることを覚えておこう。

COLUMN ▼▼▼ ナイチンゲールと統計学

統計的データで社会を動かせるのか。このことを成し遂げた一人の人物を紹介しよう。

イギリス人のF.ナイチンゲール（Florence Nightingale 1820-1910）という名前は知っているだろう。1853年に勃発したクリミア戦争時にスクタリの兵舎病院に赴き、敵味方の区別なく負傷兵に手厚い看護をし、「クリミアの天使」「ランプの貴婦人」と呼ばれた博愛の看護師というイメージを持っていることと思う。

事実、看護の実践家の側面も持っていたが、彼女はそれ以外の様々な顔を持っていた。病院建築家としての顔、著述家としての顔、管理者としての顔、そして統計学者としての顔である。あまり知られていないことであるが、ナイチンゲールは若いころから統計学に関心を寄せ、当時著名な統計学者であったA.ケトレー（4-1参照）に私淑していたと言われている。彼女は国民の衛生状態を正確に知った上で、その対策を考えなくてはならないと考えていた。そこで人口統計や死亡率、疾病率などの正確な数値に出会うことになるが、その時彼女は統計的データは「小説などよりもはるかに心はずむ読みもの」であると手記に残している。

クリミア戦争後、『イギリス陸軍の健康、能率および病院管理に影響をおよぼしている諸事項についての覚え書』という報告書を書き、その中で統計図表を駆使して戦争での兵士死亡の原因は戦場にではなく、兵舎病院にあったことをデータから論証した。それにより兵舎病院のありかたなどが改革されたのである。その後はイギリスだけでなく、インドなど当時の植民地の衛生状態の資料を収集したりして、データを分析して健康実現のために必要な政策を次々と提案していった。このような統計学者としてのナイチンゲールの業績はアメリカでも高く評価され、1874年にアメリカ統計協会の名誉会員に推挙されたのである。

ちなみにレーダーチャートと呼ばれるグラフを考案したのもナイチンゲールだと言われている。この図を使って、クリミア戦争期の死亡率上昇の原因は負傷そのものではなく、病院の衛生環境にあることを一目瞭然に理解できるようにした。表の数値だけではわかりづらいことでもデータの視覚化を行なえば、女王をはじめ政府関係者に状況を把握させることが可能になり、政策提案をするにも説得力が増す。このように、看護や社会改革のために統計学を駆使し世の中に訴え、そして政治をも動かしたのがナイチンゲールだったのである。

【参考文献】
長島伸一，1979，『ナイチンゲール』岩波書店.
本田克也・浅野昌充，1997，「ナイチンゲールは統計学をいかに駆使したか」『総合看護』2月号，現代社，pp.61-70.
高橋伸夫，1994，「情熱の統計家ナイチンゲール伝」東京大学教養学部統計学教室編『人文・社会科学の統計学』東京大学出版会，p.6.
ナイチンゲール看護研究所，2006，「ナイチンゲールの5つの顔」（http://www.nightingale-a.com）

COLUMN ▶▶▶ 算術平均と幾何平均

我々が「平均」という言葉を聞くときに使われている平均値は、一般的に「算術平均」（あるいは相加平均）である。しかし、それ以外にも特殊な場合に使用される平均値がある。その1つが「幾何平均」（あるいは相乗平均）である。幾何平均は、n個の正数のデータがあるとき、それらの積のn乗根で求めるものである。幾何平均は次の式で求められる。

$$\text{幾何平均} = \sqrt[n]{X_1 \times X_2 \times X_3 \times X_4 \cdots\cdots X_n}$$

たとえば2と3の算術平均は（2+3）÷2＝2.5となるが、幾何平均は以下のように2.449…となる。

$$\sqrt[2]{2 \times 3} = \sqrt{6} = 2.449\cdots$$

算術平均とはやや異なった結果になることがわかるであろう。一般に比率や変化率を平均する場合には、算術平均ではなく幾何平均を用いる。以下の例を考えてみよう。

「去年の牛肉100ｇの値段が、豚肉100ｇの値段の2倍であったが、今年は2.5倍になった。2年間の牛肉の値段は豚肉の値段の何倍だと言えるのか」

算術平均を求めると（2+2.5）÷2であるから「2.25」倍となる。幾何平均の場合は2×2.5の平方根、つまり「$\sqrt{5}$（＝2.236）」倍となる。

$$\sqrt[2]{2 \times 2.5} = \sqrt{5} = 2.236\cdots$$

さて、先ほどは豚肉を基準として比率を見たが、同じことを牛肉を基準として見てみよう。

「豚肉100ｇの値段は、牛肉100ｇの値段の0.5倍（つまり1/2倍）であったが、翌年0.4倍（つまり1/2.5倍）になった。2年間の豚肉の値段は牛肉の値段の何倍だと言えるのか」

この場合の算術平均は｛（1/2）＋（1/2.5）｝÷2＝0.45倍で、分数で表すと「1/2.222」となる。一方幾何平均は「1/$\sqrt{5}$（＝0.447）」倍となる。

$$\sqrt[2]{0.5 \times 0.4} = \sqrt{0.2} = \sqrt{\frac{1}{5}} = \frac{1}{\sqrt{5}} = 0.447\cdots$$

算術平均は0.45倍、幾何平均は0.447（1/$\sqrt{5}$）倍となり、平均値が異なる。同じ現象に関して基準を変えてみただけだから、倍数の逆数は一致しなくてはならない。幾何平均の場合、豚肉基準だと「$\sqrt{5}$」倍で牛肉基準だと「1/$\sqrt{5}$」倍になり、逆数が一致する。算術平均の場合、豚肉基準だと「2.25」倍で牛肉基準だと「1/2.222」倍となり、逆数が一致しない。どちらの比率を基準とするかによって算術平均の場合は数値に一貫性がなくなってしまい、不具合が生じる。このため比率や変化率の平均値を求める場合には、幾何平均を用いるのである。

4-5 基本統計量②：散布度

データの散らばり具合を知るにはどうしたらよいか

【キーワード】
散布度、範囲、四分位範囲、分散、標準偏差、変動係数、不偏分散、不偏標準偏差

　代表値で、たくさんあるデータの傾向をわかりやすく1つの数値で示すことができた。では、2つのグループが存在して代表値が同じだったら、その2つのグループは似た傾向にあるグループだと言えるのだろうか。たとえば、Aクラス、Bクラスそれぞれ7人の学生にテストをした結果の代表値が50点だったとしよう。AとBは同じような集団と言えるのか。

Aクラス：50, 50, 50, 50, 50, 50, 50
Bクラス：0, 0, 50, 50, 50, 100, 100

　Aクラス、Bクラスともに代表値としての最頻値、中央値、平均値は50点である。しかし、同じような傾向の集団とは言えないだろう。Aクラスはみんなが同じような学力を持っている集団で、Bクラスは中間の成績の学生が多いが、成績がよい学生と悪い学生も存在するクラスである。すなわち、2つのデータは散らばり具合が異なっている集団なのである。データを見る場合、平均値などの代表値だけに目を奪われてしまいがちであるが、データの散らばり具合も見ないと集団の傾向が明らかにはならない。そこで、データの散らばり具合の指標である散布度を見る必要が出てくる。散布度には様々なものがあるが、そのいくつかについて紹介しよう。

1 ……… 範囲

　散布度の中で最も単純なのが**範囲**（range）である。範囲とは、分布に含まれるデータの最大値と最小値の差のことである。先ほどのAクラスのテスト結果の範囲は、最大値50 − 最小値50 = 0で、範囲は「0」となる。Bクラスは最大値100 − 最小値0で「100」になる。散布度は数値が大きいほどばらつきが大きいと言えるので、Bクラスのほうが得点のばらつきが大き

いといえる。

Excelでは、最大値を求める関数＝MAXと、最小値を求める＝MINを組み合わせることで範囲を求めることができる。

範囲＝MAX（○：○）－MIN（○：○）

2………四分位範囲

範囲によりデータの散らばり具合は求められるが、範囲は外れ値の影響を受けやすい。たとえば、Aクラスの得点で1人の最高点が1,000点（！）だったとしよう。するとAクラスの範囲は950となり、急激に散布度が大きくなる。でも他の学生は50点で散らばりは少ない。そこで、外れ値の影響を受けにくい散布度の**四分位範囲**（quartile range）というものが考え出された。データを小さいものから大きいものへ全て順序づけて並べたときに、データを四等分する。そして75％（4分の3）のところ（75パーセンタイル percentile）にあたるデータと25％（4分の1）のところ（25パーセンタイル）にあたるデータの差を求めるというものである。

Bクラスのテスト結果の75パーセンタイルの値は、100と50の間だから「75」、25パーセンタイルの値は50と0の間だから「25」となる。75－25＝50で、四分位範囲は「50」になる。Aクラスの場合、75パーセンタイル値も25パーセンタイル値も50で、四分位範囲は50－50で「0」となる。ちなみにAクラスのある1人の得点が1000点になっても四分位範囲は変わらない。最大値や最小値の影響を受けにくいからだ。

Excelでは、関数＝QUARTILEを組み合わせることで範囲を求めることができる。

四分位範囲＝QUARTILE.INC（○：○, 3）－QUARTILE.INC（○：○, 1）

［（○：○）の後の数値、「3」は75％にあたる値を示し、「1」は25％にあたる値を示す。］

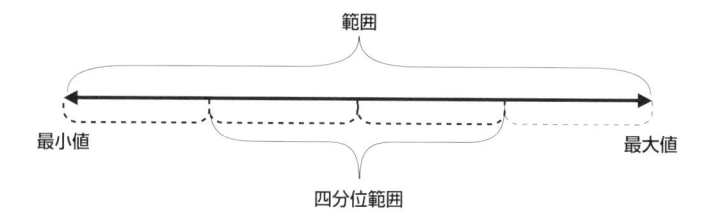

```
                     範囲
        ┌─────────────────────────┐
最小値 ←─┼───┬─────┬─────┬───┼─→ 最大値
                 └─────┴─────┘
                   四分位範囲
```

4-5　データの散らばり具合を知るにはどうしたらよいか……211

3……分散

平均値からの各データの隔たり（偏差）からデータの散らばり具合を表現しようとするのが**分散**（variance：s^2）である。各データから平均値を引く（偏差）。そうすると平均値からのずれがわかるので、それを全て足して散らばりの指標としたいところであるが、その数値には＋と－の数がある。だからそのまま足してしまうと0に近くなってしまい、ばらつきを示す値としては使えない。そこで負の数も正の数にするために偏差を2乗する（偏差平方）。それを全て足したものを偏差平方和という。その偏差平方和を標本数で割ったものが分散である。

$$S^2 = \frac{\sum_{i=1}^{n}(X_i - \overline{X})^2}{n}$$

（Xバーは平均値　nは標本数　分子の式が偏差平方和）

Bクラスの分散を求めると以下のようになる。

$$S^2 = \frac{(0-50)^2+(0-50)^2+(50-50)^2+(50-50)^2+(50-50)^2+(100-50)^2+(100-50)^2}{7}$$

$$= \frac{2500+2500+0+0+0+2500+2500}{7} = 1428.571\cdots$$

平均値からのばらつきが大きいデータだと分散は大きくなる。ちなみにクラスAの分散は0である。

Excelでは、関数＝VAR.P（○：○）で分散を求めることができる。

4……標準偏差

分散は負の偏差も正の数にするため偏差を2乗した値を使用して計算する。しかし2乗してあるため、分散は元のデータと比べ大きくなりがちで、どの程度の散らばり具合なのかわかりづらい。そこで2乗した影響を取り除くため分散の正の平方根をとり、分散で求めた値を元の単位に戻したのが**標準偏差**（standard deviation：s）である。

$$s = \sqrt{\frac{\sum_{i=1}^{n}(X_i - \overline{X})^2}{n}}$$

標準偏差は分散がわかっていれば、電卓で簡単に求めることができる。Bクラスの標準偏差は以下のとおりである。

$$S = \sqrt{1428.57} = 37.796\cdots$$

分散を求めなくても、Excel ではデータさえあれば関数 = STDEV.P（○：○）で標準偏差を求めることができる。

標準偏差は最もよく使用される散布度で、平均値が求められているデータには必ずといってよいほど標準偏差も表記されている。論文や調査報告書などでは、「SD」と略記されることが多いので注意しておこう。

5………変動係数

ある年の都道府県別の女性の寿命（平均余命）の平均値は85.84歳、標準偏差は0.45、合計特殊出生率（1人の女性が一生のうちに産む子ども数）の平均値は1.35、標準偏差は0.12である。標準偏差は平均寿命0.45、合計特殊出生率0.12であるから、平均寿命のほうがばらつきが大きいと言えるのだろうか。一般に平均値が大きいデータは標準偏差が大きくなりがちで、平均値が小さいデータは標準偏差が小さくなりがちである。元々のデータの値の大きさが異なるので、このような場合ばらつきの程度を標準偏差で直接比較してもあまり意味はない。そこで比較ができるように、標準偏差を平均値で割り、平均値の大きさの影響を取り除く操作を行う。それが**変動係数**（coefficient of variation：CV）である。

$$CV = \frac{S}{\bar{X}}$$

（$\bar{X}$ は平均値　S は標準偏差）

変動係数には単位が存在しないため、単位の異なるデータや平均値に大きな違いがあるデータの散らばり具合を比較するのに都合がよい。平均寿命と合計特殊出生率の変動係数はそれぞれ、0.0052、0.0889なので合計特殊出生率のほうが都道府県によるばらつきが大きいといえる。

6………不偏分散と不偏標準偏差

母集団ではないデータや標本数が極端に少ないデータの場合、分散が小さめになってしまうことがある。それを補正するための分散や標準偏差をそれぞれ**不偏分散**（unbiased variance）、**不偏標準偏差**（unbiased standard deviation）という。これらは前述の式の分母を n ではなく n−1 で求めることができる。

不偏分散は Excel では、関数 = VAR.S（○：○）で求めることができ、不偏標準偏差は関数 = STDEV.S（○：○）で求めることができる。

COLUMN 不偏分散と不偏標準偏差

　標本の分散や標準偏差は、母集団の分散や標準偏差の推定値にはならないことが統計学的に証明されている。そこで、母集団の分散や標準偏差を推定したい場合に用いられるのが不偏分散と不偏標準偏差なのである。不偏分散と不偏標準偏差は母集団のデータの推定値であるため、母集団の分散や標準偏差の代用として用いられるが、実際には標本数が少ないデータの場合によく使われる。

　不偏分散の求め方は以下の式による。分散の式の分母から 1 を引いたものである。

$$不偏分散 = \frac{\sum (X_i - \bar{X})^2}{n-1}$$

（X バーは平均値　n は標本数）

　4-5 の B クラスの分散は 1428.571 であったが、不偏分散を求めると 1666.667 となりやや大きくなる。

　また、不偏標準偏差の求め方は以下の式による。これも標準偏差の式の分母から −1 したものである。

$$不偏標準偏差 = \sqrt{\frac{\sum_{i=1}^{n} (X_i - \bar{X})^2}{n-1}}$$

　上述の B クラスの標準偏差は 37.7964 であったが、不偏標準偏差を求めると 40.8248 となり、これもやや大きくなる。このように分散と不偏分散、標準偏差と不偏標準偏差とでは計算結果が異なる。

　なぜ不偏分散や不偏標準偏差の場合、n−1 で割るのか。これは 4-7 で説明する自由度で割るためなのだが、後の学習のためにこれに関する知識が必要かというと詳しく知らなくても問題はないので、ここでは母集団を推定するためにそのような操作をするのだと思っておこう。

　不偏分散や不偏標準偏差は母集団の分散や標準偏差の推定値として、平均値の標準誤差を求めたり、t 検定や分散分析を行ったりする時などに使用される。しかし多くのデータを扱う場合には分散と不偏分散、標準偏差と不偏標準偏差にはあまり違いは表れない。それは n が大きくなれば、分母の n も n−1 もあまり変わりがなくなるからである。

　SPSS では「分析」→「記述統計」→「記述統計」を用いて分散や標準偏差を求めることができるが、そこで出力される「分散」は正確には不偏分散で、「標準偏差」は不偏標準偏差である。統計学的知識としては、不偏分散・不偏標準偏差なのか、そうでないかの違いを理解しておくことは必要だが、社会調査データを分析する際は大量のデータを扱うことが多いので、厳密に区別して用語を使用していないこともある。

COLUMN ▼▼▼ 偏差値

皆さんが学んできた中学や高校で、進学の際に最も気になっていた数値が偏差値だろう。その数値をみることで、時にはうらみに思ったり、時には優越感に浸ったり……。

さて、この学校教育の分野では身近な偏差値とは、いったい何なのであろうか。平均値が50だということはよく知られていることであるが、それ以外のことはあまり知られていないのではないだろうか。ここで統計学を学んでいる皆さんだから、その知識を活用して偏差値について考えてみよう。

A君のテスト結果が、数学50点、英語70点だったとしよう。この得点から、A君は数学より英語のほうがよくできたとはいえない。なぜなら、数学は難しい問題だったので平均点が40点、英語は易しかったので80点だったとすれば、そのままの数値では比較ができないからである。

平均点が異なる得点を比較するには、平均値と標準偏差を使用して、標準測度を求める方法がある。これは平均値からの偏差（引き算）を標準偏差で割ったものである。一般にZ得点と呼ばれている。

$$Z得点 = \frac{個人の得点 - 平均値（\bar{X}）}{標準偏差（SD）}$$

このような操作を行なうと標準化がなされ、Z得点の平均値は0、標準偏差は1となり、平均値や散らばり具合が異なった得点を比較することができるようになる。ただし、Z得点は＋と－の数値をとるし、小数値になることが多いので、この数値だけ見てもあまり実感ができず、テスト得点の場合何だかよくわからないことが多い。そこでもう少し理解しやすく工夫したのが偏差値である。偏差値は平均値を50、標準偏差を10に調整した数値で、以下の式で求めることができる。

$$偏差値 = (個人の得点 - 平均値) \div (標準偏差) \times 10 + 50$$

このような操作を行なえば、平均値や散らばりが異なる得点をわかりやすく比較することができるのである。

なお、偏差値は正規分布に近い分布をする場合には意味があるが、分布が正規分布から離れていたり、山が2つあるなどの分布の場合には意味のある数値にはならない。母集団の分布が正規分布に近いかどうかが示されていない偏差値は正確ではない可能性があるので注意しなければならない。

塾での講師や家庭教師をしている君が、このようなことを教えてあげられたら、「すごい先生だ！」と尊敬されるかもしれない（？）。

4-6 基本統計量③：歪度・尖度・正規分布と標準偏差

分布のゆがみを知るにはどうしたらよいか

【キーワード】
正規分布、歪度、尖度、標準偏差、t分布、χ^2分布、F分布

1……… 正規分布

　統計学の基本となるデータの分布のしかたは**正規分布**（normal distribution）と呼ばれるものである。正規分布とは、図1のように、山が1つで左右対称な釣鐘型をしている分布である。非常に多くの要因に影響されて生じる現象を測定した場合、測定数を無限に増やしていくと、その分布は正規分布になることが知られている。身体に関するさまざまな数値や、自然界や社会における諸現象は正規分布に従うものが多いとされる。たとえば、身長、体重、学力試験の成績などは正規分布に近似した分布をすることが知られている。

　100点満点の試験結果の平均値が50点だったとしよう。グラフの分布の頂点がちょうど平均値にあたる。平均値から離れれば離れるほどそのような得点をとる人は少なくなる。40点の人より30点の人は少なく、60点の人より70点の人は少ないことが、このグラフからわかるであろう。

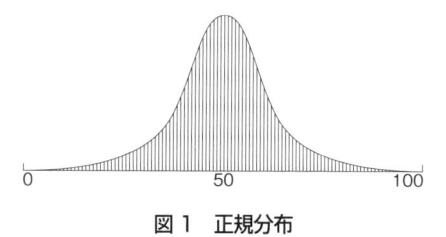

図1　正規分布

　様々な分析手法の基本は、正規分布するデータを想定していることが多い。

2……… 歪度と尖度

　先ほど、身体や自然界や社会における諸現象は正規分布に従うものが多いと述べたが、実際にデータを収集すると正規分布と比べ歪んだ形でデータが分布することのほうが多い。そこで正規分布と比べるとどのくらいデータが

歪んでいるのかを知るための基本統計量がある。それが歪度と尖度である。

歪度（skewness）とは、データの分布が左右対称であるかどうかの指標で、左右対称であれば0になり、データが左に偏る分布であると正の数、右に偏る分布であると負の数になる。

$$歪度 = \frac{\sum_{i=1}^{n}\left(\frac{X_i - \overline{X}}{S}\right)^3}{n}$$

（Xバーは平均値　Sは標準偏差　nは標本数）

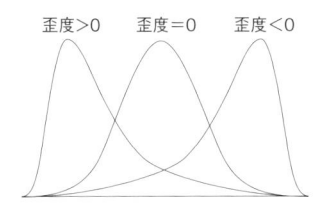

図2　歪度の異なる分布

尖度（kurtosis）とは、データのとんがり具合を示す指標で、正規分布と比べて頂点が尖った分布の場合には正の数、扁平な分布の場合には負の数になる。

$$尖度 = \frac{\sum_{i=1}^{n}\left(\frac{X_i - \overline{X}}{S}\right)^4}{n} - 3$$

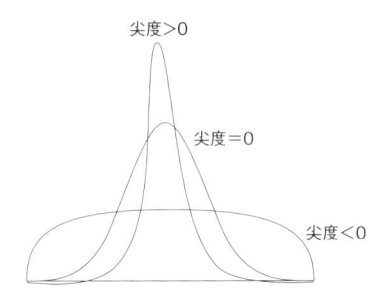

図3　尖度の異なる分布

架空のデータを用いて歪度と尖度を求めてみよう。AクラスとBクラスに5点満点のテストをしたところ表1のような結果になった。Aクラスの歪度は0.000、尖度は0.084である。Bクラスの歪度は1.297、尖度は1.486である。このデータの分布の折れ線グラフと値をみると、Aクラスは左右

対称であるから歪度が0になっており、Bクラスは左に偏っているので正の数になっているのが確認できる。また、尖度はAクラスが負の数、Bクラスは正の数であるからBクラスのほうが一点に集中した尖った分布になっていることがわかる。

ちなみにExcelでは、関数＝SKEW（○：○）を使用することで歪度を、関数＝KURT（○：○）で尖度を求めることができる。

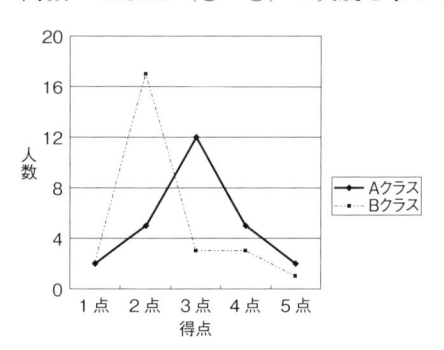

図4　テスト結果の分布

表1　テスト結果

Aクラス	Bクラス
1	1
1	1
2	2
2	2
2	2
2	2
2	2
3	2
3	2
3	2
3	2
3	2
3	2
3	2
3	2
3	2
3	2
3	2
4	3
4	3
4	3
4	4
4	4
5	4
5	5

これらデータの歪みを知ることで、社会事象の傾向をつかむこともできる。たとえば、渡邊（2006）は、歪度・尖度や代表値を用いて1920年から2000年までの日本の家族の1世帯あたりの人数のデータから家族変化を読み取っている。

1955年までは歪度が減少するが、尖度は一定で、その後1980年くらいまで一度、歪度・尖度ともに値が大きくなってその後減少する。さらに1985年以降、再び歪度・尖度ともに大きくなっている。これらの数値から1955年以降1980年前後まで、急速に1世帯あたりの人数が減少していき、それに伴い全体の分布が人数が少ないほうに歪み（歪度大）、平均人数世帯への集中度が高まる（尖度大）。しかし、その後人数が多い世帯が少なくなることで歪みは小さくなるが（歪度小）、平均世帯人数への集中度も小さくなる（尖度小）。1985年以降再び1世帯あたりの人数の減少が進んだため対称性が歪み（歪度大）、1人世帯が多くなった（尖度大）ことが読み取れる。

3……正規分布と標準偏差

正規分布をするデータと標準偏差には理論的にある性質があることが明らかにされている。平均値 ± 標準偏差（SD）の範囲内には全体の68.3％のデータが含まれ、標準的なデータは大体平均値 ± 標準偏差内に収まる。また平均値 ± 標準偏差の2倍（2SD）の範囲内には95.4％のデータが含まれる。さらに平均値 ± 標準偏差の3倍（3SD）の範囲内には99.7％のデータが含まれ、ほぼほとんどのデータが含まれることになる。

たとえば1,000人に100点満点の試験を行い、その結果の平均値が50、標準偏差が10で、正規分布をしているとしよう。平均値 ±SD は 50±10 だから、40～60点の間に683人が存在することになる。平均値 ±2SD の 30～70 点の間に954人が存在することになる。さらに平均値 ±3SD の 20～80 点の間に997人、つまりほとんどの人が含まれることになる。

さて先ほど、平均値 ±2SD の範囲内には95.4％のデータが含まれると説明したが、では95％ぴったりのデータが含まれるのはどのくらいの標準偏差の範囲なのか。それを計算すると2にきわめて近い1.96倍、つまり平均値 ±1.96SD の中に95％のデータが含まれることになる。テストの例で言えば、50±19.6、30.4～69.6点の間に1,000人中950人が含まれることになる。30.4点未満や、69.6点を超える人は合計して50人しかいないことになるのである。この「1.96」倍という数字は後に使用するので、とりあえず95％のデータが含まれる範囲だと覚えておこう。

4……正規分布以外の分布

統計学で使用する分布には正規分布の他に様々な確率分布が存在する。推測統計学で推定や検定が行われる場合、t分布、χ^2分布、F分布などがよく使用される。t分布は「2グループの平均値の差の検定」や「相関係数の検定」などで用いられる。χ^2分布は「クロス集計の検定」などで使用される。F分布は「分散分析」や「等分散の検定」などで使われる。この分布について学習を深めたい場合は統計学関連の書籍を参照してほしい。

【参考文献】

渡邊勉, 2006,「分布のかたちを数値で明らかにする—日本の核家族化」数理社会学会監修『社会の見方，測り方—計量社会学への招待』勁草書房, pp.37-45.

【確率分布表】

t 分布表（両側）

自由度	5%水準 (95%信頼)	1%水準 (99%信頼)
1	12.706	63.657
2	4.303	9.925
3	3.183	5.841
4	2.776	4.604
5	2.571	4.032
6	2.447	3.707
7	2.365	3.500
8	2.306	3.355
9	2.262	3.250
10	2.228	3.169
11	2.201	3.106
12	2.179	3.055
13	2.160	3.012
14	2.145	2.977
15	2.132	2.947
16	2.120	2.921
17	2.110	2.898
18	2.101	2.878
19	2.093	2.861
20	2.086	2.845
21	2.080	2.831
22	2.074	2.819
23	2.069	2.807
24	2.064	2.797
25	2.060	2.787
26	2.056	2.779
27	2.052	2.771
28	2.048	2.763
29	2.045	2.756
30	2.042	2.750
40	2.021	2.705
60	2.000	2.660
80	1.990	2.639
120	1.980	2.617
∞	1.960	2.576

x^2 分布表

自由度	5%水準	1%水準
1	3.841	6.635
2	5.991	9.210
3	7.815	11.345
4	9.488	13.277
5	11.070	15.086
6	12.592	16.812
7	14.067	18.475
8	15.507	20.090
9	16.919	21.666
10	18.307	23.209
11	19.675	24.725
12	21.026	26.217
13	22.362	27.688
14	23.685	29.141
15	24.996	30.578
16	26.296	32.000
17	27.587	33.409
18	28.869	34.805
19	30.144	36.191
20	31.410	37.566
21	32.671	38.932
22	33.924	40.289
23	35.172	41.638
24	36.415	42.980
25	37.652	44.314
26	38.885	45.642
27	40.113	46.963
28	41.337	48.278
29	42.557	49.588
30	43.773	50.892
40	55.758	63.691
50	67.505	76.154
60	79.082	88.379
70	90.531	100.425
80	101.879	112.329
90	113.145	124.116
100	124.342	135.807
110	135.480	147.414
120	146.567	158.950
130	157.610	170.423
140	168.613	181.841

F 分布表（5%水準）

自由度2 \ 自由度1	1	2	3	4	5	6	7	8	9	10	15	20	30	40	60	120	∞
1	161.45	199.50	215.71	224.58	230.16	233.99	236.77	238.88	240.54	241.88	245.95	248.01	250.09	251.14	252.20	253.25	254.32
2	18.51	19.00	19.16	19.25	19.30	19.33	19.35	19.37	19.38	19.40	19.43	19.45	19.46	19.47	19.48	19.49	19.50
3	10.13	9.55	9.28	9.12	9.01	8.94	8.89	8.85	8.81	8.79	8.70	8.66	8.62	8.59	8.57	8.55	8.53
4	7.71	6.94	6.59	6.39	6.26	6.16	6.09	6.04	6.00	5.96	5.86	5.80	5.75	5.72	5.69	5.66	5.63
5	6.61	5.79	5.41	5.19	5.05	4.95	4.88	4.82	4.77	4.74	4.62	4.56	4.50	4.46	4.43	4.40	4.36
6	5.99	5.14	4.76	4.53	4.39	4.28	4.21	4.15	4.10	4.06	3.94	3.87	3.81	3.77	3.74	3.70	3.67
7	5.59	4.74	4.35	4.12	3.97	3.87	3.79	3.73	3.68	3.64	3.51	3.44	3.38	3.34	3.30	3.27	3.23
8	5.32	4.46	4.07	3.84	3.69	3.58	3.50	3.44	3.39	3.35	3.22	3.15	3.08	3.04	3.01	2.97	2.93
9	5.12	4.26	3.86	3.63	3.48	3.37	3.29	3.23	3.18	3.14	3.01	2.94	2.86	2.83	2.79	2.75	2.71
10	4.96	4.10	3.71	3.48	3.33	3.22	3.14	3.07	3.02	2.98	2.85	2.77	2.70	2.66	2.62	2.58	2.54
11	4.84	3.98	3.59	3.36	3.20	3.09	3.01	2.95	2.90	2.85	2.72	2.65	2.57	2.53	2.49	2.45	2.40
12	4.75	3.89	3.49	3.26	3.11	3.00	2.91	2.85	2.80	2.75	2.62	2.54	2.47	2.43	2.38	2.34	2.30
13	4.67	3.81	3.41	3.18	3.03	2.92	2.83	2.77	2.71	2.67	2.53	2.46	2.38	2.34	2.30	2.25	2.21
14	4.60	3.74	3.34	3.11	2.96	2.85	2.76	2.70	2.65	2.60	2.46	2.39	2.31	2.27	2.22	2.18	2.13
15	4.54	3.68	3.29	3.06	2.90	2.79	2.71	2.64	2.59	2.54	2.40	2.33	2.25	2.20	2.16	2.11	2.07
16	4.49	3.63	3.24	3.01	2.85	2.74	2.66	2.59	2.54	2.49	2.35	2.28	2.19	2.15	2.11	2.06	2.01
17	4.45	3.59	3.20	2.96	2.81	2.70	2.61	2.55	2.49	2.45	2.31	2.23	2.15	2.10	2.06	2.01	1.96
18	4.41	3.55	3.16	2.93	2.77	2.66	2.58	2.51	2.46	2.41	2.27	2.19	2.11	2.06	2.02	1.97	1.92
19	4.38	3.52	3.13	2.90	2.74	2.63	2.54	2.48	2.42	2.38	2.23	2.16	2.07	2.03	1.98	1.93	1.88
20	4.35	3.49	3.10	2.87	2.71	2.60	2.51	2.45	2.39	2.35	2.20	2.12	2.04	1.99	1.95	1.90	1.84
22	4.30	3.44	3.05	2.82	2.66	2.55	2.46	2.40	2.34	2.30	2.15	2.07	1.98	1.94	1.89	1.84	1.78
24	4.26	3.40	3.01	2.78	2.62	2.51	2.42	2.36	2.30	2.25	2.11	2.03	1.94	1.89	1.84	1.79	1.73
26	4.23	3.37	2.98	2.74	2.59	2.47	2.39	2.32	2.27	2.22	2.07	1.99	1.90	1.85	1.80	1.75	1.69
28	4.20	3.34	2.95	2.71	2.56	2.45	2.36	2.29	2.24	2.19	2.04	1.96	1.87	1.82	1.77	1.71	1.65
30	4.17	3.32	2.92	2.69	2.53	2.42	2.33	2.27	2.21	2.16	2.01	1.93	1.84	1.79	1.74	1.68	1.62
32	4.15	3.29	2.90	2.67	2.51	2.40	2.31	2.24	2.19	2.14	1.99	1.91	1.82	1.77	1.71	1.66	1.59
34	4.13	3.28	2.88	2.65	2.49	2.38	2.29	2.23	2.17	2.12	1.97	1.89	1.80	1.75	1.69	1.63	1.57
36	4.11	3.26	2.87	2.63	2.48	2.36	2.28	2.21	2.15	2.11	1.95	1.87	1.78	1.73	1.67	1.61	1.55
38	4.10	3.24	2.85	2.62	2.46	2.35	2.26	2.19	2.14	2.09	1.94	1.85	1.76	1.71	1.65	1.59	1.53
40	4.08	3.23	2.84	2.61	2.45	2.34	2.25	2.18	2.12	2.08	1.92	1.84	1.74	1.69	1.64	1.58	1.51
42	4.07	3.22	2.83	2.59	2.44	2.32	2.24	2.17	2.11	2.06	1.91	1.83	1.73	1.68	1.62	1.57	1.49
44	4.06	3.21	2.82	2.58	2.43	2.31	2.23	2.16	2.10	2.05	1.90	1.81	1.72	1.67	1.61	1.55	1.48
46	4.05	3.20	2.81	2.57	2.42	2.30	2.22	2.15	2.09	2.04	1.89	1.80	1.71	1.65	1.60	1.53	1.46
48	4.04	3.19	2.80	2.57	2.41	2.29	2.21	2.14	2.08	2.03	1.88	1.79	1.70	1.64	1.59	1.52	1.45
50	4.03	3.18	2.79	2.56	2.40	2.29	2.20	2.13	2.07	2.03	1.87	1.78	1.69	1.63	1.58	1.51	1.44
60	4.00	3.15	2.76	2.53	2.37	2.25	2.17	2.10	2.04	1.99	1.84	1.75	1.65	1.59	1.53	1.47	1.39
70	3.98	3.13	2.74	2.50	2.35	2.23	2.14	2.07	2.02	1.97	1.81	1.72	1.62	1.57	1.50	1.44	1.35
80	3.96	3.11	2.72	2.49	2.33	2.21	2.13	2.06	2.00	1.95	1.79	1.70	1.60	1.54	1.48	1.41	1.32
100	3.94	3.09	2.70	2.46	2.31	2.19	2.10	2.03	1.97	1.93	1.77	1.68	1.57	1.52	1.45	1.38	1.28
200	3.89	3.04	2.65	2.42	2.26	2.14	2.06	1.98	1.93	1.88	1.72	1.62	1.52	1.46	1.39	1.30	1.19
∞	3.84	2.99	2.60	2.37	2.21	2.09	2.01	1.94	1.88	1.83	1.67	1.57	1.46	1.39	1.32	1.22	1.00

4-6　分布のゆがみを知るにはどうしたらよいか……221

4-7 確率論の基礎／検定・推定の理論

検定や推定とは何か

【キーワード】
確率、推定、統計的検定、帰無仮説、対立仮説、有意水準、有意確率、自由度

1………コイン投げと確率

コイン10枚を投げて、表が出る数を当てるゲームをするとしよう。あなたは何を数字として挙げるか。0や10を挙げる人は少なく、5を挙げる人が多いのではないだろうか。なぜなら5が出る確率が最も高いと知っているからだ。0が出るには10枚とも裏でなければならず、また10が出るには10枚とも表でなければならない。全て裏や表のようなことが起こる確率が低いことも我々は知っている。このようなコイン投げのゲームを何度も続けて行っていくと5が多く、0や10は少なく、その結果をヒストグラムにしてみると5を頂点としたなだらかな単峰の山が描ける。このように、ある現象を確率的に考えていくと、その結果の分布のしかたが決まってくる。この確率の考えを用いながら、推定や統計的検定という作業を行っていくのである。

2………確率論──内閣支持率と確率

標本調査をして内閣支持率を出そうというとき、10人調べて支持率を出すのと、100人調べて出すのとでは調査結果の精度が異なっているのは誰でもわかるであろう。しかし、なぜ多く調べたほうが精度が高くなるのか。それを確率という視点から考えてみよう。

ある国の有権者全て（母集団）の内閣支持率が30％だとする（実際にはわからないのだが……）。そのような状況の元、1人を標本として調査した場合、支持率の標本調査結果は0％か100％かのいずれかになる。調査結果100％、つまり1人が「支持する」と答える確率は実際の支持率が30％だから0.3である。逆に「支持しない」と答える確率は100−30％だから0.7である。支持する確率0.3と支持しない確率0.7を比べると「支持しない」、つ

まり標本では支持率0％のほうが出現する確率が高くなる。

　ではAとBの2人に調査した場合はどうか。支持率は2人とも支持する場合は支持率100％、一方が支持する場合は支持率50％、2人とも支持しない場合は支持率0％という結果が出る。出現する支持率の可能性は100％、50％、0％のいずれかである。支持率100％が出る確率は0.3（A支持）×0.3（B支持）＝0.09である。支持率0％が出る確率は0.7（A不支持）×0.7（B不支持）＝0.49である。支持率50％が出る確率は2種類ある。Aが支持してBが不支持の場合と、Aが不支持でBが支持する場合である。確率を計算すると0.3（A支持）×0.7（B不支持）＝0.21、0.7（A不支持）×0.3（B支持）＝0.21であるから、0.21＋0.21＝0.42となる。2人の標本調査で支持率100％が出る確率は0.09、50％の確率は0.42、0％の確率は0.49で、0％か50％の支持率が出る確率が高いことがわかる。

　さらに3人を標本とした場合はどうなるか。3人の場合、出現する支持率は0％（全員不支持）、33％（1人支持）、67％（2人支持）、100％（全員支持）の4種類となる。上記の考えと同様に標本の支持率の確率を求めると、0％は0.343（0.7×0.7×0.7）、33％は0.441（0.3×0.7×0.7＋0.7×0.7×0.3＋0.7×0.3×0.7）、67％は0.189（0.3×0.3×0.7＋0.3×0.7×0.3＋0.7×0.3×0.3）、100％は0.027（0.3×0.3×0.3）となり、支持率33％が出現する確率が最も高い。33％は母集団の支持率30％にきわめて近い数値である。

　このように標本数を増やしていくと、母集団の支持率に近い内閣支持率が出る確率が高くなり、調査結果の精度が上がるのである。

3……推定と検定

　標本数を増やすと調査結果の精度は上がるが、標本のデータは母集団のデータではないので確定的な数値ではない。そのため得られた標本データから推測統計学を用いて、母集団の特性の推定や統計的検定を行うのである。

　推定（estimation）とは標本データから母集団のある値の大きさを推測する統計方法である。標本調査で内閣支持率30％という数値が出ても、母集団全体を調べていないので30％ピッタリではなく誤差が含まれる。どれくらいの誤差が含まれるのかを確率論の考えを元に計算が可能なのである。一般的に推定を行う場合、「95％信頼区間」「95％確か」などの言葉が用いられる。

　統計的検定（statistical test）とは、標本データの特徴が母集団の性質を

反映しているのか、あるいは偶然に生じたものなのかを検証するための方法である。別の言い方をすると、統計学的に意味がある（有意である）ことや、差がある（有意差がある）ことを明らかにする方法である。たとえば統計的検定をすることによって、男性の内閣支持率が32％で、女性の支持率が28％だった場合、男女差があると言ってよいのか、いけないのかを判断することが可能なのである。一般的に統計的検定を行う場合、「5％水準で有意差がある」「1％水準で有意である」などの言葉が用いられる。

4……統計的検定の手順

　統計的検定をするためには、母集団に関して証明したい仮説を立てる。「男性と女性の内閣支持率が異なる」という仮説を立てたとしよう。これを証明したいが、統計学の特性上それを直接証明するのは無理である。異なる事例は数限りなくあるからである。そのため、「差がない」という仮説を立てる。これを**帰無仮説**（null hypothesis）という。男女差が偶然に生じる確率を計算し、偶然ではないと考えられる、あるいは誤差の範囲を超えている場合は「差がない」という帰無仮説は誤っていることになる。そのため帰無仮説を棄却（reject）し、元の仮説（＝**対立仮説**）「男女差がある」を採択するのである。もし、男女差が偶然に起こりえる、あるいは誤差の範囲内である場合は「差がない」という帰無仮説は正しいことになる。そのため帰無仮説「差がない」を採択し、男女差はないと解釈するのである。

　このように統計的検定は、「差がない」「関連しない」「有意でない」という帰無仮説を立て、その結果が偶然に生じる確率が低い場合、あるいは誤差の範囲を超える場合には帰無仮説を棄却し、「有意差がある」「関連がある」「有意である」という解釈を行う。一方、偶然に生じる確率が高い場合、誤差の範囲内である場合には帰無仮説を採択し、「差がない」「関連しない」「有意でない」という解釈を行うのである。

5……有意水準

　偶然に生じる確率が低いとは、一般に統計学では5％とされている。内閣支持率に関して同様の調査を100回実施した場合、5回差のない結果が出て、95回は差のある結果が出たとすれば、「差がある」と言ってよい。つまり帰無仮説「差がない」の出現頻度は5％である。しかし、5％を超えると確率的に偶然の可能性が高いと判断し、「差がない」とする。今の例で言えば、

調査を100回実施して、6回差のない結果が出て94回は差のある結果が出ても「差がある」とは言えないことになる。

このように5%を基準として検定結果を判断するのが一般的である。**有意水準**（significance level）とは、この判定の基準を表す数値（確率）で、$p < 0.05$などと表示される。pは**有意確率**（significance probability）のことを示し、$p < 0.05$は「5%水準で有意差がある」「5%水準で有意である」などと表現される。ちなみにさらに出現頻度が低い場合には、$p < 0.01$「1%水準で有意差がある」「1%水準で有意である」が用いられる。

推定をする場合、「95%信頼区間」のように、確率的に確かだと言える95%という数値を用いる。95%確かであれば、ほぼ間違いはないと考えてよいということである。これら5%や95%という数値は、後の推定や検定で頻繁に使用されるので、その意味を把握しておこう。

6┄┄┄┄自由度

推定や統計的検定を行う場合、t分布、χ^2分布、F分布などがよく使用される（4-6 確率分布表参照）。正規分布以外の表には**自由度**（degree of freedom：DF）という言葉が出てくるが、t分布、χ^2分布、F分布は標本数によってその分布の形が異なり、推定や統計的検定を行う際に自由度を求めて、その値（有意点の値）を知る必要がある。自由度とは、分散を変えずに自由に動かせるデータの数のことであるが、そのように言われてもわかりづらいだろう。ここではとりあえず、統計学的な意味は理解しなくてもよい。自由度を求めることができれば、確率分布表から値を読むことができるからだ。さらに言えば推定や統計的検定は、実際はコンピュータで行うことが多いので、とりあえずこのように求めるものだと理解しておこう。

たとえば平均値の推定をする場合、t分布を用い、95%確かなt分布の統計量を求めるには自由度を知る必要がある。標本調査81人の平均体重の信頼区間を知るための自由度はn−1で、n（標本数）は81なので自由度は80、その場合のt分布表の95%信頼区間の有意点の値は1.990となる。この数値を用いて推定や検定を行うが、それは4-8以降で扱う。

【参考文献】
佐藤俊樹，2000，「1枚の図表から」今田高俊編『社会学研究法―リアリティの捉え方』有斐閣，pp.150-172.

4-8 推定理論とその応用／抽出法の理論

標本データから
どこまで確かなことがいえるのか

[キーワード]
標本抽出、母集団、標本誤差、標準誤差、区間推定、信頼区間、標本数

1……… 母集団と標本

　社会調査を実施する場合、本来なら悉皆調査（全数調査）をしたいところだが、時間・コスト・調査員の人数などの問題から実際には標本調査が多く行われている。標本抽出（サンプリング）をする際には様々な方法があることを別の章で学んできたが、母集団の特性を代表するような標本を抽出しないと、標本調査の結果は母集団を反映しなくなるおそれがある。その意味で、標本抽出の際には、なるべく偏りが少ないデータを収集する必要がある。

　標本調査を実施した結果は、一般的に調査結果として公表される。たとえば何%であるだとか、平均値がいくつであるだとかの数値として示される。しかし、これらのデータは誤差を含んであるのである。

2……… 標本誤差

　標本のデータは母集団のデータではないので確定的な数値ではない。標本には母集団からみて統計的な誤差があり、それを**標本誤差**（sampling error）という。どのくらいの誤差があるかは、確率論の考え方を用いて標本のデータから推定することが可能である。母集団のデータを全て集めたら100%確実なことは言えるが、標本では100%確実なことは言えない。しかし無作為抽出法で収集されたデータの場合、「95%確実である」などと言うことはできる。たとえば無作為抽出の標本調査で内閣支持率が30.0%という結果が出た場合、どれくらいの誤差を含んでいるか推定できるのである。

3……… 割合の標準誤差と区間推定

　母集団の割合を推定するためには、まず標準誤差を求める。**標準誤差**

（standard error：SE）は標準偏差に似たようなもので、母集団に対する標本の誤差である。標本の割合（p）の標準誤差は以下の式で計算できる。

割合の標準誤差の計算式

$$SE(p) = \sqrt{\frac{p(1-p)}{n}}$$

（pは標本調査結果の割合　nは標本数）

標本100人に調査した場合の内閣支持率30.0％の標準誤差を求めてみよう。標本調査結果の割合pは30.0％＝0.3、標本数nは100であり、計算すると0.046になる。これを％に直すと4.6％が標準誤差となる。

$$\sqrt{\frac{0.3 \times (1-0.3)}{100}} = 0.046\cdots$$

ただし、母集団が有限である場合、以下の式が用いられる。

有限母集団の割合の標準誤差の計算式

$$SE(p) = \sqrt{\left(1-\frac{n}{N}\right)\frac{p(1-p)}{n}}$$

（pは標本調査結果の割合　nは標本数　Nは母集団数）

母集団が1億人で100人に調査した場合の内閣支持率30.0％の標準誤差を求めると、これも0.046になる。母集団が大きいと、一般的な計算式で求めた場合とほとんど違いはない。母集団が大きい場合は、一般的な割合の標準誤差を求めても問題はないと言える。

$$\sqrt{\left(1-\frac{100}{100{,}000{,}000}\right)\frac{0.3 \times (1-0.3)}{100}} = 0.046\cdots$$

さて、この標準誤差0.046に1.96を掛けると、95％まで確かな標準誤差を求めることができる（1.96を掛ける意味については4-7を参照）。0.046×1.96＝0.090となり、これを％表示にすると9.0％ということになる。内閣支持率30.0％は±9.0％の誤差を含んでおり、30.0％とは21.0〜39.0％といえば95％まで確実ということができるのである。

統計学では誤差を考える場合、**区間推定**（interval estimation）という用語を用いることがある。その言い方で同じことを表現すれば、標本調査での支持率30.0％の95％信頼区間は21.0〜39.0％であると言える。

4……平均値の標準誤差と区間推定

標本調査の平均値の場合、標準誤差を求めるには、先ほどの式とは異なる

以下の式を用いる。

平均値の標準誤差の計算式

$$SE(\bar{X}) = \frac{u}{\sqrt{n}}$$

（u は不偏標準偏差　n は標本数）

A町の男性81人の平均体重が63.0 kg、不偏標準偏差が5.0の場合、標準誤差は0.556となる。

$$\frac{5.0}{\sqrt{81}} = 0.556 \text{（四捨五入結果）}$$

平均値の推定を行う場合、正規分布ではなくt分布に従い、t分布表をみる。95％信頼区間の有意点の値を知るには、標本数が81の場合、自由度はn−1で80の場所を見る。その際の有意点の値は1.990となる。先ほど求めた0.556にこの数値を掛け、0.556×1.990＝1.106が95％まで確かな標本誤差ということになる。標本調査での平均体重63.0 kgの95％信頼区間は63.0±1.1だから、平均体重63.0 kgとは61.9〜64.1 kgの間といえば95％確かであると言える。

5……世論調査と標本誤差

これらの考え方を用いて、報道機関による世論調査の標本誤差を考えてみよう。全国紙の新聞社や報道機関では定期的に全国的な世論調査を実施している。その際、調査対象者は20歳以上の有権者で、面接調査の場合3,000人程度の標本を抽出し、実際には6割程度の回収率が多く、有効回答者数は2,000人程度である。これらの調査の標本誤差はどれくらいであるのかみてみよう。

日本の有権者数を1億人、標本数を2,000人、ある項目で「はい」と答えた割合が50％という結果を得たとする。その場合の標準誤差は先ほどの式に当てはめて計算すると0.011となる。95％まで確かな標準誤差を求めると0.011×1.96＝0.022となり、これを％表示にすると2.2％ということになる。割合50％は±2.2％の誤差を含んでおり、50％とは47.8〜52.2の間といえば95％まで確実ということができるのである。ちなみに同様に95％信頼区間を求めると、40％（または60％）の場合±2.1％、30％（または70％）の場合±2.0％、20％（または70％）の場合±1.8％、10％（または90％）の場合±1.3％となる。すなわち、世論調査の結果は統計学的にみて前後約

2％程度の誤差が含まれるデータだとみてよいのである。

6……標本数の決め方

標本誤差という考え方を用いて、調査をする時の標本数を決めることもできる。ある割合の場合にどの程度の誤差まで認めるのかを決定すれば、これまでの考え方から標本数を求めることができるのである。

標本数の決め方の計算式（95％の信頼度の場合）

$$n=\frac{N}{\left(\frac{\varepsilon}{1.96}\right)^2 \frac{N-1}{p(1-p)}+1}$$

（Nは母集団数　nは標本数　pは割合　εは割合の±の幅）

たとえば、母集団が1億人で、50％（＝0.5）の割合の場合、95％の信頼度で±5％（＝0.05）の誤差を認めることができるとしよう。

$$\frac{100,000,000}{\left(\frac{0.05}{1.96}\right)^2 \frac{100,000,000-1}{0.5(1-0.5)}+1}=384.15$$

この計算の結果、384人の標本データを集めれば、調査の結果50％の場合、前後5％幅の誤差のデータを収集することが理論的に可能であるといえるのである。

【課題】
　母集団が1億人、50％の割合の場合、95％の信頼度で±2.5％の誤差を認めることができるために必要な標本数を求めよ。

【参考文献】
大谷信介，2005，「サンプリングの理論と実際」大谷信介ほか編『社会調査へのアプローチ（第2版）』ミネルヴァ書房，pp.120-159.

4-9　相関係数／偏相関係数

量的変数間の関連性を知るにはどうしたらよいか

【キーワード】
ピアソンの積率相関係数、散布図、正の相関、負の相関、外れ値、偏相関係数、疑似相関

1……変数の種類とデータ間の関連性

ここまでは基本的に1つの変数の分析について扱ってきた。社会調査データを分析していく場合、「支持すると答えた人が○％いた」だとか、「幸福度の平均は○であった」などと1変数だけを見るのではなく、他の変数との関連性を見ていく必要が出てくる。たとえば「支持するのは性別で違いがあるのか」や「都市部と地方では幸福度は違うのか」などの疑問を解決していくためには、変数と変数との関連性をみていかなくてはならない。

さて2つの変数間の関連性を明らかにするためには、その変数の種類が量的変数であるか質的変数であるかによって使用できる分析方法が異なってくる。4-2でも説明したように、量的変数間の関連性は相関係数、質的変数間の関連性はクロス集計、質的変数と量的変数との関連性は平均値の比較であるt検定や分散分析が基本的に用いられる。

2……散布図と相関

量的変数間の関連性を図示するには散布図が使われる。表1は10人の学生の数学と統計学のテスト結果、1日平均テレビ視聴時間、体重のサンプルデータである。数学と物理テスト結果の関連性を散布図にすると図1のようになる。

この図を見ると、数学の得点が高い人は統計学の得点も高く、数学が低い人は統計学も低い傾向にあることがわかる。つまり分布のしかたが右上がりになっている。このように変数 X が増えると変数 Y も増える関連性を**正の相関**という。

表1 学生サンプル・データ

学生番号	数学(点)	統計学(点)	TV(分/日)	体重(kg)
1	80	75	30	54
2	25	30	240	66
3	65	50	130	45
4	37	40	160	65
5	95	87	20	45
6	72	69	40	70
7	44	48	160	55
8	16	10	280	46
9	56	54	90	74
10	58	60	80	62

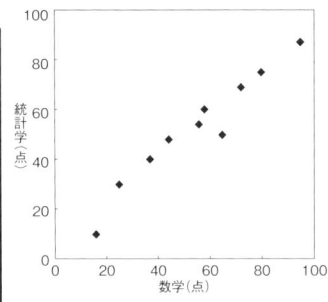

図1 数学テストと統計学テストとの関連

　統計学の得点と平均TV視聴時間との関連性を散布図にすると図2のように、今度は右下がりの分布になる。TVを普段多く見ている人は統計学の得点が低く、見ていない人は統計学の得点が高い傾向にある。このように変数Xが増えると変数Yが減る関連性を**負の相関**という。

　また統計学の得点と体重との関連性を散布図にすると、図3のように分布は全体的に散らばって明確な傾向は見えない。体重が重いと統計学の得点が高いとか、軽いほうが統計学の得点が高いなどの傾向はみられない。このように変数Xと変数Yに直線的な関連性がない場合は**無相関**、あるいは**相関なし**という言い方をする。

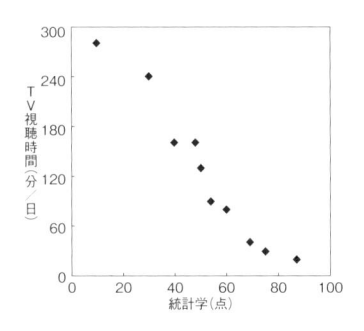

図2 統計学テストとTV視聴時間との関連

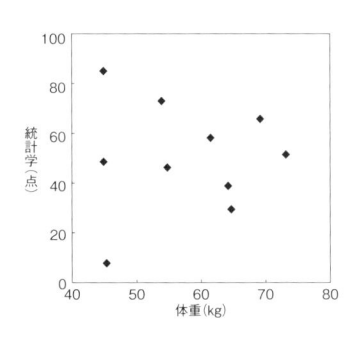

図3 統計学テストと体重との関連

3………相関係数

　散布図をみることにより2つの量的変数間に相関があるのかどうかある程度わかるが、その関連の強さはどのように判断したらよいのであろうか。量的変数間の関連性の強さをみる指標として**相関係数**（correlation coefficient：r）がある。相関係数にはいくつかの求め方があるが、一般に相関係数と言ったら、ピアソンの積率相関係数（Pearson's product-moment correlation coefficient）のことをさす。相関係数は以下の式で求めることができる。

$$r_{xy} = \frac{\frac{1}{n}\sum_{i=1}^{n}(x_i - \bar{x})(y_i - \bar{y})}{S_x S_y}$$

(nは標本数　xバー・yバーは平均値　S_xとS_yはそれぞれx、yの標準偏差　ちなみに分子の式で求められる数値を共分散という)

　標本数が多いと計算は大変なので、一般にはコンピュータを用いて計算する。Excelでは関数＝CORREL（○：○, ○：○）を用いて求めることができる。○：○には2つの変数データの範囲を指定する。

　先ほどの例の相関係数を求めると、数学と統計学は0.969、統計学とTV視聴時間は－0.973、統計学と体重は0.001となる。相関係数は＋1に近いほど2つの変数間には強い正の相関があるといえ、－1に近づくと強い負の相関があるといえる。0に近い値になると相関がないといえる。相関係数は－1から＋1までの値をとり、＋1より大きくなったり－1より小さくなったりすることはない。数学と統計学の相関係数は0.969なので強い正の相関がある、統計学とTV視聴時間は－0.973なので強い負の相関がある、統計学と体重は0.001なので相関がないということが言えるのである。

　さて、相関係数はどれくらいの値であれば相関があると言えるのか。絶対値が0.7～1.0であれば「強い相関がある」、0.4～0.7であれば「かなり相関がある」、0.2～0.4であれば「やや相関がある」、0.0～0.2であれば「ほとんど相関がない」というようなある程度の目安はある。しかし、これはデータ数によって変わるので絶対的なものではない。そこで統計学的に有意であるかどうかの判断は相関係数の検定によって行う。その求め方はここでは触れないが、SPSSなどの統計ソフトを使って相関係数を求めると検定結果も出力してくれる。検定の結果、有意な相関係数かそうでないかが＊印で一目でわかるようになっており、＊が1つの場合は「5％水準で有意」、＊＊の場合は

「1％水準で有意」であることが示される。

4……相関係数の注意点

相関係数は直線的な関係を示す指標であり、散布図を描き直線的な関連ではなくU字型・逆U字型の形になっている場合は相関係数が0に近くなる。しかし、関連性がないわけではないので、散布図を見て関連性を解釈する必要がある。

また、外れ値が1つでもあると相関係数の値は大きく変わる。そのため散布図を描き、もし外れ値が存在する場合はそのデータを除いて再計算したり、順位相関係数を求めたりする手続きが必要になってくることを頭の中に入れておこう。

5……偏相関係数

あるスーパーでの売り上げを2週間にわたってデータを収集した結果が表2である。肉の売り上げとアイスの売り上げの関連性について相関係数を用いて分析した。その結果 $r = 0.564$ で、相関係数の検定をしたところ5％水準で有意であり（$p < 0.05$）、「かなり正の相関がある」という結果が得られた。「肉が売れる日はアイスも売れる」ということがわかった。「肉を食べた後、アイスが食べたくなるのでこのような結果になった」と言えるだろうか。単純に考えれば、アイスが売れるのは暑い日である。これまでのデータは気温の影響を考えてこなかった。そこで第3の変数を取り入れ、その影響を取り除いたときの関連性の強さが知りたい場合に用いるのが**偏相関係数**（partial correlation coefficient）である。偏相関係数とは、変数zの影響を取り除いたときの変数xと変数yの間の相関係数のことである。偏相関係数は以下の計算式で求

表2 あるスーパーマーケットでの売り上げ

	肉売上 (pack)	アイス売上(個)	最高気温(℃)
日曜日	500	160	30
月曜日	400	35	25
火曜日	450	50	26
水曜日	200	30	25
木曜日	100	100	30
金曜日	550	150	31
土曜日	750	200	32
日曜日	400	210	29
月曜日	200	100	27
火曜日	400	50	26
水曜日	250	25	25
木曜日	540	70	26
金曜日	560	125	27
土曜日	870	170	30

めることができる。

$$r_{xy \cdot z} = \frac{r_{xy} - r_{xz} r_{yz}}{\sqrt{1-r_{xz}^2}\sqrt{1-r_{yz}^2}}$$

（r_{xy} は x と y の相関係数　その他同様）

　最高気温という変数の影響を取り除いたときの肉とアイスの売り上げの偏相関係数を求めると r = 0.353 となる。ちなみにこの偏相関係数は相関係数の検定を行うと統計学的に有意ではない（ns[not significant]）という結果が出た。つまり相関はないということになるのである。肉とアイスの売り上げに相関があったように見えることを**擬似相関**（spurious correlation）という。

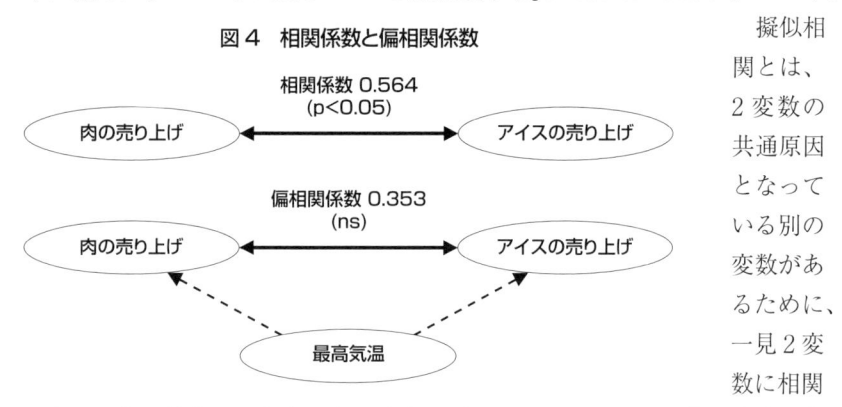

図4　相関係数と偏相関係数

相関係数 0.564
(p<0.05)
肉の売り上げ ⟷ アイスの売り上げ

偏相関係数 0.353
(ns)
肉の売り上げ ⟷ アイスの売り上げ
　　　　　↖　　　↗
　　　　　最高気温

　擬似相関とは、2変数の共通原因となっている別の変数があるために、一見2変数に相関があるように見えることをいう。有名な話では、コウノトリが多い地域は出生率が高いという擬似相関の例がある。「コウノトリが赤ん坊を運んでくるから」なんてバカな話はない。コウノトリが生息しているのは農村部が多く、一般に都市部より農村部のほうが出生率が高いのでこのような結果になっただけのことなのである。

　相関係数を求め絶対値が大きかったら関連があると早計に判断せずに、それらに影響を与えている第3の変数がないかどうかを考えてみる必要があることに注意しておこう。

【課題】
①表1、表2のデータを使って相関係数を求めてみよう。
②アイスクリームの売り上げと海での溺死者数には相関があるという結果が出た。これが擬似相関である理由を考えてみよう。

COLUMN ▼▼▼ 曲線相関と外れ値

あるクラスで総合的な学力を 100 点満点で測定し、運動能力も 100 点満点で測定した結果が表である。この表からピアソンの積率相関係数を求めると、r = 0.078 で 0 に近く、相関が認められないという結果になった。さて、この 2 つの変数は本当に関連がないと言えるのだろうか。

表1 学力と運動能力

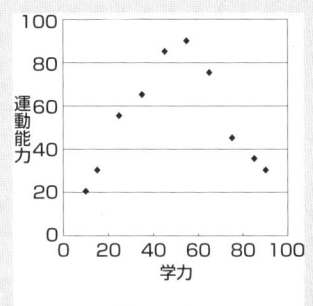

番号	学力	運動能力
1	90	30
2	85	35
3	55	90
4	25	55
5	65	75
6	75	45
7	10	20
8	35	65
9	15	30
10	45	85

図1 学力と運動能力との関連

図1はデータから散布図を描いたものである。直線的な分布状況は見られないが、逆 U 字型をした分布が認められる。このグラフから、学力が低い人と高い人は運動能力が低い傾向があり、学力が中程度の人は運動能力が高い傾向があるということが読み取れる。つまり、何らかの関連性がありそうである。相関係数は直線的な関連性の強さをみる指標なので、曲線的な関連性の場合でも相関係数の絶対値が小さくなりがちになる。

図2は右上がりの直線的な傾向が見られるが、右下に外れ値にあたるデータが 1 つある（学生番号5）。この相関係数を求めると、r = 0.276 で低い相関係数になる。しかし外れ値を削除して相関係数を求めると r = 0.956 で強い相関が認められる。グラフから全体的には正の相関の傾向がみられるため、このような場合は外れ値を除いて再計算することがよいだろう。場合によっては順位相関係数を求めることも考えられる。

以上のように相関係数の数値だけで関連性を判断できない場合もあるので、散布図を描いて関連性を視覚的に見てみることも重要なのである。

表2 学生のサンプルデータ

学生番号	数学(点)	統計学(点)
1	80	75
2	25	30
3	65	50
4	37	40
5	95	3
6	72	69
7	44	48
8	16	10
9	56	54
10	58	60

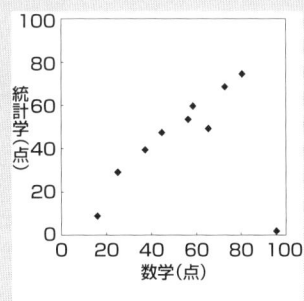

図2 数学テストと統計学テストとの関連（外れ値あり）

COLUMN ▼▼▼ 順位相関係数

ピアソンの積率相関係数は比例尺度や間隔尺度などの量的変数間の相関の強さをみる場合に用いた。それ以外の相関係数の求め方がある。それがスピアマンの順位相関係数（ρ）やケンドールの順位相関係数（τ）である。順位相関係数は、比例尺度や間隔尺度だけでなく順序尺度の場合でも使用が可能である。また、データが正規分布していない時などに用いられる。

スピアマンの順位相関係数（Spearman's rank correlation coefficient：ρ[ロー]）は、以下の式で求めることができる。

$$\rho = 1 - \frac{6\sum_{i=1}^{n}(x_i - y_i)^2}{n(n^2 - 1)}$$

（x、y は順位に並べ替えたデータ　n は標本数）

4-9 で用いた学生のサンプルデータの数学と統計学の得点をそれぞれ小さいものから順に並べ替えた順位を表の右側に示した。

表　学生のサンプル・データ順位（低い準）

学生番号	数学	統計学	数学順位	統計学順位
1	80	75	9	9
2	25	30	2	2
3	65	50	7	5
4	37	40	3	3
5	95	87	10	10
6	72	69	8	8
7	44	48	4	4
8	16	10	1	1
9	56	54	5	6
10	58	60	6	7

この順位データを用いて、式の x に数学の順位データを、y に統計学の順位データを、n = 10 を入れて計算するとスピアマンの順位相関係数は ρ = 0.964 となる。ピアソンの積率相関係数 r = 0.969 だったので、かなり似た数値である。この場合近い数値になったが、外れ値があった時にはピアソンの積率相関係数は大きく変わってしまう。しかし順相関係数は外れ値があってもその影響を受けにくいという利点がある。

ケンドールの順位相関係数（Kendall's rank correlation coefficient：τ[タウ]）は、データの数値を直接用いて計算するのではなく、それぞれのペアの数値の大小関係からその一致度と不一致度を調べて相関係数を出す方法である。ちなみにこのデータの場合 0.911 となる。

スピアマン、ケンドールいずれの順位相関係数も SPSS を使用し、「相関」→「2 変量」を選択し、相関係数を求める変数を指定したら、その中で「Spearman」「Kendall のタウ」にチェックを入れると計算することができる。

COLUMN 女性の社会進出と少子化 ──赤川学『子どもが減って何が悪いか！』より

近年、「男女共同参画社会が実現すれば、少子化は防げる」、つまり、女性が子どもを産んでも心配しないで働けるような社会になれば、子どもが増えるというような発言を報道などで聞く。このような言説が広まったのは日本人口学の権威、阿藤（2000）のデータ分析結果の影響が大きいと社会学者の赤川（2004 pp.11-14）は推測している。本当に女性の社会進出が進めば少子化は防げるのか。

阿藤は『現代人口学』の中で、1995年のOECD13ヶ国のデータを用いて横軸に女性の労働力率、縦軸に合計特殊出生率をとった散布図（p.202）を描いた。全体的に右上がりの分布をしているグラフと相関係数 $r = 0.51$ から、「女子の労働力率が高い国ほど、（中略）出生率が高い」「男女共同参画社会の理念が浸透し、個人主義が徹底している国ほど出生率が高い」（阿藤 pp.201-204）ことを示すと述べている。

しかし赤川は、「OECD加盟国は（中略）95年時点でも25ヶ国あった。それなのになぜ、この13ヶ国のみが取り上げられているのか」という疑問を持ち、出生率が判明しない1国を除いた24ヶ国のデータを集めて集計し直した。その結果、相関係数を求めると $r = -0.311$ となり、負の相関が見られた。「つまり、女性労働力率が高ければ高いほど出生率は低いことになる」（p.17）のだ。ただしこの24ヶ国のデータは散布図を見るとトルコのデータが外れ値になっている。そこで外れ値を除外して23ヶ国の相関係数を求めると $r = 0.238$ となり弱い相関が見られた。年度がやや異なるデータがあるので、もう一度阿藤の使った13ヶ国を取り出して相関係数を求めると $r = 0.449$ となり、23ヶ国の相関係数と比べると大きくなっていることがわかった。これらのことから赤川は、「（前略）13ヶ国は、相関係数がより高くなるようなサンプルなのである」（p.17）とし、「サンプルの選び方次第で、これほど結論が異なりかねないデータを、統計的事実として公表することに疑問を感じる」（p.18）と述べている。この事例から学ぶべきことは、どのような標本を用いるかによって結果としての相関係数が大きく変わるので、個々のデータを良くみないで相関係数のみで結果を判断してしまうと、誤った社会的事実の認識をしてしまうことがあるということである。

【参考文献】
赤川学, 2004,『子どもが減って何が悪いか！』筑摩書房.
阿藤城, 2000,『現代人口学』日本評論社.

4-10 独立性の検定／属性相関係数（クロス集計）
質的変数間の関連性を知るにはどうしたらよいか

【キーワード】
クロス集計、x^2検定、ファイ係数、クラメールの連関係数

1……クロス集計

量的変数間の関連性をみるには相関係数を求めたが、質的変数と質的変数の関連性をみるにはどうしたらよいのか。その場合には**クロス集計**（cross tabulation）を用いる。行（横軸）と列（縦軸）とに変数をあてて交差させ、頻度を表したものがクロス集計である。数値が入っているそれぞれの枠をセル（cell）という。

表1 男は仕事・女は家庭（人）

	賛成	反対	計
女性	36	82	118
男性	78	105	183
計	114	187	301

表1のクロス集計は、行に性別（男性・女性）、列に意識（賛成・反対）を入れている。この表をみると、「男は仕事、女は家庭」に「反対」の人は女性82人で、男性105人だから男性のほうが「反対」した人が多いと言えるだろうか。男女を比較するためには％で比較をしないといけない。しかし、その％の表示のしかたが意外と難しい。この表の場合、性別による違いを見たい。女性全体の中の何％が反対で、男性全体の中の何％が反対か知りたいので、行を100％とした表2のようなクロス表を作成するのが望ましい。

表2 男は仕事・女は家庭（％）

	賛成	反対	計
女性	30.5%	69.5%	100.0%
男性	42.6%	57.4%	100.0%
計	37.9%	62.1%	100.0%

そうすると反対する割合は女性69.5％、男性57.4％で、女性のほうが「反対」者が多いことがわかる。さて、この結果は統計学的に差があるといってよいのか、あるいは誤差の範囲なのか、今度はそれを検証する必要がある。

2………χ^2検定（独立性の検定）

クロス集計を行なった場合に用いられる統計的検定がχ^2検定（chi-square test）である。χは「カイ」と読む。χ^2検定を実施するには、まず期待値（expectation）という数値を求めなくてはならない。期待値とは全体の数から推定される値のことである。一方、実際に調査で集められたデータは観測値（observation）と呼ばれる。先ほどの例で期待値を求めてみよう。クロス集計結果にもし男女差がなければ、男性、女性ともに計にある37.9%の人が「賛成」とするはずである。女性は全体の39.2%存在する。そこから以下のようにして期待値を求める。

女性で「賛成」は、301人×0.392（女性）×0.379（賛成）＝44.7人
男性で「賛成」は、301人×0.608（男性）×0.379（賛成）＝69.3人
女性で「反対」は、301人×0.392（女性）×0.621（反対）＝73.3人
男性で「反対」は、301人×0.608（男性）×0.621（反対）＝113.7人

この期待値は、差がなければ理論的にそれぞれのセルに入る数値である。

これらの観測値と期待値のズレが大きければ、差があると考えてよいし、ズレが少なければ差はないと考えてよい。χ^2検定を実施するには、この観測値と期待値を使ってχ^2値を求める。

表3　男は仕事・女は家庭（観測値と期待値）

	賛成	反対	計
女性（観測値）	36	82	118
（期待値）	44.7	73.3	
男性（観測値）	78	105	183
（期待値）	69.3	113.7	
計	114	187	301

$$\chi^2 = \sum \frac{(観測値-期待値)^2}{期待値}$$

$$\chi^2 = \frac{(36-44.7)^2}{44.7} + \frac{(78-69.3)^2}{69.3} + \frac{(82-73.3)^2}{73.3} + \frac{(105-113.7)^2}{113.7} = 4.475\cdots$$

この場合、統計学的に差があるかどうかの判断はχ^2分布を用いる。χ^2分布表をみる場合の自由度（DF）は以下のように求める。

DF ＝（行のカテゴリ数 －1）（列のカテゴリ数 －1）
DF ＝（2－1）（2－1）＝ 1

χ^2分布で5%水準の危険率、自由度1の場合の有意点の値をみると3.841である。求めたχ^2値は4.475なので理論値よりも大きい。ゆえにこのクロス集計結果は5%水準で有意差がある（$p < 0.05$）と言ってよい。女性のほうが有意に「反対」の人が多いことになる。男女による性別役割分担意識に違

いがあるという解釈が成り立つわけである。

　このような手続きを行なって検定を実施するのであるが、χ^2 検定をする場合、いずれかのセルの期待値が小さくなると（通常 5 未満）、検定のための統計量の χ^2 分布へのあてはまりが悪くなる。簡単にいうと正確な検定結果が得られなくなるのである。あるセルの期待値が 5 未満になってしまう場合は、可能であれば隣り合うカテゴリ同士を合わせ、もう一度クロス集計をし直して検定を行なうことが勧められる。

　なお統計パッケージ IBM SPSS を用いると、簡単な操作でクロス集計表の作成、%の表示、χ^2 検定結果の計算をしてくれる。ただし%の表示は 3 種類あるので、行、列、全体のどれを選ぶかには十分注意しなくてはならない。

3………2×2のクロス表の検定

　クロス集計の検定の基本は χ^2 検定であるから、それを理解しておけば基本的には問題ない。しかし、行のカテゴリ数が 2 個、列のカテゴリ数が 2 個の前述のような 2×2 のクロス表の場合、一般的な χ^2 検定とはやや異なる検定方法があることは頭の片隅に入れておこう。特にいずれかのセルの期待値が 5 未満の場合に使用されることが多い方法である。その 1 つが**連続修正**（continuity correction）あるいは**イエーツの補正**（Yate's correction）と呼ばれるものである。これは、元来連続的な分布である χ^2 分布へ、人数のような整数値しかとらないデータから得た統計量を χ^2 分布にあてはまりがよくなるようにするために修正するものである。詳しい計算方法は省略するが、上記の例では連続修正の値は 3.975 となり、5%水準で有意差がある結果となる。

　もう 1 つは**フィッシャーの直接法**（Fisher's exact test）という方法である。これは仮定する χ^2 分布などを用いて有意確率（p 値）から検定する方法ではなく、帰無仮説のもとで実際のデータの起こる確率を直接求め検定を行なう方法である。これも計算方法は省略するが、上記の例では 5%水準で有意差がある結果となる。

　SPSS を用いると 2×2 のクロス表の場合、χ^2 検定の指定をすると自動的に連続修正とフィッシャーの直接法の検定結果も計算をしてくれる。ただし実際に検定を行ってみると、χ^2 検定も連続修正もフィッシャーの直接法も大きな違いが出ることは少なく、どの方法でも有意差がある場合は有意差がみられ、有意差がない場合はいずれの方法でも差がないことのほうが多い。

4………属性相関係数（名義尺度間の相関）

　質的変数でも順序尺度間であれば順位相関係数を用いて関連性の強さを計算することが可能である。では名義尺度の場合は関連性の強さを求めるにはどうしたらよいのか。このような場合に用いられるのが属性相関係数と呼ばれるファイ係数やクラメール（あるいはクラマー）の連関係数である。

　ファイ係数（phi coefficient：ϕ）は、クロス表の関連を表す相関係数である。ファイ係数は2×2のクロス表の場合、ピアソンの積率相関係数の絶対値と一致する。しかしファイ係数はクロス集計のカテゴリ数により上限が1とは限らなくなるので、カテゴリ数の異なるクロス集計との関連の強さの比較ができない欠点がある。

$$\phi = \sqrt{\frac{\chi^2}{n}}$$

（χ^2はクロス集計から求めたカイ2乗値）

　クラメールの連関係数（Cramer's coefficient of contingency：V）は、ピアソンの積率相関係数やファイ係数とは異なり負の値をとることがなく、0から＋1までの値をとる。1に近いほど2変数間の関連性が強いといえる指標である。そのため、クラメールの連関係数は異なったカテゴリ数のクロス集計の関連の強さを比較することができる。ゆえに名義尺度間の相関を求めたい場合は、最も望ましい指標だとされている。

$$V = \frac{\phi}{\sqrt{t-1}}$$

（ϕはファイ係数　tはクロス集計表の行・列の数の少ないほうの数値）

　ちなみにファイ係数とクラメールの連関係数の有意性の検定結果は、χ^2検定の有意確率と全く同じである。上記の例での計算結果はV = 0.122（p < 0.05）である。ファイ係数とクラメールの連関係数は、χ^2値がわかれば上記の式で電卓で簡単に計算できるが、SPSSを用いてクロス集計の際に「統計」でチェックを入れるだけで求めることができる。

4-11 平均の差の検定

質的変数と量的変数との関連性を知るにはどうしたらよいか

【キーワード】
t検定、等分散性の検定、分散分析、多重比較

1……平均値の差の検定

　量的変数と量的変数の関連性を知るのには相関係数、質的変数と質的変数の関連性を知るのにはクロス集計とχ^2検定を用いた。では質的変数と量的変数の関連性、たとえば性別（質的変数）と1週間の食材の買い物日数（量的変数）との関連性を知りたい場合にはどうしたらよいのか。このような場合は男性と女性それぞれの1週間に行く買い物日数の平均値を比べればよい。そして平均値の差の検定を行なうが、2つの平均値の差の検定方法をt検定といい、3以上の平均値の差の検定を分散分析という。

　先ほどの例の男女による買い物日数の場合は、男女という2つのグループの平均値を比較するのでt検定を用いる。また大都市、中小都市、農村の地域による買い物日数の違いを調べたい場合には、3つのグループがあるので分散分析を使用する。

2……t検定

　2つの平均値の差の検定が**t検定**（t test）である。t検定を行なうにはデータからt値を求める。男性の1週間の買い物日数の平均値が3.1日、（不偏）標準偏差1.1、標本数61、女性の平均値が4.2日、（不偏）標準偏差0.9、標本数61だとしよう。以下の式に当てはめ計算すると、t＝6.045となる。

t値の計算式

$$t = \frac{|\bar{x} - \bar{y}|}{\sqrt{\dfrac{(m-1)u_x^2 + (n-1)u_y^2}{m+n-2}\left(\dfrac{1}{m} + \dfrac{1}{n}\right)}}$$

（xバー　yバーは平均値　uは不偏標準偏差　m、nは標本数）

$$t=\frac{|3.1-4.2|}{\sqrt{\frac{(61-1)\times 1.1^2+(61-1)\times 0.9^2}{61+61-2}\left(\frac{1}{61}+\frac{1}{61}\right)}}=6.045\cdots$$

有意差があるかどうかを判断するためにはt分布表をみる必要があり、この場合の自由度は、A標本数＋B標本数－2で、61+61-2 = 120 となる。t分布表で自由度120の両側5%水準の有意点の値を見ると1.980で、t値はこの値より大きいので5%水準で有意差がある。すなわち統計学的にみて、男性よりも女性のほうが買い物日数は多いということが言えるのである。

さてt検定を行なう前に、実際には2つのグループのデータが等分散かどうかの検定を行なう。それを**等分散性の検定**という。この結果によってt検定の方法が異なる。等分散性の検定を行なうためには以下の式でF値を求める。買い物日数の2つのデータのF値は1.494となる。

F値の計算式

$$F=\frac{u_x^2}{u_y^2}$$

（uは不偏標準偏差）

$$F=\frac{1.1^2}{0.9^2}=1.494\cdots$$

男性のデータと女性のデータが等分散かそうでないかを判断するためには、今度はF分布表をみる必要がある。自由度は、A標本数－1で60、B標本数－1で60となりF分布表の自由度60と60の交点をみる。すると5%水準の有意点の値は1.53で、計算したF = 1.494はこの値より小さいので有意差があるとはいえない。すなわち男性と女性の分散には統計学的にみて分散の違いはなく、等分散であると言える。

2つグループのデータが等分散である場合、上の**ステューデント**（student）の方法で検定を行なうことができる。しかし、2つのグループのデータが等分散でない場合、**ウェルチ**（Welch）の方法という手法を用いて検定を実施しなくてはならない。t値の求め方と、自由度の求め方が異なる。その求め方については省略するが、SPSSを用いると等分散を仮定したステューデントのt検定と、等分散を仮定しないウェルチのt検定の両方の検定結果が出力される。ただし、実際にはどちらの方法でも検定結果が異なることは少ない。

t検定は2つの平均値の差の検定であることは前にも述べたが、ここで扱

ってきたt検定は2つの異なったグループの平均値の差の検定であった。では、たとえばある集団でダイエットをした場合の効果を知りたいため、ダイエット前と後では平均体重には差があるのかどうかを知りたいといった場合にはどうしたらよいのか。このデータは同一グループのダイエット前と後の体重を比較するものである。同じグループの2つの平均値の違いを検定する場合には、「**対応のあるサンプルのt検定**」という方法を用いる。それに対してこれまで扱ってきた2つの異なるグループの平均値の比較は「**独立したサンプルのt検定**」と呼ばれる。対応のあるサンプルのt検定についてここでは詳しく扱わないが、SPSSではこの対応のあるサンプルのt検定も「平均の比較」を用いて容易にできるようになっている。

3……… 分散分析

t検定の方法を理解すれば、3つのグループA、B、Cの平均値の差の検定をしたいと考えた場合、AとB、AとC、BとCそれぞれのt検定をすればよいと思われそうだが、統計学的にそうしてはいけない。3つ以上のグループの平均値の差の検定を行なう場合には**分散分析**（analysis of variance：ANOVA 一元配置分散分析）を用いる。分散分析はデータからF値を求めるため、F検定と呼ばれることもある。

3つのグループのF値は、各グループの平均値の全平均値からのズレ（群間の変動）と各グループ内でのデータの平均値からのズレ（群内の変動）と自由度から求める。計算したF値がF分布表の有意点の値よりも小さい場合、これらグループのデータは1つの母集団からのデータである、つまり有意差はないと判断し、F値が大きい場合1つの母集団からのデータではない、つまり有意差があるということが言える。計算方法やF分布表の見方などがやや複雑なので詳しく述べないが、Excelの「分析ツール」やSPSSの「平均の比較」→「一元配置分散分析」を使うことで計算することが可能である。

たとえばある年のアメリカの調査GSS（General Social Survey）のデータを用いて、人種（白人・黒人・その他：質的変数）によって教育を受けてきた年数（就学年数：量的変数）に違いがあるかどうかを分散分析によって分析してみる。就学年数の平均値は白人13.1（SD2.96）、黒人11.9（SD2.68）、その他の人種12.5（SD4.00）で、F値は13.746、5%水準で有意差があることがわかる。

基本的にはここまで理解してもらえばよいが、次に多重比較やクラスカル・ウォリスの検定に関しても説明しておく。

4……多重比較

分散分析を行なうことで3つ以上のグループの平均値に全体として違いがあるかどうかがわかるが、どのグループとどのグループに統計学的に差があるのかまではわからない。また先ほど述べたように、それぞれのt検定を行なってもいけない。分散分析結果でそれぞれのグループの差を明らかにするには3つ以上のグループを同時一括的に比較する**多重比較**（multiple comparison）を実施する必要がある。多重比較の検定には様々な方法があり、最も単純だとされるのが**ボンフェローニの多重比較**（Bonferroni's multiple comparison）である。その他にも、**テューキーのHSD検定**（Tukey's honestly significant difference test）や**シェフの検定**（Scheffe's test）など様々な方法があり、それぞれ長所や短所を持つがここでは詳しくは触れない。とりあえず、3つのどのグループ間に違いがあるのか統計学的に知りたい場合には多重比較をする必要があると覚えておこう。

先ほどのGSSのデータを用いてボンフェローニの多重比較を行なうと、白人と黒人の就学年数には5％水準で有意差があるが、他の人種間では有意差は認められないことが明らかになる。ちなみにテューキーのHSDの検定やシェフの検定でも同じ結果が得られる。

5……等分散性の検定とクラスカル・ウォリスの検定

厳密に言うと3つ以上のグループのデータが等分散である場合に、分散分析を用いて検定を行なうことができる。しかし、等分散性の検定を行い等分散でないとわかった場合、あるいは標本数が少ない場合は、分散分析のかわりにノンパラメトリック検定の**クラスカル・ウォリスの検定**（Kruskal-Wallis's test）を用いる。

先ほどのGSSデータの3つの人種グループの就学年数データは等分散ではないことがわかった。そのためクラスカル・ウォリスの検定を行ったが、χ^2値 = 25.460、自由度2の5％水準の有意点の値5.991なので、計算で求めたχ^2値はこの値より大きいため有意差があるといえる。この結果は分散分析結果と同様である。

4-12 変数のコントロール

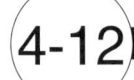

変数の関連性に
他の変数の影響はないだろうか

[キーワード]
変数のコントロール、3重クロス集計、エラボレーション

1………変数のコントロール

2つの事象に直接的な相関がないのに、あたかも相関があるように見えてしまうことを擬似相関ということを相関係数（4-9）の説明の中で既述した。その場合、第3の変数の影響を取り除いた2変数間の直接的な関連性についてみていく必要がある。このように、ある変数の影響を考えたり、影響を取り除いて分析したりすることを**変数のコントロール**という。量的変数間の場合、偏相関係数を使用することで第3の変数の影響を取り除いた相関係数を求めることができたが、質的変数間ではどうしたらよいのか。

2………エラボレーション

質的変数間の場合はクロス集計をすることでその関連性をみてきたが、クロス集計は基本的に2つの質的変数間の関連性をみるものであった。第3の変数を入れて分析をしていくためには、2変数間のクロス集計表を第3の変数のカテゴリごとに分割してクロス集計をする必要がある。これを**3重クロス集計**と呼ぶ。3重クロス集計表を作成することで、最初の2変数間でみられる変数間の関連性が間違いないことを確認したり、新たな関係を発見したりすることが可能になる。この分析方法を社会学者P.F.ラザースフェルドは**エラボレーション**（elaboration：精緻化）と名づけた。

エラボレーションには2つのタイプがある。女性が未婚であるか既婚であるかとアイスクリームの嗜好には一見関連があり、未婚女性のほうがアイスクリームを食べるという結果になった。しかし、年齢という第3の変数を導入すると、未婚であるか既婚であるかにはアイスクリームの嗜好にほとんど差がなかった。つまり結婚状況とアイスクリームの嗜好との関連は見せかけ

の関連（＝擬似関連）で、年齢が低いと未婚者が多く、年齢が低いほうがアイスクリームを食べる傾向にあるので、未婚・既婚とアイスクリームの嗜好に関連性があるように見えてしまったのである。このようなタイプをMタイプ（elaboration by Marginals）と呼ぶ。

以下は女性の結婚状況とアイスクリームの嗜好に関してのデータである。

916人のデータのクロス集計結果の実数が表1である。未婚女性と既婚女性の人数に大きな違いがあるためそのまま比較はできない。この場合、結婚状況によるアイスクリームの嗜好の違いを知りたいので、列を100％としたクロス集計表を作成した。それが表2である。

表1　アイスクリームの嗜好と結婚状況（人）

	未婚	既婚	計
よく食べる	201	402	603
あまり食べない	69	244	313
計	270	646	916

表2　アイスクリームの嗜好と結婚状況（％）

	未婚	既婚	計
よく食べる	74.4%	62.2%	65.8%
あまり食べない	25.6%	37.8%	34.2%
計	100.0%	100.0%	100.0%

この結果をみると、未婚者でよく食べる人は74.4％、既婚者でよく食べる人は62.2％で未婚者のほうが多い。χ^2検定の結果、χ^2値＝12.63、自由度＝1で、1％水準で有意差があることが明らかになった。これだけみると、結婚状況とアイスクリームの嗜好には関連性があると解釈してしまう。しかし、第3の変数の年齢を入れて3重クロス集計をすると以下のような結果になる。

30歳未満の未婚者でアイスクリームをよく食べる人は78.9％、既婚者は81.0％で大きな違いはない。

表3　アイスクリームの嗜好と結婚状況（上段：人数　下段：％）

	30歳未満		30歳以上	
	未婚	既婚	未婚	既婚
よく食べる	161 78.9%	102 81.0%	40 60.6%	300 57.7%
あまり食べない	43 21.1%	24 19.0%	26 39.4%	220 42.3%
計	204 100.0%	126 100.0%	66 100.0%	520 100.0%

一方30歳以上の未婚者はよく食べる人は60.6％、既婚者は57.7％でこれもさほど違いはない。χ^2検定を行なうと、30歳未満はχ^2値が0.199、30歳以上はχ^2値＝0.204で、自由度1の5％の有意点の値3.841より共に小さく有

意差はみられなかった。未婚であるか既婚であるかよりも、年齢に関連性があり、30歳未満の場合8割程度よく食べているのに対し、30歳以上の場合6割程度であるから、年齢が低いほうがアイスクリームをよく食べる傾向が見られる。ちなみに年齢とアイスクリームの嗜好のクロス集計をし χ^2 検定を行なうと、χ^2 値 = 44.098 で、1％水準で有意差があった。このようにエラボレーションを行なうと、アイスクリームの嗜好性は未婚であるか既婚であるかではなく、年齢と関連性があることが明らかになる。

表4 クラシック音楽の愛好と年齢（上段:人数　下段:%）

	50歳未満	50歳以上	計
よく聴く	423 39.0%	583 38.9%	1,006 38.9%
聴かない	663 61.0%	914 61.1%	1,577 61.1%
計	1,086 100.0%	1,497 100.0%	2,583 100.0%

さて、もう1つの例をみてみよう。表4はクラシック音楽の愛好状況と年齢に関してのデータである。

クラシック音楽をよく聴く人は50歳未満39.0％、50歳以上38.9％でほとんど違いはない。このことからクラシック音楽の愛好と年齢とには関連はないと解釈してしまいそうである。実際に χ^2 検定をしても有意差はみられない。

表5 クラシック音楽の愛好と年齢（上段:人数　下段:%）

	大学卒		高校卒以下	
	50歳未満	50歳以上	50歳未満	50歳以上
よく聴く	231 57.4%	221 45.5%	192 28.9%	362 35.8%
聴かない	191 45.3%	265 54.5%	472 71.1%	649 64.2%
計	422 100.0%	486 100.0%	664 100.0%	1,011 100.0%

しかし表5のように学歴という第3の変数を導入すると、大学卒の場合は年齢が低いほうがクラシックをよく聴き、χ^2 検定の結果1％水準で有意差があることが明らかになる。また高校卒以下の場合は年齢が高いほどクラシックを聴いており、これも χ^2 検定の結果1％水準で有意差がある。高学歴は年齢が低いほど、低学歴は年齢が高いほどクラシック音楽を聴く傾向にあるという、やや複雑な関係がみえてくる。すなわちクラシック音楽と年齢には関連がないわけではなく、学歴と年齢の組み合わせによってクラシック音楽の愛好のしかたが異なるのである。このタイプのエラボレーションをPタイプ（elaboration by Parcials）と呼ぶ。

以上の分析方法は、第3の変数を同じ状態にしておいて2変数の関連性をみているので変数をコントロールしている分析といえるのである。

3……ログリニア分析

　変数のコントロールについての基本はここまで理解できればよいが、応用としてログリニア分析について説明しておく。**ログリニア分析**（log-linear analysis：あるいはログリニア・モデル）とは、3重クロス集計のような多重クロス集計の質的変数間の関連性を明らかにするための分析手法である。先ほどもみてきたように、3つの質的変数を扱っていくと3重クロス表を作成して、それぞれ検定を行なわなくてはならず面倒なことになる。質的変数が3つならまだしも、それ以上多くなった場合、コントロールする変数を順次変えてクロス集計を行なわなくてはならず、煩雑で何と何が関連があるのかないのかわからなくなってくる。そこで力を発揮するのがログリニア分析である。社会学の分野でログリニア分析の有用性を広めたのがフェザーマンとハウザー（Featherman & Hauser, 1978）である。ログリニア分析は尤度比統計量（L^2）や AIC などの適合度の検定などを通して、どの変数とどの変数に関連があるのかモデルを用いて説明できる。論文等で頻繁に出てくる分析手法ではなく、一般的な SPSS のバージョンでも簡単には分析できないので、詳しくは参考文献を参照してほしい。

【参考文献】
小島秀夫，1991，「GLIM（Generalized Linear Interactive Modeling）によるログリニア・モデルの測定」『茨城大学教育学部紀要，人文・社会科学・芸術』40，pp.131-143．
近藤博之，1992，「クロス表の分析」盛山和夫ほか『社会調査法』放送大学教育振興会，pp.129-142．
原純輔，1983，「質的データの解析法」直井優編『社会調査の基礎』サイエンス社，pp.207-264．
廣瀬毅士，2007，「ログリニア分析」村瀬洋一ほか編『SPSS による多変量解析』オーム社，pp.299-328．
Featherman, D.L. and Hauser, R.M., 1978, *Opportunity and Change*, New York: Academic Press.

COLUMN ノンパラメトリック検定

ノンパラメトリック検定 (nonparametric test) とは、母集団データの分布に正規分布やt分布、F分布、χ^2分布などある特定の分布を仮定しないで統計的検定を行う方法のことである。それに対して、ここで学んできたある母集団データに特定の分布を仮定する検定を**パラメトリック検定** (parametric test) という。

ノンパラメトリック検定は、母集団の分布に特定の分布を仮定しない検定であるから、データがきれいな統計分布をしないと思われる場合や、データが少ない場合(20サンプル程度)などに用いる。データの数値がきれいな分布をしていなければ、数値の分布を考えてもしかたがない。そこでノンパラメトリック検定はデータの数値そのものではなく、データを大きさの順に並べて順序尺度に直して検定を行なうのである。

ノンパラメトリック検定の利点は、データが少なくても検定を行えることや、データに外れ値が含まれている場合でも正しい検定結果が得られることである。一方、欠点はパラメトリック検定と比べ一般に検定力(power)が低下することだと言われている。

表 検定の方法

関連性	分析方法	検定方法	
		パラメトリック	ノンパラメトリック
量的変数×量的変数	相関係数	相関係数の検定	順位相関係数の検定
質的変数×質的変数	クロス集計	―	フィッシャーの直接法、χ^2検定
質的変数×量的変数	平均値の比較(独立した2つのサンプル)	独立したサンプルのt検定	ウィルコクソンの順位和検定(=マン・ホイットニーのU検定)
	平均値の比較(対応のある2つのサンプル)	対応のあるサンプルのt検定	ウィルコクソンの符号付順位検定
	平均値の比較(3つ以上)	分散分析	クラスカル・ウォリスの検定

ノンパラメトリック検定はサンプル数が少ないデータを扱うことが比較的多い心理学や医学の分野などでよく使用されている。そのような文献を読む機会がある場合、検定結果が出てきた時に何の検定を行っているのか、とりあえず理解できればよいだろう。

ノンパラメトリック検定はデータの値を直接使わないので、データの持つ情報を全部使い切っていないことを意味する。つまりノンパラメトリック検定は少ない情報量で検定を行っているので、分布の前提が特定できるならパラメトリック検定の方がよいとされている。その意味ではパラメトリックが検定の基本になるので、まずは本章で扱う検定方法を身につけていくことにしよう。

【参考文献】
岩崎学, 2006, 『統計的データ解析入門―ノンパラメトリック法』東京図書.
岩原信九郎, 1964, 『ノンパラメトリック法―新しい教育・心理統計(第2版)』日本文化科学社.
柳川堯, 1982, 『ノンパラメトリック法』培風館.

COLUMN 教員の一人前感のログリニア分析

　学校の現場で教員はどのように一人前感を得ることができるのか。ある県の小・中学校の一般教員1,365人の調査データを用いて分析してみる。
　「あなたは、自分は教師として『一人前』であると思いますか。それともそうは思いませんか」と質問した結果、「『一人前』だと思う」15.3％、「どちらかというと『一人前』だと思う」33.1％、「『一人前』だとは思わない」14.4％（NA：無回答0.8％）であった。「一人前感」と「年齢（年代）」との関連をみるため、一人前感を得点化し分散分析してみると、年齢が上昇するにつれて一人前感が高くなることがわかった。
　また、教員としての資質を高めるために役立った研修機会等と一人前感との関連を明らかにするため、判別分析（discriminant analysis）という分析方法を行った。その結果、「校長・教頭のリーダーシップ・アドバイス」の判別係数が高く、「一人前感」は「校長・教頭のリーダーシップ・アドバイス」とも関連があることがわかった。
　では「一人前感」は「年齢」との関連が強いのか、それとも「校長・教頭のリーダーシップ」との関連が強いのか。これを明らかにするため3重クロス表を作成し、ログリニア分析を行なった結果が下の表である。表の「モデル」とは、関連性のあるものの組み合わせで、(A)(I)(K)はそれぞれがともに関連していないことを示すモデルである。AIC（赤池情報量基準）はモデルの適切性を判断する値で、値が小さいモデルほど適切な

表　ログリニア分析結果

モデル	L^2	DF	AIC
(A)(I)(K)	354.4	31	292.4
(K)(AI)	105.8	28	49.8
(I)(AK)	272.5	19	234.5
(A)(IK)	327.4	27	273.4
(AI)(AK)	23.8	16	−8.2
(AK)(IK)	245.4	15	215.4
(AI)(IK)	79.7	24	30.7
(AI)(AK)(IK)	14.5	12	−9.5

（Aは年齢、Iは一人前感、Kは校長・教頭のリーダーシップ・アドバイス）

モデルだということができる。すると(A)(I)(K)のAICは数値が大きい（292.4）ため適切なモデルではないことがわかる。モデル(AI)(AK)は、「年齢」と「一人前感」、「年齢」と「校長・教頭のリーダーシップ」がそれぞれ関連していることを示すモデルであるが、このモデルの数値は小さく（−8.2）適切であると判断できる。また(AI)(AK)(IK)も適切なモデルであるといえる（−9.5）。
　適切なモデルの(AI)(AK)と(AI)(AK)(IK)は同じ組み合わせが含まれているので、この2つのモデルを比較することによって(IK)の関連の強さを知ることもできる。L^2（尤度比統計量）の差23.8−14.5＝9.3、DFの差16−12＝4で、有意ではないことがわかる。つまり(IK)単独では関連性がみられない。したがって、「校長・教頭のリーダーシップ・アドバイス」は「一人前感」に関連しているというよりも、「年齢」と関連しているということが明らかになるのである。

【参考文献】
篠原清夫，1995，「教員の満足感・一人前感の形成要因」『学校教育研究』10，pp.131-145.

4-13 回帰分析の基礎

収集したデータから予測や説明をすることが可能か

[キーワード]
単回帰分析、重回帰分析、回帰直線、偏回帰係数、ベータ係数、決定係数

1……回帰分析とは

　明日はテストだ。何時間くらい勉強をしたら、次の日どれくらいの得点を取ることができるだろうか。そのようなことがわかれば勉強もはかどる（？）ことだろう。統計学の知識を使うとそのようなことがある程度予測可能なのである。これまでのデータがあれば、**回帰分析**（regression analysis）という手法を用いて得点を予測することができる。

　回帰分析とは、原因となる量的変数と結果となる量的変数の関連性について統計的手法を用いて調べる方法である。原因となる変数を**独立変数**（independent variable あるいは説明変数）、結果となる変数を**従属変数**（dependent variable あるいは被説明変数）と呼ぶ。独立変数が1つの場合を**単回帰分析**（simple linear regression analysis）、2つ以上の場合を**重回帰分析**（multiple regression analysis）と言う。回帰分析を用いることにより、従属変数を予測するだけでなく、因果関係を明らかにすることも可能になるのである。

表1　前日の勉強時間と統計学テストの結果

ID	勉強時間(分)	統計学（点）
1	20	30
2	30	33
3	50	35
4	60	40
5	60	48
6	110	50
7	90	54
8	150	55
9	60	60
10	100	60
11	65	65
12	90	65
13	150	72
14	105	70
15	190	73
16	240	75
17	200	80
18	250	90
19	280	85
20	300	95

2………回帰直線と回帰式

　単回帰分析を行なうには、回帰直線（regression line）と回帰式（linear regression）を求める。回帰式とは中学校で学んだ一次関数の式である。y＝ax＋bという式をグラフの中に書き込んだ覚えがあるだろう。aを傾き、bを切片と呼んだ。単回帰分析の場合、初めから式や直線があるのではなく、2つの量的変数の散布図中からその近似直線と回帰式を推定するのである。その推定には最小2乗法（method of least square）と呼ばれる方法が用いられる。最小2乗法は、従属変数の平均値と個々の従属変数との差の2乗の総和が最小になるような式を求める。別の言い方をすると、散布図に直線を引いて各点との距離の2乗の合計が最も小さい直線を探し出す作業をするのである。すると散布図の近似直線を引くことができ、y＝ax＋bのaとbを求めることができる。

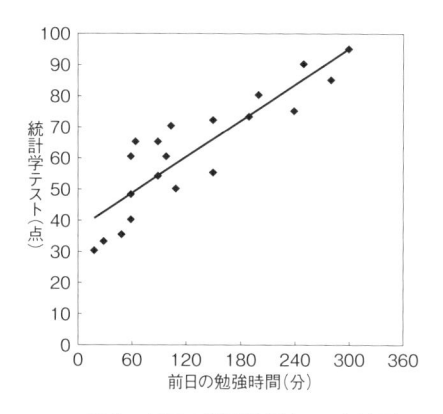

図1　前日の勉強時間とテスト結果

　表1を散布図に描くと図1のようになる。最小2乗法で推定した右上がりの直線が、この場合の回帰直線である。この回帰直線の傾きと切片を求めると、傾きが0.194、切片が36.471となる。すなわち回帰式はy＝0.194x＋36.471となる。

　この回帰式の傾きと切片はExcelを用いて求めることができる。切片は、関数＝INTERCEPT（yの範囲，xの範囲）で、傾きは関数＝SLOPE（yの範囲，xの範囲）で求められる。またExcelの「分析ツール」の中の「回帰分析」を使用することで切片と傾きを同時に計算することができる。分析結果に出てくる「係数」の数値がそれぞれ切片と傾きになる。

　（参考：分析ツールは、Excel2003までは「ツール」→「アドイン」→「分析ツール」にチェック→「OK」の手続きをすることで「ツール」から使用可能になる。Excel2010では左上の「ファイル」→「オプション」→「アドイン」→「設定」→「分析ツール」にチェック→「OK」の手続きで「データ分析」から使用可能になる。）

3……回帰式による予測

回帰分析を行なうには方程式 $y = ax+b$ の未知の a と b を推定するのであるが、a と b をパラメータ（parameter）あるいは係数と呼ぶことがある。a にあたる数値を回帰係数と言い、b にあたる数値を定数とも言う。先ほどの前日の勉強時間と統計学のテスト結果のデータで求めた回帰式の回帰係数は 0.194 で、定数は 36.471 と言える。

この回帰式 $y = 0.194x+36.471$ の x は前日の勉強時間（分）である。2時間勉強したとしよう。x に 2 時間 = 120 分を代入すると、$y = 0.194 \times 120+36.471 = 59.751$ となる。したがって約 60 点程度の得点をとることが回帰式から予測されるのである。では 3 時間勉強した場合はどのくらいの得点をとることが予測できるか、計算してみてほしい。

4……重回帰分析による予測

回帰式 $y = ax+b$ は単回帰と呼ばれるもので、回帰分析の最も単純な形である。我々の社会事象では結果となる変数（従属変数）にもっと多くの変数（独立変数）が関わっているはずである。このように独立変数が2つ以上になる場合は重回帰分析が必要になってくる。回帰式も a は 1 つだけでなく、以下のような重回帰式のパラメータを推定する必要が出てくる。

$$y = a_1x_1+a_2x_2+a_3x_3+a_4x_4+\cdots\cdots+a_nx_n+b$$

表2は読書量に関するある大学の 20 人の学生のデータで、読書量は 1 年間に読んだ漫画・雑誌以外の本の冊数、国語に対する興味・関心は得点が高くなるほど興味・関心が高い 10 点満点のデータ、1ケ月の小遣い（円）、講義の欠席日数（日／年）を表にしたものである。こ

表2 読書量データ

ID	読書量(冊／年)	国語興味(点)	小遣い(円)	欠席日数(日／年)
1	100	10	22000	1
2	80	8	18500	3
3	75	10	28000	2
4	70	8	18000	0
5	65	6	30000	7
6	60	10	16000	2
7	55	8	15800	1
8	50	6	12000	0
9	45	6	8000	4
10	40	10	30000	0
11	35	6	7000	6
12	30	8	7500	7
13	25	8	21000	3
14	20	4	8000	0
15	15	3	8200	3
16	10	4	30000	6
17	5	6	5000	5
18	4	4	5500	3
19	3	2	3000	0
20	1	1	25000	2

のデータを用いて読書量を従属変数、国語興味・小遣い・欠席日数の3変数を独立変数とした重回帰分析を行い、読書量を予測してみよう。ここでExcelの分析ツールを用いて計算して出力される値は、他の変数の影響を取り除いたときの係数で**偏回帰係数**（partial regression coefficient）と呼ばれるものである。係数は国語興味 a_1 が 7.537、小遣い a_2 が 0.000、欠席日数 a_3 が -1.327、定数 b は -13.065 となる。これを重回帰式に当てはめると以下のようになる。

$$y = 7.537x_1 + 0.000x_2 - 1.327x_3 - 13.065$$

国語への興味・関心の得点が5点で、小遣いが8500円、欠席日数が3日の学生の読書数を予測するには x_1 から x_3 に数値を当てはめ計算すればよい。

$$7.537 \times 5 + 0.000 \times 8500 - 1.327 \times 3 - 13.065 = 20.639\cdots$$

約21冊程度読む学生だと予測できるのである。

5………重回帰分析による説明

さて重回帰分析は予測に使用するだけでなく、社会調査ではある変数への影響力を説明するために使用されることが多い。つまり従属変数はどの独立変数の影響を大きく受けているのかという分析である。

読書データの場合、読書量に影響を与えているのは国語興味、小遣い、欠席日数のいずれが強いと言えるのか。これまでみてきた偏回帰係数を比較して影響の強さを比較することはできない。なぜなら国語興味と小遣いと欠席日数とでは測定している単位が異なるからである。ここで係数と呼んできたのは非標準化偏回帰係数のことで、予測をするためには使用できるが、影響の大きさを比較するためには使用できない。単位の異なった変数の影響の強さを比較するには、**標準（化）偏回帰係数**（standard partial regression coefficient）を求める必要がある。標準（化）偏回帰係数を**ベータ係数**（β coefficient）と呼ぶこともある。このベータ係数は各変数を平均0、分散1に標準化にしたもので、単位が異なる変数の影響力を比較することができる。ベータ係数は絶対値が大きいほど影響力が大きいと判断してよい。ベータ係数は相関係数と同じように $-1 \leq \beta \leq +1$ の範囲の値をとる。Excelで求めるのは複雑なのでSPSSの「回帰」→「線型」を使って計算するのがよいだろう。

読書量データで β 係数を求めると、国語興味が 0.704、小遣いが 0.157、欠席日数が -0.109 となる。国語に関する興味・関心の β 係数の絶対値が最も

大きいので、読書量はこの影響が最も強く、値が ＋ なので興味・関心が高いほど読書量が多くなっていることがわかる（図1）。

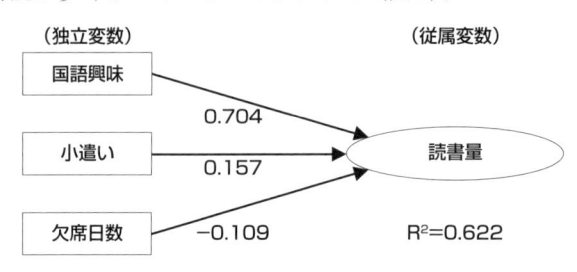

```
(独立変数)                    (従属変数)
 国語興味 ─── 0.704 ──┐
 小遣い   ─── 0.157 ──→  読書量
 欠席日数 ─── −0.109 ─┘   $R^2=0.622$
```

図1　読書量の重回帰分析結果（値はβ係数）

　さて、重回帰分析をする際にもう1つ見ておかなくてはならない数値がある。それは**決定係数**（coefficient of determination：R^2）である。決定係数とは、総変動のうち回帰式で説明できる変動の割合を表わすものである。別の言い方をすると、この数値が高ければ分析したモデルでの説明力が高いということである。読書量データの決定係数を求めると0.622であるから、読書量を説明するのに国語興味、小遣い、欠席日数の3変数を用いると全体の62.2％が説明できるということになる。

　自然科学のデータでは決定係数が大きくなることが多いが、複雑な社会事象を扱う社会調査データで重回帰分析をすると一般的に小さくなることが多い。また実際に重回帰分析をしていく際は、独立変数間の相関である多重共線性（multicollinearity）の問題に注意しなければならないが、それに関しては「E.量的データ解析の方法に関する科目」で詳しく学んで欲しい。

COLUMN ▼▼▼ 『統計でウソをつく法』(D・ハフ)

　統計的データを使うことによって、混沌としてわかりづらい社会的事実を把握することができることがある。しかし統計のデータの用い方によっては、間違った社会的事実をつきつけられてしまい、誤った社会認識をしてしまうこともある。その危険性について数式を一切用いず平易に解説したのが D.ハフ (Darrell Huff 1913-2001) の『統計でウソをつく法』(How to Lie with Statistics, 1954) である。この本は当時ベストセラーとなり、大学の統計学の講義の中で推薦されたりもした。また 22 以上の言語に翻訳され、現在も世界各国で読み続けられている。

　「この本は統計を使って人をだます方法についての入門書のようなものである。どちらかといえば、サギ師のための手引書のようなものであるが、私はこのような本が当然あってもよいと思う。(中略) 正直な人たちもだまされないように、彼らの使う手を知っておく必要があると考えるからである。」(訳書 p.7-8) という刺激的な言葉で始まっている。

　内容は、名門大学卒業生の年間平均所得のデータなどからサンプリングの問題を指摘したり (1 章)、平均所得などを用いて平均値や標本数の問題を取り上げたり (2、3 章)、知能指数の例を挙げ標本誤差について説明したりしている (4 章)。数値データだけでなく雑誌に掲載されたグラフを用い、視覚的な印象操作の事例についても述べている (5、6 章)。その他に、都合のよい数字を見せることで結果を操作することや (7 章)、因果関係と相関関係についての問題 (8 章)、％の問題 (9 章) などが豊富な事例に基づいて説明されている。そして最終章は統計のウソを見破る 5 つのカギについて述べており、社会調査法を学ぶ者だけでなく一般の人達にとっても非常に参考になる。

　近年では、谷岡 (2000) の『「社会調査」のウソ』や田村 (2006)『データの罠』などで統計的データについての問題点を指摘している。日本における実際のデータを用いて説明しており、また統計的知識はいらないので理解しやすい書籍である。

【参考文献】
Huff, D., 1954, *How to Lies with Statistics*, W.W.Norton & Co. (＝高木秀玄訳, 1968, 『統計でウソをつく法―数式を使わない統計学入門』講談社.)
谷岡一郎, 2000, 『「社会調査」のウソ―リサーチ・リテラシーのすすめ』文春新書.
田村秀, 2006, 『データの罠―世論はこうしてつくられる』集英社.

参考文献

足利末男，1969，『社会統計学入門』三一書房．
新睦人，2005，『社会調査の基礎理論』川島書店．
安藤明之，2009，『社会調査・アンケート調査とデータ解析』日本評論社．
池田央，1971，『行動科学の方法』東京大学出版会．
池田央，1976，『統計的方法Ⅰ基礎』新曜社．
石川淳志他編著，1994，『社会調査——歴史と視点』ミネルヴァ書房
今田高俊編，2000，『社会学研究法——リアリティの捉え方』有斐閣．
岩井紀子他，2007，『調査データ分析の基礎』有斐閣．
岩崎学，2006，『統計的データ解析入門——ノンパラメトリック法』東京図書．
岩原信九郎，1964，『ノンパラメトリック法——新しい教育・心理統計（第2版）』日本文化科学社．
大谷信介他編，1999，『社会調査へのアプローチ』ミネルヴァ書房．
川合隆男編，1989，1991，1994，『近代日本社会調査史Ⅰ，Ⅱ，Ⅲ』慶應義塾大学出版会．
川合隆男，2004，『近代日本における社会調査の軌跡』恒星社厚生閣．
北澤毅他編，2008，『質的調査法を学ぶ人のために』世界思想社．
木下康仁，2003，『グラウンデッド・セオリー・アプローチの実践——質的研究への誘い』弘文堂．
黒田宣代・東巧，2006，『よくわかる社会調査法』大学教育出版．
栗田宣義編，1996，『メソッド／社会学』川島書店．
小池和男，2000，『聞きとりの作法』東洋経済新報社．
小杉考司，2007，『社会調査士のための多変量解析』北大路書房．
桜井厚他編，2005，『ライフストーリー・インタビュー——質的研究入門』せりか書房．
佐藤郁哉，1992，『フィールドワーク——書を持って街に出よう』新曜社．
佐藤郁哉，2002，『フィールドワークの技法』新曜社．
佐藤郁哉，2002，『実践フィールドワーク入門』有斐閣．
佐藤郁哉，2008，『質的データ分析法』新曜社．
島崎稔，1979，『社会科学としての社会調査』東京大学出版会．
白谷秀一他，2002，『実践はじめての社会調査』自治体研究社．
盛山和夫他，1992，『社会調査法』放送大学教育振興会．
盛山和夫，2004，『社会調査法入門』有斐閣ブックス．
数理社会学会監修，2006，『社会の見方、測り方——計量社会学への招待』勁草書房．
先端社会研究編集委員会，2007，『先端社会研究　第6号：調査倫理』関西学院大学出版会．
高島秀樹，2004，『社会調査——社会学の科学的研究方法』明星大学出版部．
高根正昭，1979，『創造の方法学』講談社現代新書．
谷岡一郎，2000，『「社会調査」のウソ——リサーチ・リテラシーのすすめ』文春新書．
谷富夫他，2009，『よくわかる質的社会調査　技法編』ミネルヴァ書房．
田村秀，2006，『データの罠——世論はこうしてつくられる』集英社．
朝野熙彦，1988，『新商品開発のための市場調査技法集』日本能率協会総合研究所．
直井優編，1983，『社会調査の基礎』サイエンス社．
中野卓，2003，『生活史の研究』東信堂．
日本マーケティング・リサーチ協会編，2004，『マーケティング・リサーチ業界』同友館．

原田勝弘他編，2001，『社会調査論』学文社．

藤田峯三，1995，『新国勢調査論―戦後の国勢調査』大蔵省印刷局．

二木宏二，1991，『マーケティング・リサーチの計画と実際』日刊工業新聞社．

宝月誠他，1989，『社会調査』有斐閣Sシリーズ．

本多勝一，1983，『ルポルタージュの方法』朝日文庫．

松尾太加志・中村智靖，2002，『誰も教えてくれなかった因子分析』北大路書房．

松田素二他，2002，『エスノグラフィー・ガイドブック』嵯峨野書院．

箕浦康子編著，1999，2009，『フィールドワークの技法と実際』『同Ⅱ』ミネルヴァ書房．

村瀬洋一他編，2007，『SPSSによる多変量解析』オーム社．

森靖雄，1996，『地域調査入門』自治体研究社．

柳川克，1982，『ノンパラメトリック法』培風館．

山田富秋，2005，『ライフヒストリーの社会学』北樹出版．

山本勝美，1995，『国勢調査を調査する』岩波ブックレット（NO.380）．

イーストホープ（＝川合隆男他監訳），1982，『社会調査方法史』慶應義塾大学出版会．

ウヴェ・フリック（＝小田博志他訳），2002，『質的研究入門』春秋社．

エマーソン他（＝佐藤郁哉他訳），2000，『方法としてのフィールドノート』新曜社．

カッツ＆ラザースフェルド（＝竹内郁郎訳），1965，『パーソナル・インフルエンス―オピニオン・リーダーと人々の意思決定』培風館．

ギャラップ（＝二木宏二訳），1976，『ギャラップの世論調査入門』みき書房．

ザイゼル（＝佐藤郁哉訳），2005，『数字で語る―社会統計学入門』新曜社．

シャッツマン他（＝川合隆男監訳），1999，『フィールドリサーチ』慶應義塾大学出版会．

ティム・メイ（＝中野正大監訳），2005，『社会調査の考え方―論点と方法』世界思想社．

デュルケーム（＝宮島喬訳），1985，『自殺論』中公新書．

デンジン（＝岡野一郎他訳），2006，『質的調査ハンドブック1～3巻』北大路書房．

トーマス・ズナニエツキ（＝桜井厚訳），1983，『生活史の社会学―ヨーロッパとアメリカにおけるポーランド農民』御茶の水書房．

バビー（＝渡辺聰子監訳），2005，『社会調査法2』培風館．

ハフ（＝高木秀玄訳），1968，『統計でウソをつく法―数式を使わない統計学入門』講談社．

バンチ（＝川合隆男他監訳），2005，『社会調査入門』慶應義塾大学出版会．

フリック（＝小田博志他訳），2002，『質的研究入門』春秋社．

ブルデュー（＝石井洋二郎訳），1990，『ディスタンクシオン（Ⅰ・Ⅱ）』藤原書店．

ホルスタイン・グブリアム（＝山田富秋他訳），2004，『アクティヴ・インタビュー』せりか書房．

ホワイト（＝奥田道大他訳），2000，『ストリート・コーナー・ソサエティ』有斐閣．

メリアム（＝堀薫夫他訳），2004，『質的調査法入門』ミネルヴァ書房．

ベルティング（＝川合隆男他監訳），1988，『国際比較調査の諸問題』慶應義塾大学出版会．

ボーンシュテット＆ノーキ（＝海野道郎他監訳），1992，『社会統計学』ハーベスト社．

ラザースフェルド他（＝有吉広介監訳），1987，『ピープルズ・チョイス』芦書房．

ラザースフェルド他（＝齋藤吉雄監訳），1989，『応用社会学―調査研究と政策実践』恒星社厚生閣．

リチャーズ（＝大谷順子他訳），2009，『質的データの取り扱い』北大路書房．

ロフランド（＝進藤雄三他訳），1997，『社会状況の分析』恒星社厚生閣．

索　引

あ

アクティブな回答者 …………… 177
アフター・コーディング ………… 127
イエーツの補正 ………………… 240
因果関係 ………………………… 165
インターネット調査 …………… 122
インタビュー・ガイド …………… 178
インパーソナルな質問 …………… 118
インフォーマント ……… 73,131,137
インフォームド・コンセント
　　……………………………… 41,178
ウェルチ ………………………… 243
魚の骨型展開法 …………………… 97
SSJ データ・アーカイブ ………… 91
エディティング ………………… 126
エラボレーション ……………… 246
円グラフ …………………… 151,201
オーバーラポール ………………… 39
オープン・コーディング ………… 174
帯グラフ …………………… 151,201
折れ線グラフ ……………… 151,201

か

回帰分析 ………………………… 252
χ₂検定 …………………………… 239
回収率 …………………………… 107
回答形式 ………………………… 116
回答の容器 ……………………… 177
鑑 ………………………………… 41
学術的調査 ……………………… 47
確率多段抽出法 ………………… 111
加工統計 ………………………… 58
仮説の解釈 ……………………… 32
仮説の構成 ……………………… 98
価値観 …………………………… 29
過度の普遍化 …………………… 35
簡易調査 ………………………… 61
間隔尺度 …………………… 146,194
観察メモ ………………………… 172
官庁統計 ………………………… 58
基幹統計 ………………………… 58
聞き取り調査 ……………… 54,130
擬似相関 ………………………… 234
記述 ……………………………… 79
記述的調査 ……………………… 104
記述統計学 ……………………… 192

基礎資料の収集 ………………… 94
既存統計資料の分析 …………… 82
帰無仮説 ………………………… 224
キャリー・オーバー効果 ……… 119
旧統計法 ………………………… 58
行 ………………………………… 158
共感的理解 ……………………… 35
業務統計 ………………………… 58
区間推定 ………………………… 227
クラスカル・ウォリスの検定 … 245
クラメールの連関係数 ………… 241
クロス集計 ………… 158,196,238
KJ 法 ……………………… 97,185
継続調査 ………………………… 53
系統抽出法 ……………………… 110
決定係数 ………………………… 256
原因追求型調査 ………………… 79
研究設問 ………………………… 171
構造化インタビュー …………… 176
構造化面接法 …………………… 130
公的ドキュメント ……………… 182
コーディング …………… 127,174
国際統計協会 …………………… 60
国勢調査 ………………………… 59
国勢調査 ………………………… 59
個人情報保護法 ………………… 43
言葉のキャッチボール ………… 178
個別面接調査 …………………… 122

さ

CiNii（サイニイ）……………… 90
最頻値 ……………………… 154,204
作業仮説の構築 ………………… 99
3 重クロス集計 ………………… 246
散布図 …………………………… 201
サンプリング調査 ……………… 100
サンプル特性値 ………………… 101
参与観察（法）……… 54,71,82,171
GeNii（ジーニイ）……………… 83
シェフェの検定 ………………… 245
事実整理型調査 ………………… 79
事実探求型調査 ………………… 79
指示的面接法 …………………… 130
事前調査（事前リサーチ）… 96,177
悉皆調査 ………………………… 100
実施方法 ………………………… 80
実証科学 ………………………… 20
実践に対する文化的社会的枠づけ
　　………………………………… 170
質的調査 …………………… 47,53,81
質的変数 ………………………… 195
質的変数の度数分布表 ………… 147
質問形式 ………………………… 115

質問紙調査 ……………………… 66
質問紙法に基づく社会調査データ
　　ベース（SRDQ）……………… 91
指定統計 ………………………… 58
四分領域 ………………………… 156
社会・意識調査データベース
　　（SORD）……………………… 91
社会調査史 ……………………… 18
社会調査の目的 ………………… 30
社会踏査 ………………………… 19
重回帰分析 ……………………… 252
自由回答 ………………………… 117
住基ネット ……………………… 43
集合調査 ………………………… 53
従属変数 …………………… 165,252
自由度 …………………………… 225
主観的意味 ……………………… 170
順位選択 ………………………… 117
順序尺度 …………………… 145,194
常識 ……………………………… 29
焦点化コーディング …………… 174
焦点観察 ………………………… 171
承認統計 ………………………… 58
信頼性 …………………………… 180
新統計法 ………………………… 58
四分位範囲 ……………………… 211
信頼性 …………………………… 174
推測統計学 ……………………… 192
推定 ……………………………… 223
ステューデント ………………… 243
ステレオ・タイプ ……………… 118
正規分布 ………………………… 216
正の相関 ………………………… 230
説明 ……………………………… 79
説明的調査 ……………………… 104
セル ……………………………… 158
先行研究（の検討）………… 33,95
選択的観察 ……………………… 171
尖度 ……………………………… 217
層化抽出法 ……………………… 112
層化二段抽出法 ………………… 112
相関関係 ………………………… 163
相関係数 …………………… 196,232
相関なし ………………………… 231
相互行為とコミュニケーション 170
相対度数 ………………………… 203
総務省統計データ ……………… 91
遡及調査 ………………………… 53

た

第一次的資料 …………………… 182
対応のあるサンプルの t 検定 … 244
対象化 …………………………… 172

第二次的資料 …………………182
代表値 ………………………204
対立仮説 ……………………224
多肢選択 ……………………116
多段抽出法 …………………111
妥当性 …………………175,180
ダブル・バーレル質問 ……119
単一選択 ……………………116
単回帰分析 …………………252
単純集計 ……………………147
単純無作為抽出法 …………103
中央値 …………………154,205
抽出台帳 ……………………103
調査統計 ………………………58
調査票調査 ……………53,66,82
t 検定 …………………197,242
程度選択 ……………………117
データクリーニング ………128
テーマの絞り込み ……………95
テューキーのHSD検定 ……245
電話調査 ……………………122
統計的検定 …………………224
等分散性の検定 ……………243
ドキュメント ………………182
ドキュメント分析 ………55,82
匿名性 …………………………67
独立したサンプルの t 検定 …244
独立変数 …………………165,252
度数分布 ……………………200
度数分布表 …………………147
届出統計 ………………………58
留置調査 ……………………122
トライアンギュレーション …82,175

な
日常的世界 ……………………32
日本世論調査協会 ……………39
ノンパラメトリック検定 …250

は
パーソナルな質問 …………118
パーセント …………………203
パーソナル・ドキュメント …182
外れ値 ………………………207
パラメトリック検定 ………250
範囲（レンジ） ………156,210
半構造化面接法（半構造化インタビュー） ………………130,131,176
非参与観察 …………………171
非指示的面接法 ……………131
ヒストグラム ……………152,201
非標本誤差 …………………105
ヒューマン・ドキュメンツ …71
描写的観察 …………………171
標準化調査 ……………………53
標準（化）偏回帰係数 ……255
標準誤差 ……………………226
標準偏差 …………………156,212
標本 …………………………100,192
標本誤差 ……………101,105,226
標本調査 ……………………100
比例尺度 …………………146,195
ファイ係数 …………………241
分厚い記述 …………………174,181
フィールドノーツ ………140,173
フィールドノート …………72,136
フィールドワーク …………70,136
フィッシャーの直説法 ……240
複眼的な思考 …………………33
負の相関 ……………………231
不偏標準偏差 ………………213
不偏分散 ……………………157,213
プライヴァシー ………………39
ブレーン・ストーミング ……96
文献調査 ………………………78
分散 ……………………157,212
分散分析 ……………………197,244
分野の決定 ……………………94
平均値 …………………154,206
ベータ係数 …………………255
偏回帰係数 …………………255
変数のコントロール ………246
偏相関係数 …………………233
変動係数 ……………………157,213

棒グラフ …………………150,201
母集団 ………………………192
母数 …………………………101
ボンフェローニの多重比較 …245

ま
マーケティング・リサーチ …41,50
無作為抽出法 ………………102
無相関 ………………………231
名義尺度 …………………145,194
モノグラフ ……………………70
問題意識 ………………………33

や
有意確率 ……………………225
有意水準 ……………………225
有意抽出法 …………………102
郵送調査 ……………………122
世論調査 ………………………49

ら
ラポール …………………38,135,178
理解 ……………………………29
量的調査 ………………47,52,81
量的変数 ……………………195
量的変数の度数分布表 ……149
倫理規定 ………………………42
レーダーチャート …………201
列 ……………………………158
連続修正 ……………………240
ログリニア分析 ……………249

わ
歪度 …………………………217
MAGAZINEPLUS ……………90
Webcat Plus …………………90

編著者紹介

●**大矢根淳**　おおやねじゅん（専修大学人間科学部教授）
1962年東京都生まれ。慶應義塾大学大学院社会学研究科社会学専攻博士課程満期退学。博士（社会学）。専門社会調査士（2004年）。日本労働協会、電気通信政策総合研究所等シンクタンク研究員を経て、江戸川大学社会学部助手、講師、専修大学文学部講師、助教授、教授を経て、2010年4月より学内改組で専修大学人間科学部社会学科教授。
［社会調査関連科目］常磐大学（社会調査実習、フィールドワーク）、江戸川大学（社会調査演習・実習）、学習院女子大学（情報処理）、慶應義塾大学（社会調査論）。
［社会調査士資格課程科目］「社会調査実習A/B」「社会調査士実習」（専修大学F, G科目）、「社会調査実習Ⅰ, Ⅱ, Ⅲ」（専修大学大学院、専門社会調査士H, I, J科目）。
［社会調査に基づく調査研究］「災害復旧・復興課程における組織活動の展開～雲仙・普賢岳噴火災害直接被災地＝上木場の取り組み」（『社会科学討究』No.122, 1996）。

●**篠原清夫**　しのはらすがお（三育学院大学大学院看護学研究科教授）
1961年茨城県生まれ。常磐大学大学院人間科学研究科人間科学専攻博士後期課程単位取得満期退学。教育学修士。専門社会調査士（2005年）。専修大学人間科学部兼任講師他、三育学院短期大学英語コミュニケーション学科准教授、三育学院大学看護学部教授を経て、現職。SPSS Datathon 2017 データ分析コンテスト優秀賞受賞。
［社会調査関連科目］茨城大学大学院(コミュニケーション調査研究)、三育学院大学大学院（看護研究方法論）、茨城大学（社会調査法）、三育学院大学(統計学・保健統計演習)。
［社会調査士資格課程科目］「社会統計法・実習」（専修大学D, E科目）、「社会調査法Ⅰ・Ⅱ」（常磐大学A, B科目）、「社会統計学」（常磐大学D科目）、「量的データの扱い方」（常磐大学E科目）。
［社会調査に基づく論文］「調査票調査のワーディングによる回答のバイアス」（『人間科学論究』No.12, 2004）。

●**清水強志**　しみずつよし（創価大学通信教育部准教授）
1971年長野県生まれ。創価大学大学院博士後期課程文学研究科社会学専攻修了、博士（社会学）。専門社会調査士（2008年）。創価大学文学部助教、専修大学人間科学部兼任講師他を経て現職。
［社会調査関連科目］創価大学通信教育部（暮らしの中の調査）。［社会調査士資格課程科目］「社会調査基礎」（専修大学A, B科目）、「資料とデータの分析法」（専修大学C科目）、「質的分析法」（専修大学F科目）、「社会統計法・実習」（専修大学D, E科目）、「社会調査論・実習Ⅰ・Ⅱ」。
［社会調査に基づく論文］共著『アイヌ民族とエスニシティの社会学』学文社 2001、『デュルケームの認識論』恒星社厚生閣 2007。

●榎本　環　えのもとたまき（駒沢女子大学人間総合学群人間文化学類人間関係専攻准教授）
1964年鹿児島県生まれ。都市銀行勤務を経て、早稲田大学大学院文学研究科博士後期課程社会学専攻単位取得満期退学。修士（文学）。専門社会調査士（2005年）。
［社会調査士資格課程科目］「社会調査基礎」（専修大学A科目）、「調査設計と実施方法」（専修大学B科目）、「資料・データ分析基礎」（専修大学C科目）、「質的データ分析法」（専修大学F科目）、「社会調査方法論」「社会学研究法」（東京女学館大学A科目）、「社会調査法演習」（東京女学館大学C科目）、「社会調査実習Ⅰ・Ⅱ」（東京女学館大学G科目）、「データ解析2」（早稲田大学F科目）。
［社会調査に基づく論文］「銀行労働の記録―参与観察法調査・ホワイトカラーの勤労意識」（『労働社会学研究』1999）。

●藤原法子　ふじわらのりこ（専修大学人間科学部教授）
1968年山形県生まれ。専修大学大学院文学研究科社会学専攻博士課程単位取得退学。博士（社会学）。専門社会調査士（2006年）。2010年4月より学内改組で専修大学人間科学部社会学科准教授。
［社会調査士資格課程科目］「社会調査士実習」（専修大学G科目）、「社会調査実習Ⅰ・Ⅲ」（専修大学大学院、専門社会調査士H、J科目）を担当。
［社会調査に基づく論文］『トランスローカル・コミュニティ―越境する家族・子ども／エスニック・スクール』ハーベスト社2008。

●柄澤行雄　からさわゆきお（元常磐大学人間科学部教授）
1949年新潟県生まれ。慶應義塾大学大学院社会学研究科社会学専攻博士課程満期退学。社会学修士。常磐大学講師、助教授を経て、教授。2016年逝去。
［社会調査関連科目］常磐大学（社会調査実習）、慶應義塾大学（社会調査論）。
［社会調査士資格課程科目］「フィールドワーク」（常磐大学G科目）。
［社会調査に基づく論文］共著『農村社会の変貌と農民意識』（第二回福武直賞、東京大学出版会1992）。共著『社会調査―歴史と視点』（ミネルヴァ書房1995）。

●礒部慎一　いそべしんいち（フリージャーナリスト・メディアアドバイザー、元 専修大学人間科学部兼任講師（2020年度））
1962年神奈川県生まれ。慶應義塾大学法学部法律学科卒業。ボストン大学大学院国際関係学科修了。修士（国際関係論）。NHK入局後、札幌・報道局国際部・バンコク支局記者、神戸局・報道局国際部ニュースデスク、BS1「おはよう世界」メインキャスター、国際放送局チーフディレクター、山形局・横浜局放送部副部長、ラジオセンターチーフディレクター、関連事業局（国際展開）副部長を歴任。2019年に退職し現職。
［社会調査に基づく論文］「国際ニュース取材の実際と社会調査の学修をめぐるリスクと可能性」（『専修人間科学論集　社会学篇』Vol.11, No.2, 2021）、共著「コロナ禍下・実習教育の可能性を探って」（『専修人間科学論集　社会学篇』Vol.12, No.2, 2022）。

●井上大介　いのうえだいすけ（創価大学文学部人間学科教授）
1971年兵庫県生まれ。メキシコ国立自治大学人類学研究科博士課程卒。人類学博士。メキシコ・メトロポリタン自治大学客員研究員を経て、現職。
［社会調査士資格課程科目］「社会調査実習II」（創価大学G科目）。
［社会調査に基づく論文］「メキシコ民衆文化としてのルチャ・リブレ」（『ソシオロジカ』Vol.32，2008）、"Un nuevo movimiento religioso japonés en México: la Soka Gakkai", *Ateridades*, No.32, Universidad Autónoma Metropolitana, 2006: 43-56.

●小野宗幸　おのそうこう（臨済宗大徳寺派放光山正眼寺住職）
1967年神奈川県生まれ。阪神・淡路大震災のボランティアとして2000年3月まで現地に駐在し、「すたあと長田」スタッフ、『ウィークリーニーズ』編集長、FMわぃわぃ「サタデーエクスプレス」ディレクター・DJとして活躍。前「まち・コミュニケーション」（阪神・淡路大震災まち支援グループ）代表。『月刊まちコミ』創刊。『放光山』（正眼寺寺報）創刊。
［社会調査に基づく論文］「阪神・淡路大震災被災地区での共同再建―みくら5（ファイブ）」の事例」（『住宅』49巻10号，2000）、「御蔵地区―共同化、市民まちづくり」（『阪神大震災復興まちづくりセミナー：震災復興まちづくり5年と今後（市民まちづくりブックレットNo.7，2000）。

●柴田弘捷　しばたひろとし（専修大学名誉教授）
1941年神奈川県生まれ。法政大学大学院社会科学研究科社会学専攻修士課程修了。社会学修士。専門社会調査士（2004年）。厚生省人口問題研究所（現、厚生労働省国立社会保障・人口問題研究所）研究員、専修大学講師、助教授を経て、教授。2010年4月より学内改組で専修大学人間科学部社会学科教授（～2012年）。
［社会調査士資格課程科目］「社会調査論・実習I・II」（専修大学G科目）、「社会調査実習」（専修大学大学院、専門社会調査士H，J科目）を担当（2010年当時）。
［社会調査に基づく論文］『デュアル・イノベーション　電機のレクチャー』中央法規出版1986。

社会調査の基礎──社会調査士Ａ・Ｂ・Ｃ・Ｄ科目対応

2010（平成22）年2月15日　初版1刷発行
2025（令和7）年4月30日　同　18刷発行

編　者	篠原　清夫・清水　強志・榎本　環・大矢根　淳	
発行者	鯉渕　友南	
発行所	株式会社 弘文堂	101-0062　東京都千代田区神田駿河台1の7 TEL 03(3294)4801　振替 00120-6-53909 https://www.koubundou.co.jp
装　丁	笠井亞子	
印　刷	三美印刷	
製　本	牧製本印刷	

© 2010　Sugao Shinohara, et al.　Printed in Japan
[JCOPY] ＜(社)出版者著作権管理機構　委託出版物＞
本書の無断複写は著作権法上での例外を除き禁じられています。複写される場合は、そのつど事前に、(社)出版者著作権管理機構（電話 03-5244-5088、FAX 03-5244-5089、e-mail:info@jcopy.or.jp）の許諾を得てください。

ISBN978-4-335-55133-8